- 四川师范大学影视与传媒学院播音与主持艺术专业
  国家级一流本科专业建设点建设成果
- 四川师范大学2021年"校级规划教材"项目成果

新文科建设·影视传媒类专业系列教材

全媒体时代
播音主持创作基础教程

QUANMEITI SHIDAI
BOYIN ZHUCHI CHUANGZUO JICHU JIAOCHENG

米斯茹 ◎ 主编

四川大学出版社
SICHUAN UNIVERSITY PRESS

图书在版编目（CIP）数据

全媒体时代播音主持创作基础教程 / 米斯茹主编
. -- 成都：四川大学出版社，2024.5
新文科建设·影视传媒类专业系列教材
ISBN 978-7-5690-6938-9

Ⅰ . ①全… Ⅱ . ①米… Ⅲ . ①播音－语言艺术－高等
学校－教材②主持人－语言艺术－高等学校－教材 Ⅳ .
① G222.2

中国国家版本馆 CIP 数据核字（2024）第 112015 号

书　　　名：	全媒体时代播音主持创作基础教程
	Quanmeiti Shidai Boyin Zhuchi Chuangzuo Jichu Jiaocheng
主　　　编：	米斯茹
丛 书 名：	新文科建设·影视传媒类专业系列教材
总 主 编：	王　博

丛书策划：侯宏虹　罗永平
选题策划：侯宏虹　罗永平
责任编辑：罗永平
责任校对：王　静
装帧设计：墨创文化
责任印制：王　炜

出版发行：四川大学出版社有限责任公司
　　　　　地址：成都市一环路南一段 24 号（610065）
　　　　　电话：（028）85408311（发行部）、85400276（总编室）
　　　　　电子邮箱：scupress@vip.163.com
　　　　　网址：https://press.scu.edu.cn
印前制作：四川胜翔数码印务设计有限公司
印刷装订：成都金龙印务有限责任公司

成品尺寸：170mm×240mm
印　　张：16
插　　页：2
字　　数：285 千字

版　　次：2024 年 8 月 第 1 版
印　　次：2024 年 8 月 第 1 次印刷
定　　价：48.00 元

扫码获取数字资源

四川大学出版社
微信公众号

本社图书如有印装质量问题，请联系发行部调换

目　录

第一章　全媒体时代播音主持创作概论

第一节　播音主持创作的要素、方法与特点

　　"全媒体"是多种媒体融合传播的简称。随着互联网和智能技术的飞速发展及应用，20世纪兴起且广泛传播的广播、电视等电子视听媒介的影响力和传播力逐渐被移动互联网，以及智能手机、PAD等移动数字终端媒介超越。

　　不管是广播电视等传统媒体还是新兴的移动互联媒介，其传播要素都是传者、信息和受众。在广播电视时代，由于传播渠道的稀缺，处于传播链条"最后一棒"的播音员、主持人掌握着较强的话语权，是万众瞩目的焦点，而被动接收信息的受众则处于相对弱势的地位。"由于传统媒介受众很容易为大众媒介传播所营造的主流信息氛围所笼罩，在信息的接受与理解上，形成法国学者勒庞所说的群体思维及德国学者伊丽莎白·诺埃勒－诺依曼所说的'沉默的螺旋'，受众很少能形成与主流媒介不同的新思维。"①

　　全媒体时代，微博、微信、音视频移动App等新媒体的崛起和广泛运用"抢夺"了受众的注意力，打破了传统媒介时代由传者垄断的传播格局。全媒体时代，"人人都有摄像机"，"人人都有麦克风"，只要传播的内容和信息有吸引力，每一个曾经的受众都有机会转变角色，成为"主播"。2019年1月25日，习近平总书记在中共中央政治局第十二次集体学习会时强调："全媒体不断发展，出现了全程媒体、全息媒体、全员媒体、全效媒体，信息无处不在、无所不及、无人不用，导致舆论生态、媒体格局、传播方式发生深刻变化，新

---

　　① 余秀才：《全媒体时代的新媒介素养教育》，《现代传播》2012年第2期。

闻舆论工作面临新的挑战。我们要因势而谋、应势而动、顺势而为，加快推动媒体融合发展。"①

传播学者彭兰用"全媒体化"的概念来解释，她认为："应该体现在四个方面。首先，在一个全媒体的市场格局中寻找自身新的定位，构建自己的产品体系。其次，在全媒体的思维下去重新思考媒体的业务模式。第三，全媒体化不仅要为媒体自身的产品提供传播途径，也要为受众的参与提供空间。第四，全媒体化不仅是传媒机构内部的流程再造，也是一个重新定义自己在产业链中的位置、寻找合适的外部合作伙伴的过程。"②

需要注意的是，在这场由新媒体发动的"平权运动"中，一些网络主播凭借哗众取宠的视听元素迎合受众的感官需求，也获得了不少关注。我们认为，对于此类现象，一方面，作为播音与主持艺术专业的学生不必因一时的网络"奇"观而对专业的合法化产生怀疑；另一方面，我们也应正视随着媒介生态的改变，传统广播电视媒体播音员、主持人的声音等生产方式正在发生较大变革。全媒体时代，需要重新确定"声音专业主义者"——有声语言播讲人员的专业边界，需要重新定位播音员、主持人的角色，在坚守主流价值观导向和舆论引导使命的前提下创新声音的生产模式和方法。

一、播音主持创作的构成要素

"播音主持是运用有声语言和副语言通过广播电视等传媒所进行的一项创作活动，创作主体也就是指播音主持创作者。"③ 在传统媒体时代，广播电视台的播音员是"在话筒前（镜头前）进行有声语言创作为主要工作的专业人员。播音工作的内涵是以在话筒前（镜头前）进行有声语言创作为主要任务的职业"④。张颂先生认为："作为广播电视'出头露面'的专业人员，要解决创作主体和创作依据的特殊矛盾，不同的表达方式和语言风格是其自身的差异性，遵循共同的创作规律是其同一性，这差异性和同一性的对立统一成为播音

---

① 《习近平在中共中央政治局第十二次集体学习时强调　推动媒体融合向纵深发展　巩固全党全国人民共同思想基础》，新华社北京 2019 年 1 月 25 日电。
② 彭兰：《如何从全媒体化走向媒介融合》，《新闻与写作》2009 年第 7 期。
③ 姚喜双：《播音主持概论》，高等教育出版社 2012 年版，第 26 页。
④ 张颂：《播音语言通论》，北京广播学院出版社 1994 年版，第 58 页。

员这一概念的辩证本质。"① 节目视听传播中的"最后一棒"往往会起到决定性作用。

广播电视主持人节目是众多节目中的一种形式。在这一节目形式中，主持节目的人就是节目主持人。节目主持人是节目（或栏目）的发声、出面的组织者、驾驭者，以有声语言为主干或主线，要以真实的、比较稳定的身份为听众或观众服务。主持人可以参与节目的采访、编导、制作，但必须成为节目本身的重要构成因素，使节目的整体趋于和谐统一。节目主持人应具有较高的文化素养、较强的语言功力、较快的思维反应、较好的形象气质，以便恰当、得体、自如地驾驭节目的进程，适应节目性质和特色。这里需要说明的是，主持人必须在节目之中，必须抛头露面，必须驾驭节目进程，必须以有声语言为主干或主线。

全媒体时代，传播媒介从传统的广播、电视延伸至智能手机、PAD 等移动终端。受众的观看/收听场景也从家中外延至公共场所、私密的个人空间等。在这个"人人都有麦克风"的时代，大屏与小屏的切换已嵌入普通人的日常生活。与之相伴随的是新媒体音视频直播、微信视频号、抖音和快手短视频、音频播客等完全有别于传统广播电视节目的新视听形态逐渐受到大众关注。以短视频为例，其最大的传播优势在于创作门槛低、传播可达率高，创作者只要创作风格独特且具有较强的传播力，就能成为网络知名主播。

早在 2015 年初，papi 酱（原名姜逸磊）一改传媒电视媒体女主持人端庄秀美的出镜形象，而以古灵精怪的无厘头风格火遍互联网。她在微博上发布了"男性生存法则第一弹""日本马桶盖""烂片点评""上海话＋英语"等系列秒拍和短视频，其中"男性生存法则第一弹"获 2 万多转发、3 万多点赞。② 与此同时，她积极与粉丝互动的网络实践也被此后的主持人纷纷效仿。

2019 年起，因在互联网平台发布《自私的基因》《白夜行》等读书分享类短视频而被网友熟知的"都靓读书"账号博主都靓也具有代表性。2019 年 5 月 20 日，她出镜录制的《自私的基因》一书，单条播放量超过 1000 万，点赞量超过 35 万，为账号带来了近 20 万的粉丝增量。同年 7 月，账号的关注量突

---

① 张颂：《播音语言通论》，北京广播学院出版社 1994 年版，第 60 页。
② 陈壮：《从 Papi 酱节目定位和语言风格特点看其网络走红》，《电视指南》2017 年第 9 期。

破 100 万。此后，都靓及其团队又深耕古诗词垂直领域，开设"都靓的 1001页"和分享生活 Vlog 的"都靓 Amber"，并在抖音、小红书、视频号、快手、B 站等社交平台同步更新。至今，都靓全网粉丝量已超 4000 万，视频全网播放量超 50 亿。

同样活跃在互联网的国风青年朱铁雄在短视频中通过特效变装传播中国传统文化。这位在抖音平台最高拥有粉丝 2162.7 万的新媒体博主在短视频中将中国传统故事里的英雄人物用情景再现的手法进行二度创造，其打造的 IP 形象深受大众喜爱。这样的创作路径对播音主持专业的学子具有启发意义。

近年来，董宇辉在网络平台引发较大关注，他在直播间的自信表达获得不少网友称赞，其广博的知识、充满"含金量"的表达大大抬高了直播带货的门槛。董宇辉在各类直播中娓娓道来的"讲故事"方式尤其值得播音主持创作主体借鉴。他常常以"我给你讲一段故事啊，买不买无所谓"作为开场白，既吊起了用户胃口，又使其放松了警惕。"卖玉米时，他声情并茂地回忆了孩童时期；卖虾时，他说起母亲悄悄把饺子堆满冰箱；卖地球仪时，他说星辰大海才是属于人类的终极浪漫；卖烤鸡时，他称男人的快乐其实很简单，几口小酒一只烧鸡即可。"[①]

除了拥有较强的口头叙事能力，董宇辉在直播间与千千万万用户平等交流的"对象感"的把握也值得借鉴。张颂先生曾颇有见地地指出："当代的传者，往往表现为：在芸芸众生之上的'智者'，或在茫茫人海之中的'火炬'；在'上帝'之下的教士，或在豪门之间的仆人。前者总在为人们指点迷津，后者总在对人们乞求恭迎。"[②] 可想而知，如果播音主持创作主体以上述姿态出现在受众面前必然不会受到较好的评价。董宇辉以本色形象出现在直播间的镜头前，既没有高高在上俯视"芸芸众生"的高傲，也没有急功近利地一味推销产品。正如其在接受采访时所说："我就是一个农民的孩子，或者如你我一样在大城市努力奋斗的年轻人。大家喜欢我，是喜欢另一个平行时空里的自己——吃了一些苦，熬了一些夜，懂了一点道理，然后在镜头前落落大方地跟别人

---

① 张天宇：《主播董宇辉　人生没有白走的路》，《中国工人》2022 年第 7 期。
② 张颂：《播音主持艺术论》，中国传媒大学出版社 2009 年版，第 10 页。

分享。"①

　　无论是广播、电视等传统媒体还是新兴媒体，传播主体在进行播音主持创作时都要积极发挥主观能动性。从最初的广播新闻稿件、广播音响、音乐、电视节目主持词、电视画面等，到新媒体直播间与互联网用户的直接互动，播音员、主持人、网络主播的有声语言和副语言的传播行为都要经过有稿播音的"划分层次""概括主题""联系背景""明确目的""分清主次""把握基调"六个步骤，以及无稿主持时始终调动思想感情并使之处于运动状态。不管有没有稿件，播音主持创作主体都要在心中时时刻刻装着受众，有效利用"对象感"来完成有声语言和副语言的创作实践。

二、播音主持创作的方法

　　播音主持创作方法是人们在进行有声语言创作活动中的普遍规则和办法。张颂先生将播音创作方法总结为三个阶段，即"还原""转化"和"表达"。所谓"还原"是指"对素材的背景、主题、针对性进行充分的挖掘，深入的理解"。"转化"则是"按照视听规律对素材进行重新组织结构，以使其纳入视听觉系统，符合视听规律的体现体系"。"表达"是指"把转化过来的系统，把运动着的思想感情，通过有声语言和副语言体现出来，传达给听众、观众"。②

　　无论时代如何变化，创作主体都要以党的方针、路线、政策为指导，主动做党的宣传员和社会主流价值观的引领者。此外，还应该结合具体的创作内容和语境用"宣读""朗诵""讲解""谈话""推荐"等语言样态进行表达。

　　播音学科是一个融合交叉的人文学科。无论哪一种类型的有声语言创作者都必须面对广大受众，积极主动地维护国家利益，展现民族形象，捍卫文化安全，提供审美愉悦，"沿着正确的创作道路，遵循播音的表达规律，努力做到'以事醒人、以理服人、以情感人、以美愉人'"③。中国播音学"立足于哲学、艺术学、新闻与传播学、语言学与应用语言学四大学科支柱"④。播音主持创

---

① 许旸：《直播间卖书"顶流"董宇辉，在运气来临前做对了什么》，《文汇报》2022 年 7 月 3 日第 5 版。
② 张颂：《中国播音学》，中国传媒大学出版社 2013 年版，第 35—36 页。
③ 张颂：《播音主持艺术论》，中国传媒大学出版社 2009 年版，第 109 页。
④ 张颂：《播音主持艺术论》，中国传媒大学出版社 2009 年版，第 113 页。

作归根到底是与人交流，在人工智能时代来临之际，尤其需要注意学习时不能"唯工具论"，不能自我矮化为好看的"花瓶"和见字发声的"话筒架子"。在传统媒体时代，播音员、主持人的选拔标准中有对"文化素养"的考察，并且强调"播音的民族化、风格化、意境美和韵律美"①。在新媒体时代，除了继续强调"政治性""民族性""艺术性""文化性"，还应该加入"个性""独创性""融合性"等要素。

（一）还原

有声语言创作的素材（稿件、提纲、资料、画面、音乐、音响等）是创作者观念形态化的产物。播音员、主持人应充分理解、感受文字稿件和广播电视画面/音响等的表达内容和形式，透过文字、画面、音响，感受现实生活本身，即深入理解、具体感受。在这样的感受中，对素材的背景、主题进行充分挖掘、深入理解，这是播音创作过程的必需，也是播音基本矛盾的特殊性反映在播音创作中的必然。

（二）转化

转化指播音员、主持人重新组织文字稿件和其他图片、音视频素材，使其纳入符合视听规律的体系。例如，文字的标记系统（标点符号、段落的构成等）在转化为声音传达系统时，必须按照听觉的规律重新组织结构。

以上所说的还原和转化，一方面是创作主体对创作素材进行认识、感受、理解、归纳、再组织的过程，另一方面也是创作主体自身思想感情生发和运动的过程。当然，播音创作中思想感情的运动，不是主观、随意的感情波动，而是依据创作素材所含情感的发展变化，所以在还原、转化的阶段中感情的运动，是创作主体与创作客体情感相统一的过程。

（三）表达

表达指的是把转化过来的系统，把运动着的思想感情，通过有声语言和副语言体现出来，传达给观众。这既是还原、转化的物化、实现，又是思想感情

---

① 张颂：《播音主持艺术论》，中国传媒大学出版社 2009 年版，第 145 页。

运动的外化、展现。这一活动就其内容来看，是对创作素材的把握；究其本质，又是对现实生活的反映。因而，播音员、主持人的表达一方面要掌握创作材料（有声语言和副语言）的结构运作方式，另一方面要把握现实生活本身的发展运动规律。从某种意义上讲，创作材料的运作方式，同生活规律有着紧密联系，前者是流，后者是源。例如，播音主持创作中停连、重音、语气和节奏等外部技巧往往同生活中人们的语言活动同频，而播报的消息、通讯等内容也是现实生活的再现。所以，无论是传达形式还是传达内容，播音主持创作都受现实生活的制约。与此同时，播音表达系统的运作不是封闭的，而是开放的，它需要传达者在传播的同时与创作素材及想象中的受众进行互动。

 **思考题**

中国网络直播行业的发展历程[①]

中国网络直播行业的发展大致可划分为三个阶段，分别是 PC（个人电脑）秀场直播时代、游戏直播时代和移动直播时代。第一个阶段是 2004—2012 年的 PC 秀场直播时代，可称之为直播 1.0 时代，这是中国网络直播发展的早期阶段。第一代直播平台的代表为 YY、9158 和六间房。从 YY 的 YY 房间到六间房的"秀场"，直播视频互动模式逐渐进入用户视野，为用户提供了区别于以往录播节目的实时直播内容，实时观看和深度互动的特点给用户带来了全新的内容和观看体验。……这一阶段的网络直播平台工具主要集中在 PC 端，形式以主打美女和娱乐的秀场为主。这种直播的内容通常是妆容精致的女性在镜头前唱歌、跳舞、聊天、卖萌等。

---

① 高文珺等：《网络直播——参与式文化与体验经济的媒介新景观》，中国工信出版集团 2019 年版，第 5—7 页。

三、播音主持创作的特点

(一) 创作的二度性

播音主持是在编辑记者采写的稿件基础上的一次再创造活动。播音员、主持人的创作往往是广播电视节目的最后一环。即便是有稿播音，播音员对文字稿件的文字符号系统的转换也是建立在视听等感知觉的符号再创造系统上，理应属于创造性活动。播音员创作时所用的素材包括文字、稿件、资料、画面、音响等，已经是编辑、记者、原作者观念形态化以后的东西了，不完全是原始的生活素材，所以具有创作的二度性。

播音员、主持人看到的文字及画面已经由编辑、记者基于客观事实和创作意图进行了符号化提炼及加工。要想全面、生动地把握素材，就需要播音员、主持人平时多深入生活，深入不同地域、不同文化场域，以建立对素材的直观感性认识，从而获得真切的再创作感受。创作的二度性还要求播音员在播音创作中必须注意体现原稿和原片的写作和拍摄风格，不能随性发挥。

(二) 表达的本真性

播音主持创作是指播音员、主持人运用有声语言和副语言（体态语、形象）进行话筒前、镜头前的再创作。这样的传播方式具有很强的个性特征，即一人一声、一人一面，便于形成不同的播音特色和风格。这样的本真性在 AI 声音/图像技术日益完善的当下显得尤为重要。播音主持创作具有物质性特征，声音和形象，既有自然属性，即生理、物理运动的一面，又有社会属性，即这一手段本身是一个社会化的过程，所以在运用过程中既要注意按听觉、视觉规律及个体接收特点来传播信息，又要注重其社会属性的一面。

语言是思维的直接体现，语言赖以存在的物质基础是人，人虽具有个体性的一面，但不会孤立地存在于世界上，人的本质正是社会关系的总和，所以在传播过程中又必须反映出其态度、思想和感情。播音创作虽具有音像的传播手段，但较之日常生活中的言语交际活动，其手段还是显得局限和单一。在日常生活中，人们言语活动传递信息的手段是多渠道的、立体的、丰富的，在全媒体时代，播音主持创作不能仅仅依靠声音传播，还可以综合运用体态语、表情、服化道等多元素为创作添彩。

（三）交流的虚拟性

在日常生活和人际交往中，人们的言语交际行为往往发生在双方同时在场的情况下，而播音员、主持人创作时与受众往往不在同一时空，无论是直播还是录播，创作时面对的话筒、摄像机、手机镜头都是非人的存在物。因而，播音员、主持人需要时刻设想自己在跟拟态的受众交流，即"眼前无人，心中有人"。

（四）声音的规范性

播音员、主持人的播音创作不仅代表个人，也代表所在机构、平台甚至国家，因此其所传播的声音不仅要有趣味性和知识性，也应该具有规范性，即声音必须集中，字音必须准确、清晰。其语音、语法、修辞等都必须严格遵循汉语普通话标准，这比话剧、电影等语言艺术的规范性要求更高一些。

（五）情感表达的真实性

在各级广播电视台及融媒体机构工作的播音员、主持人本质上是党和政府的喉舌，是新闻工作者，必须遵循新闻的真实性原则，因而其播音创作需真切、自然，把握表达的分寸，不宜做作及夸张渲染。在文艺性稿件的播音中，包括歌曲介绍，电影、戏剧、音乐、舞剧等的解说，文学作品赏析等的播音，播音员可以在稿件的基础上借助某种艺术想象的手法来调动感情，但在语言表达样式上却不宜采用角色化、性格化的语言，而多用转述、介绍、解说、描写等语言样式。

（六）创作时间的及时性

随着现代生活节奏的加快和移动互联社会的来临，人们对效率和及时性的要求越来越高。融媒体时代的播音员、主持人往往需要完成日常性的直播工作，即使是录播，也不太可能像话剧演员、电影演员一样有充足时间对稿件进行长期、细致地打磨，这就要求播音员、主持人提高文化素养，具备广义备稿和迅速上口的能力，以胜任高强度、快节奏的媒体工作。

（七）创作范围的社会性

尽管播音员、主持人在直播和录播节目时大多是在室内或静谧的场所面对话筒、镜头进行语言表达，但其关注的议题、表达的内容和传播的受众却具有广泛的社会性。播音员、主持人的创作活动与戏剧演员、讲解员等其他语言表达工作者相比具有更强的社会影响力，其受众涵盖了社会不同性别、不同阶层、不同年龄段，因而具有广泛的社会性。

（八）创作活动的日常性

播音主持创作活动是频率很高的一种经常性、持续性的艺术传播方式。这种日常性决定了播音创作的连续性和紧迫性，这就要求播音员、主持人既具备敏捷、快速的创作反应能力，又具有持之以恒的毅力、耐力，这一品质需要贯穿于创作生命的全过程。

四、人民广播初创时期播音员、主持人的职业标准

（一）1949 年之前及新中国成立初期人民播音员的选拔标准

1940 年 12 月 30 日，延安新华广播电台发出了第一声人民广播的呼号。麦风（原名徐瑞章）成为人民广播的第一位播音员。第一批播音员有徐瑞章、萧岩、姚雯和孙茜，后来陆续有李慕琳、孟启予、于毅、钱家楣、杨慧琳等。由于传播技术的原因，人民广播初创时期的播音员以女性为主，直到 1946 年，才有了王恂、齐越等男性播音员加入人民广播播音队伍。

据祝捷老师的考证，当时的播音员选拔方式为上级选拔。被选拔的播音员需要具备以下条件："政治可靠，抱有高度的政治热情，爱党敬业，艰苦奋斗；普通话标准，声音洪亮，吐字清晰；大学学生，知识丰富。"到了解放战争时期，播音员的任职要求变为了"历史清白，政治可靠，要有一定的政治水平；能操流利的国语，音色清晰；相当于初中以上的文化程度和文艺修养"。

新中国成立初期，播音员的选拔标准为"具有较高的政治觉悟和政策水平，爱党敬业，全心全意为人民服务；嗓音条件好，吐字清晰；高中及以上文

化程度，知识面广"①。由此可见，政治可靠、汉语普通话标准且具有较高的文化水平是我党对各个历史时期媒体播讲工作者的普遍要求。在此基础上，从解放战争开始，对播音员、主持人的选拔和培养体系逐渐建立和完善，增加了"吐字归音、情感表达、语气节奏"等多重专业要求。如"播音技术，在总的要求上，最先提出的是：咬字清楚，口齿流利，抑扬顿挫，充满感情，快慢恰当。这次提出了：流利、自然、充满感情。这一个时期，在播音工作上，是作出了：熟练、稳当、感情，抑扬顿挫，快慢适当的成绩，特别是于同志的有声有色，气魄大，使听众易于感动而提出了赞扬"②。

后来成为中国播音界领军人物的齐越在《十天播音工作个人总结》中有意识地对播音实践时的优缺点进行回顾和总结。《东北新华广播电台一九四九年各科室工作计划》中还提到了监听制度，"考虑成立监听组织，由负责编播工作的主要干部轮流值日，监听早晚短波节目"③。温济泽在《十天播音工作个人总结》中提出："'自然'必须建立在'沉着稳重'的基础上，片面强调技术'自然'是有毛病。"④

（二）改革开放以来播音员、主持人的职业标准

随着改革开放的持续推进，受众日益产生了多元化的视听审美需求。尤其是广播电视主持人的诞生，更是激发了大众对"声形俱佳"的主持人的审美想象。1981 年 1 月，中央人民广播电台《空中之友》节目开播，徐曼以成熟、知性、温暖的女性主持人身份第一次在电波中传播信息。就在该年，地方电台如广东人民广播电台也陆续推出主持人节目。

1981 年 8 月，全国第二次播音经验交流会在北京召开，会议上提出了"大胆创新、百花齐放"的方针，此后对播音员、主持人的要求除语音、发声等外，还包括所采用的语言样式应与节目、栏目及稿件内容相吻合等。这一职业要求的出台进一步推进了播音主持创作的精细化和专业化。"语言样式应与

---

① 祝捷：《中国播音主持评价标准体系发展研究》，中国广播电视出版社 2013 年版，第 80 页。
② 北京广播学院新闻系主编：《中国广播史料选辑》（第五辑），内部资料，1983 年编印，第 187 页。
③ 祝捷：《中国播音主持评价标准体系发展研究》，中国广播电视出版社 2013 年版，第 90 页。
④ 齐越：《献给祖国的声音》，中国广播电视出版社 1991 年版，第 83 页。

节目、栏目及稿件内容相吻合"的要求与播音主持创作基础的"内在语"之"情景再现、内在语、对象感"息息相关。广东《珠江模式》的开播更是一改长期以录播为主的节目录制模式，增加综合性和互动性内容，逢半点和整点进行新闻消息的播报。这一方面大大提升了广播节目的信息量和可听性，另一方面也对主持人多重语言样态的有声语言创作能力提出了更高的要求。

随着 20 世纪 80 年代中后期电视媒体的逐渐兴起，观众对播音员、主持人的期待加入了形象的因素。1983 年 1 月 1 日，中央电视台《为您服务》栏目开播，主持人沈力以亲和、大方的荧幕形象出现在观众面前。此后，一批优秀的电视播音员、主持人以多样化的播音主持风格受到广大受众的欢迎和喜爱。从播音主持创作的角度看，除了有声语言的素质要求，还提出了对站姿、坐态、服饰、发型、手势、眼神等外在形象传播及镜头前状态的把握等要求。

20 世纪 90 年代以后出台了《中央电视台播音员、主持人管理办法》，其中规定播音员、主持人须具备以下素质：第一，具有一定的政治理论水平和政策水平，坚持党的新闻工作原则，在思想上、政治上同党中央保持一致，作风正派，联系群众；第二，有强烈的事业心和责任感，在播音、主持岗位工作勤奋，有良好职业道德，遵守纪律；第三，应具有国民教育系列本科（含）以上的学历，具有一定的社会科学知识、自然科学知识；第四，嗓音、形象、气质良好，并具备较强的语言和非语言表达能力；第五，掌握新闻专业基本知识，具有一定的采编能力，具备较为准确的理解判断能力和业务实践能力；第六，普通话播音、主持人员，须取得经国家语委复审通过的普通话水平测试一级甲等证书。[①]

在此基础上，广播电视台播音员、主持人的选拔和任用还参照各自的节目类型特点进行分类选评，如新闻评论类节目需要具有端庄、大气的视听传达特点的播音员，生活服务类节目侧重任用具有知性、亲切气质的主持人，综艺娱乐类节目对主持人在临场应变及幽默气质方面有更高的要求。

---

① 参见台发人字〔2005〕1 号《中央电视台播音员、主持人管理办法》。

第二节 全媒体传播格局下的播音主持创作课程

在如今这个媒介生态发生巨大变化，新旧媒介交融发展的时代，随着广播电视媒介而诞生的播音主持传播行为的内涵和外延也理应扩展。"播音主持创作基础"是播音与主持艺术专业的必修核心课程，旨在培养学生在全媒体时代的表达能力。该课程的基本内容包括各种文体和不同媒介创作主体的正确播音主持创作道路、准备稿件、内部技巧、外部技巧、话筒和镜头前的状态。全媒体时代播音主持教学应定位于实践应用型教育，应从播音主持工作的实际操作出发，从学生的个体差异出发，有针对性地对学生进行自主意识和创新意识培养。本课程理论与实践相结合，既能强化学生对播音学理论的理解，又能提升学生的专业实践能力。

播音主持创作艺术以全媒体时代的有声语言艺术表达为基础，以各类广播电视节目、影视剧配音、广播剧演播、演讲、朗诵、文博讲解、非节目主持、短视频主持、新媒体直播带货等一切播音主持创作活动为研究对象，系统研究其艺术特征、表达形态、创作方法、创作规律和艺术效果等，用以指导播音主持艺术创作实践。本课程除了研究具体节目的播音主持创作活动及其艺术，还在宏观上跟踪、勾画广播电视播音主持的发展脉络，并深层次分析不同类型节目播音主持艺术与媒介传播平台的相互影响，探索传媒与艺术之间的关系。

《全媒体时代播音主持创作基础教程》是"播音主持创作基础"课程所用教材之一，共八章内容。在具体教学中，可按照16学时安排理论和实践训练。第一章旨在梳理全媒体时代"播音主持创作基础"课程的性质、定位，并对该课程涉及的一些优秀音视频作品进行赏析。第二、三章主要从"正确的播音创作道路""如何准备不同文体稿件""具体感受"三个方面带领学生从宏观视角全面把握不同语境、不同题材的有声语言创作的指导原则、创作规律、备稿方法。第四章到第七章从播讲、主持的具体创作方法详细介绍有声语言创作主体内化于心的内部技巧及"停连、重音、语气、节奏"等形之于声的外部技巧。第八章"全媒体时代主播话筒前/镜头前的表达"除介绍广播、电视、互联网等视听媒体的声音和图像录制外，还会适当涉及在文博场馆、舞台等不同空间中直接面对人群的声音表达、眼神交流和肢体语言展示的原则和技巧。每章除理论、方法和技巧外，还安排了大量音视频优秀案例赏析、播讲稿件训练及提示、创作反思等环节。作为主要面向播音与主持艺术专业本科生的教材，案例赏析和文稿训练是重点环节，本教材安排了大量在传统媒体及新媒体平台上播出的音视频作品的分析和训练提示，以期使未来的全媒体有声语言创作者尽早了解不同媒介生态中不同语言样态的表达规律及播讲特点。

一、从传统媒体到网络媒体的播音主持创作

新的传播环境衍生出新的传播手段，且呼唤能与之匹配的传播技术手段。但无论传播环境和媒介如何变化，《中国播音学》中对播音主持语言特性的"三性"和"三感"仍需坚守，因为这是适应不同传播语境的普适方法。所谓"三性"是指规范性、庄重性和鼓动性。其中，"规范性"可以理解为有声语言创作主体的有声语言要符合汉语普通话的规范和要求。"庄重性"指播音员、主持人在有声语言表达时要保持端庄、郑重的气质和态度，在语流中保持庄重、可信的意味。"鼓动性"则可以理解为鼓舞和动真感情，与语言的"情感性"和感染力相联系。"三感"是指时代感、分寸感、亲切感。① 在国家级及省级媒体从事播音与主持艺术创作的播音员、主持人需达到普通话水平一级甲等。

随着"全民直播"时代的来临，"主播"这一称谓从传统的广播电视新闻播音员、主持人延伸至互联网平台上以个人形象出镜进行传播的普通人。后者被称为网络主播，他们中不乏传播力和影响力较强的网络意见领袖。这些网络主播，尤其是知名网络主播在很大程度上改变了大众对信息的接收渠道和方式，使以往占据了渠道优势的广播电视主播被迫让渡了垄断性的话语权。

网络主播的创作有哪些特点？与传统广播电视播音员、主持人相比又有哪些相似之处？首先，网络主播和广播电视播音员、主持人都是在镜头前和话筒前进行有声语言和副语言创作的主体，其传播和互动的对象都是屏幕前的受众，因而都需要强调对"对象感"的把握和运用。其次，一般情况下，他们都

---

① 张颂：《中国播音学》，中国传媒大学出版社 2013 年版，第 188－189 页。

会依据稿件/脚本进行二度创作。"每一场直播都有直播脚本，包括流程设置、开场白、直播话术、气氛调节和场控等，再配合一部分的即兴发挥，使主播在狭义范围内也具备传统型主播的功能和作用。"① 由此可见，无论是传统媒体平台还是新媒体平台的主播，本质上都大致需要经过前期策划、脚本编写、现场录制/直播、团队磨合及与受众互动等环节。

一般认为，网络主播大致可分为娱乐主播、游戏主播、带货主播和知识分享主播等类型。不同类型的主播由于传播目的不同，其传播形式和内容也有所区别。互联网最早的一批主播主要是在直播间依靠表演、唱跳等才艺进行传播的娱乐主播。这一类型的传播者往往是拥有高颜值、好声音、幽默感或具有独特个人风格的演绎型主播，对于其是否具有某一领域的专业知识则没有要求。

与娱乐主播不同的是活跃在 YY、斗鱼等各大网络游戏直播平台的游戏主播。后者有着更高的准入门槛。"首先，游戏主播需要拥有一台高配计算机，否则主播很有可能在直播游戏时出现卡顿现象，从而影响直播效果。其次，游戏主播至少拥有一款自己非常擅长的游戏，才能依靠直播内容吸引观众并完成营收变现。"②

带货主播是近年来随着电商平台的发展而逐渐兴起的一种全新职业。带货主播也可以成为互联网销售员或网络营销师。2020 年 7 月，人社部、国家市场监管总局和国家统计局三部门联合发布的九个新职业中就包含了"网络营销师"这一新兴职业。带货主播可以分为个人主播、签约主播、店铺主播和名人主播等。其中，个人主播的工作时间和内容最为灵活，其可根据个人兴趣和时间决定开播时间和售卖产品，并且直播所获营收除去平台佣金外即为个人所得。签约主播是指与平台、工会或 MCN 机构签约的网络营销员。"此类带货主播相当于一个明星，所属平台、工会或机构会对其进行孵化，提升主播的价值；但同时主播的直播营收，也需与所属平台、工会或机构进行分账。"店铺主播是指与某店铺直接签约，并且在固定时间和地点为该店铺进行线上"一对多"营销的主播。名人主播则是由具有一定社会知名度和美誉度的知名人物、影视明星或政府官员担任，其优势在于可以利用自身流量和社会影响力为直播

---

① IMS 新媒体商业集团编著：《新媒体主播定位与管理》，清华大学出版社 2022 年版，第 61 页。
② IMS 新媒体商业集团编著：《新媒体主播定位与管理》，清华大学出版社 2022 年版，第 62 页。

活动造势，从而拉动直播的销量。

还有一种较为常见的以分享知识、技能为主的知识分享主播。这一类型的主播"必须具备足够的知识储备、内容精准、专业要有垂直深度以及定位精准等特点，才能形成自己的特点，然后根据特色和专业知识吸引垂直领域人群成为粉丝，并最终实现流量变现的目标"①。

除以上几种较为典型的主播类型外，互联网平台上还有探店主播、文旅街拍主播、科技测评主播、美妆时尚主播、二次元主播、体育健身主播等不同种类的内容创作者和传播者。

二、非媒体有声语言传播

媒体有声语言传播一般指在广播、电视、融媒体中心等官方主流媒体机构制作，并在固定时段播出的栏目、节目或特别节目等。非媒体有声语言传播则包括文旅场馆讲解、各级各类赛事主持与解说、文艺演出主持、婚宴司仪、演讲、朗诵等有声语言传播艺术。这一类型往往具有面对面传播的贴近性属性，因而对主持人的现场掌控能力，以及对不同传播形式和在地性文化的了解都提出了更高要求。

（一）文旅场馆讲解

文旅场馆讲解是以文博场馆展览为依据，由讲解人员进行提炼、选择，运用语言艺术、讲解技能和真挚的感情，向观众有针对性地传播知识和信息的一种面对面的口语传播行为。讲解员作为博物馆与观众沟通的桥梁，其讲解水平的高低决定着文博馆的服务质量。一次成功的讲解，不仅需具有专业的内容，而且需要讲解员气息通透、情绪饱满，吐字归音准确清晰，讲解娓娓道来、引人入胜。因而，讲解工作是讲解人员的二度创造的结果。

全媒体时代，参观者获取信息和影像资料的渠道更为便捷，这就对讲解员的能力提出了更高要求。博物馆、纪念馆等文化场馆的讲解员不仅肩负着传递知识的任务，而且担负着宣传和教育的职能，但最重要的是要做到寓教于乐，

---

① IMS新媒体商业集团编著：《新媒体主播定位与管理》，清华大学出版社2022年版，第66-67页。

将丰富的知识文化用大众喜闻乐见的方式传播出来。除了日常的线下讲解，越来越多的讲解实践从线下延伸到线上，与互联网的融合让更多的受众实现了"云游览"。要想成为一名优秀的文旅场馆讲解员，既要具备较为渊博的文博知识，又要具备较强的沟通力和传播力。

 扩展阅读

志愿服务照亮"博物之路"①

2010 年 3 月，四川博物院面向社会公开招募志愿者。经过 11 年的壮大和发展，川博成人志愿者团队共计招募 480 余人，活跃志愿者达 127 人，年均服务时长超过 2 万小时。同时，川博成人志愿者团队创新工作方式，服务内容扩展到中英文讲解、摄影、翻译、社会教育活动、前台咨询等。成人志愿者团队服务也成为四川博物院的优良传统。

从逛展人到讲展人

文物不会说话，讲解人便成为帮助现代人与古物隔空对话的桥梁。随着他们的娓娓讲述，观众穿越历史，在文物典藏中，感受中华文化的博大精深。在四川博物院，就有这样的一群志愿者，他们来自不同行业，不同地域，却因为共同的追求走到了一起。贯彻"奉献、友爱、互助、进步"的志愿精神，这群可爱的人把博物馆当作自己的生活方式，在浩瀚的知识海洋里充实自己，更帮助别人。他们有的为了胜任一场不到两小时的展览讲解，至少需要阅读百余本书；有的不光自己发挥余热，更带动家人都到博物馆当志愿者……他们只愿成为举着火把，传递火种之人，照亮观众们的"博物之路"。

罗洁是一名高校老师，从 2019 年加入到川博成人志愿者团队中，每周至少一次从温江坐地铁到四川博物院为观众作精彩解说。罗洁回忆到，她自身比较喜欢文物，平时也特别喜欢逛展览，"但是我们普通观众对于美的发现，可能没专业的人士那么有独到的眼光，我自己想要挖掘一条相关的学习渠道"。

成为志愿讲解员，源自一次博物馆的逛展经历。当时在别的博物馆逛展，

---

① 边钰：《志愿服务照亮"博物之路"》，川观新闻，2021 年 11 月 18 日，参见 https://cbgc.scol.com.cn/news/2448112.

她碰到一位老师，后面了解到其是四川博物院成人志愿者的讲解培训老师之一，这让她对志愿者产生好奇，并加入进来。"要讲解，首先是要确保知识传播的正确性，很多游客来这里可能就这一次，我们需要用足够全面的知识去为他们传播每一件文物的魅力。"因此，罗洁私下进行了大量的学习，阅读了很多相关的书籍。"希望我们志愿者的加入能为到博物馆的观众体验到更好的服务，能更多地了解、传承我们的中国传统文化。"罗洁说。

·············

讲好四川故事

在四川省博物院，不乏"网红讲解员"，75 岁的何小锐就是其中之一，不少人在微博评论其讲解"绘声绘色，没想到都 70 多岁了，还以为是个大叔"。

何小锐是四川博物院中年龄最大的讲解员之一，他当过老师、工人，后又自己创办企业。退休之后，他将余温留给了挚爱的文博事业，成为一名志愿讲解员，服务于四川博物院，主讲书画馆和张大千馆。

在博物馆呆得越久，何小锐便越喜欢向观众讲那些快被世人遗忘的"冷门"人物。"冷门人物对川蜀文艺界也留下过浓墨重彩的影响，而现在，知道他们的人少之又少。"他提到，比如刘孟伉。刘孟伉曾是四川省文史研究馆馆长，在特殊时期挽救过众多文物，是川蜀文化界至关重要的人物之一。但若非川蜀书画爱好者或是研究员，已经鲜有人知道刘孟伉的名字。

实际上，四川博物院成人志愿者团队做的，不仅仅是讲解工作，他们还用自己的方式贡献力量。2020 年，疫情发生后，他们举行了线上拍卖的活动，经过多天的准备，2 月 24 日晚 7 点，"驰援武汉"义拍活动在四川博物院志愿者微信群正式拉开帷幕。四川博物院的志愿者们为"驰援武汉"义拍活动总共筹得善款 33840 元。

四川博物院相关负责人介绍，"自愿之个人，出于善之目的，以一己之能，为社会而服务"的川博志愿者们在四川博物院这一平台上，正在逐步实现自主管理和自我导向，川博志愿者的志愿服务行为既是社会进步和公民意识觉醒的体现，也是推动社会发展和培养公民意识的动力。川博志愿者队伍将秉承"奉献、友爱、互助、进步"的志愿者精神和四川博物院"公众的需求就是我们的追求"的办馆宗旨，为观众讲好中国故事，讲好四川故事，传承中华优秀传统文化。

抗战馆讲解员勇夺第二届全国红色故事讲解员大赛第一名①

"传承红色基因，培育时代新人"，由中央宣传部、文化和旅游部共同主办的第二届全国红色故事讲解员大赛于 2019 年 11 月 30 日—12 月 8 日在上海举办。……

大赛以"我是红色故事讲述人""致敬 70 年讴歌新时代""讲好红色故事展现时代风采"等为选题，讲好新时代中国故事，充分展现中国共产党带领全国各族人民"站起来、富起来、强起来"的奋斗历程和取得的辉煌成就。大赛历时 9 天，设专业组和志愿组，分别进行初赛和决赛。

……………

决赛王经纬抽选到的讲解主题是"时代楷模黄文秀"，由于备赛时间仅有短短的四天，不仅需要原创讲解的文稿，还需要制作幻灯片、背诵题库等。时间紧、任务重，这不仅仅是考验选手的能力，也是考验团队协作的能力，当晚团队便马不停蹄开始准备文稿材料和 PPT 材料，奋战一整夜，出稿 6 版、搜集上千张图片素材及数小时的视频素材。经过团队几天不停的推敲和修改，最终完成上千字的讲解稿和与稿件相得益彰的 PPT 幻灯片，并按时提交了材料。

与此同时讲解员王经纬克服一切困难，深入了解讲解人物的经历和讲解稿的深刻内涵，熟背于心，融入感情，做到了"一心三用"，背题库、背讲解稿、背文物故事。

决赛当天，王经纬不负众望，在比赛中以其浑厚的嗓音、出色的情感表达、恰到好处的舞台掌控力和从容的心态展现出几近完美的舞台效果，最终以总分第一名的成绩获得第二届全国红色故事讲解员大赛专业组全国第一名，"金牌讲解员"称号。

……………

---

① 《抗战馆讲解员勇夺第二届全国红色故事讲解员大赛第一名》，澎湃政务，2019 年 12 月 25 日，参见 https://m.thepaper.cn/baijiahao_5353750.

军队选手参加第四届全国红色故事讲解员大赛讲稿摘登（节选）①

钢铁战士的"特殊材料"

韩婷婷

小时候参观海军博物馆，我看到一片不起眼的金属，心中满是疑惑。讲解员说："这是馆里最'贵重'的金属。"那时，我了解到"钢铁战士"麦贤得在头部中弹的情况下，仍然坚持到战斗胜利，而这片金属就是从他脑颅中取出的弹片，是钢铁战士的"特殊材料"。

大学毕业后，我选择走进海军博物馆，成为一名海军文职人员，而我也从倾听者变成了讲述者。如今，在这枚弹片的旁边又多了一份"特殊材料"——6根钢钉。它们是我所讲述故事的见证。

航母甲板通常被称作"世界上最危险的4.5英亩"。海军舰载机飞行员被称为"刀尖上的舞者"。

明知危险的曹先建，2012年，毅然报名参加选拔，经过层层筛选，如愿成为一名海军舰载机飞行员。然而，意外却来得如此突然。某天，曹先建驾驶舰载机训练时，飞控系统突发异常，机体急速下坠。这时的飞机每坠落一米，他逃生的机会就会骤减。飞机坠毁前的12秒，每一秒都是与生命赛跑，但他却用六分之五的时间挽救战机，留给自己逃生的机会只有六分之一。4秒、3秒、2秒……直到最后一刻，曹先建被迫跳伞。由于高度不够，降落伞无法打开，曹先建重重地"砸"在了海面上，身体多处爆裂性骨折。这对舰载机飞行员来说，无疑是致命的打击。

被送往医院的途中，他说的第一句话是："我还能飞吗？"部队首长心情沉重地点了点头。然而，事实是他能否站起来都是一个大大的问号。

手术中，6根钢钉打在了他的腰椎上。伤口钻心地疼，但更令他心痛的是他的飞行事业。他失落地躺在病床上。这时，又一噩耗传来：自己朝夕相处的

① 《军队选手参加第四届全国红色故事讲解员大赛讲稿摘登》，中国军网—解放军报，2023年12月29日，参见 http://www.81.cn/yw_208727/16276874.html.

战友——张超在训练中牺牲了。得知消息的那一刻，他的大脑一片空白，两眼呆呆地望着天空，泪水顺着脸颊一颗一颗地往下落。"明明前几天还在一起训练，明明说好要一起逐梦海天，你怎么……"从那天起，他告诉自己："复飞！一定要复飞！"带着张超未完成的梦想，从试着慢慢站起，到慢慢行走，再到核心力量训练，他顽强地朝着自己的目标，靠近、靠近、再靠近……

曹先建越是努力，妻子越是怕啊！当看到豆大的汗珠顺着他额头往下掉，衣服被汗水浸湿了一遍又一遍，妻子着急地说："死一次还不够吗？为什么还要……"但她知道，她的爱人不只属于她，更属于国家。

为了赶上最近一次考核，他坚持把取出钢钉的时间，从原计划18个月缩减为8个月。复飞那天，曹先建把战友张超的照片小心地放在离心脏最近的位置。

他驾驶歼—15战机在辽宁舰甲板上精准勾住了阻拦索。当天的着舰指挥官为他打出了近乎满分的成绩。这天，距离曹先建遇险419天；这天，距离他术后复飞仅70天；这天，是曹先建实现梦想的一天。

着舰成功后，他轻轻地拿出战友张超的照片："张超，看到了吧？咱们成功了！"

如今，曹先建已成长为一名优秀的舰载机飞行教官，他和战友探索奋飞之路，为战育人，放飞了一批又一批优秀舰载机飞行员。2021年12月，中宣部授予曹先建所属飞行教官群体"时代楷模"称号。

从"弹片"到"钢钉"，从麦贤得到曹先建，经过一番追寻，我终于明白了，战斗精神才是"最贵重的金属"，是最锋利的刀刃。今天的万里海疆，一架架舰载机呼啸升空，人民海军航母编队频频犁开万顷碧波，驶向深海大洋。

刻在手上的荣光
王丹

我曾握过一双令人吃惊的手，它来自我的同龄人，却远比我想象的粗糙厚实、坚硬有力。

这双手的主人叫陈欢，是陆军某部中尉军官，也是大家口中的"欢哥"。

陈欢就是用这双手，创造了许多堪称"硬核"的成绩，打破战区比武纪录、参加国际军事竞赛、成为陆军狙击枪王……能够拥有如此光辉的军旅荣誉，旁人总以为"欢哥"是位纯爷们。实际上，"欢哥"是位文静漂亮的姑娘。迈入军营不久，她凭着手上越磨越厚的老茧，拿下了单位通信兵专业比武等多个第一。

可出乎意料的是，她却将荣誉全部归零，主动申请转岗，成为全旅第一个向男兵发起挑战的女狙击手。

然而，从头再来谈何容易？她那双曾接受过众多奖牌的手，这次却被狠狠打了"手板心"。第一次摸狙击枪的陈欢，打出的子弹，满靶子乱飞。

"陈欢，神枪手是子弹堆出来的，可不是哭鼻子哭出来的。"

战友们的调侃，让她的脸一下子臊得通红。陈欢把拳头攥得紧紧的，才忍住没有掉下眼泪。她可以接受失败，却不能接受放弃。这双手曾带给她荣耀，也必须用它擦去失败。

这期间，队长的话点醒了她，"训练，可以流血流汗。但敌人，绝不会给你第二次活命的机会！"从此，在电闪雷鸣的雨夜，在狂风呼啸的深山，全副武装的陈欢和男兵们一同摸爬滚打。负重越野、潜伏观察、精确狙击，一身迷彩干了又湿，湿了又干。最难熬的是野外训练时，为了不上厕所，她不敢多喝一口水。直到有一天男兵们一声亲切的"欢哥，牛啊！"她知道自己终于获得了认可。

据枪、瞄准、击发……每一个动作哪怕是重复一万次，她的手都有新的感觉。几本日记密密麻麻，记满了射击心得，也见证了她的进步成长。

一次训练中，陈欢的手被磨掉一大块皮，露出鲜红的血肉。她担心被淘汰出局，悄悄缠好纱布，戴上手套藏起伤口。

回到宿舍，她才一丝丝剥下浸满鲜血、粘肉结痂的手套。那一刻，平时那个不服输的"欢哥"，瞬间泪流满面。战场上的巾帼勇士，毕竟也有柔弱的一面。她不愿意让别人看到自己的伤痛。

时间长了，手上布满新伤旧痕，陈欢早已习以为常。休假回家，妈妈心疼地抚摸着这双疤痕累累的手，眼泪像断线的珠子一颗颗砸在女儿的手上，更砸在妈妈的心上。其实妈妈不知道，曾经爱美的女儿，早已经把伤疤变成了她的铠甲。

风里雨里，寒来暑往。陈欢终于触摸到枪的心跳，感受到它的呼吸，仿佛枪就是另一个自己。

大漠深处，高手云集。随着一声哨响，陆军狙击比武正式开始，一个矫健的身影飞身而出。上膛、瞄准、击发，快速射击、定点狙击、运动目标射击……陈欢手起枪响、弹无虚发，最终夺得陆军"狙击枪王"桂冠。

强军征途上，不知有多少像陈欢这样年轻的官兵，在风雨中长才干、在磨砺中壮筋骨，用双手共同托举起山河岁月，守护着万家灯火。

江苏苏州园林讲解词（节选）①

"月落乌啼霜满天，江枫渔火对愁眠。姑苏城外寒山寺，夜半钟声到客船。"游客朋友，大家好！

想必您一定读过张继的这首《枫桥夜泊》吧！诗里的"姑苏城"指的便是我们美丽的古城苏州。欢迎大家到苏州来旅游。有人说，"江南园林甲天下，苏州园林甲江南"，来到苏州，当然不能不欣赏它享誉世界的园林艺术。

苏州园林，以私家园林为主，起始于春秋，成熟于宋代，鼎盛于清代。现在保存完整的各色园林有六十多处，分别代表了我国宋、元、明、清江南园林的风格。苏州园林以其古、秀、精、雅等特色成为中华民族独特的艺术瑰宝。1997年，苏州园林被列入《世界遗产名录》。

（二）其他非节目主持传播

总体而言，无论是哪种类型的语言传播，都需要具备自然大方、随机应变、以情动人、规范化操作、艺术化表达等特点。

如主持人李扬在绍兴主持一场晚会，其中海政歌舞团歌唱演员叶茅、廖沙合作演唱《走西口》，在表演时由于太投入出现了搂抱的表演动作。在一旁的李扬想观众所想：他们怎么演得跟真的一样，是否是假戏真做？等他们刚唱完，李扬马上迎上台留住他们，对观众介绍："叶茅和廖沙的歌声情真意切，打动了观众的心。但大家不知道吧，他们在舞台上是艺术伴侣，在生活中是恩爱夫妻。"下场后，李扬的这段即兴补充得到了艺术家夫妻的认可——"过去，

---

① 《2012年全国旅游职业院校导游大赛参赛作品》，选自王雁主编：《模拟导游》，中国海洋大学出版社2019年版，第182页。

由于主持人没想到这一点，我们受到不少误解，你想得真周全。"还有一次，李扬在南京五台山体育馆演出现场主持，当时歌唱家张子铭带病演唱《拉网小调》。由于重感冒加 39 摄氏度高烧，张子铭唱到高音时力不从心，被现场观众喝倒彩。作为主持人，李扬敏锐地意识到了现场的"危机"，于是他迅速走上台，沉着地对台下观众解释："亲爱的观众朋友们，张子铭是喝海河水长大的天津著名歌唱家，他满怀对南京人民的深情厚谊赶来演出，可是不巧，患了重感冒，现在他的体温是 39 摄氏度，我们劝他休息，但他说：'这是第一次来南京，今天又是最后一场，尽管我发烧，唱得不好也要来。'我提议，让我们对艺术家这种高尚的艺德表示深深的敬意……"张子铭回到后台后对主持人的补救行为表达了感激，认为是其三十多年演出生涯中最让他感动的一次。① 这正是主持人敏锐的现场捕捉能力和高超的组织协调能力所致。

无论是何种场合的有声语言表达，一般都需要遵循"开头、铺陈、高潮、结语"等环节。还要善于提问、长于共情、懂得肯定等，而这一切的根本则在于真诚交流。

 练一练

某大学邀请一位研究《红楼梦》的学者讲座。主持人这样介绍："同学们，据我所知，世界上专为某个作家成立而且其影响经久不衰的学会只有两个，一个是研究莎士比亚的莎学会，一个是研究中国曹雪芹《红楼梦》的红学会。《红楼梦》是咱们国家文化宝库中的宝中之宝，是一部百读不厌的优秀著作。《红楼梦》共一百二十回，数十万字之巨，我们设想一下，生活当中有没有人真的把《红楼梦》读了一百遍？我告诉大家：有！今天我们请来的唐教授，一生痴爱《红楼梦》，读了不下一百遍，甚至能把其中的大部分内容熟练地背出来。唐教授对《红楼梦》很有研究，出版了六部专著，发表了四十余篇论文，是国内外知名的'红'教授。现在我们就欢迎唐教授来给大家讲一讲'大学生如何欣赏红楼梦'。"②

---

① 郭红玲、杨涛：《非节目主持》，中国广播电视出版社 2003 年版，第 11—12 页。
② 张亮：《非节目主持艺术实践教程》，重庆大学出版社 2014 年版，第 36 页。

第二章　全媒体时代的播音创作道路

第一节　人民广播播音创作道路的开创

张颂先生将正确的播音创作道路概括为："站在无产阶级党性和党的政策的立场上，以新闻工作者特有的敏感，把握国内外形势的发展变化和人民群众的思想实际，准确及时地、高效率高质量地完成'理解稿件—具体感受—形之于声—及于受众'的过程，以积极自如的话筒前状态进行有声语言的再创造，达到恰切的思想感情与尽可能完美的语言技巧的统一，体裁风格与声音形式的统一，准确、鲜明、生动地传达出稿件的精神实质，发挥广播电视教育和鼓舞广大人民群众的作用。"

一、人民广播初创期的创作道路

1940 年 12 月 30 日，延安新华广播电台开播，呼号 XNCR。第一批播音员有徐瑞章、姚雯、萧岩和孙茜。为了筹建我党自己的广播电台，1939 年秋，周恩来利用去莫斯科疗伤的机会向共产国际申请了一台苏制广播发射机，并在1940 年 2 月回国时将发射机分装后辗转用飞机、汽车等交通工具运到西安。当年春天，中共中央决定成立广播委员会，周恩来担任主任，成员有中央军委三局局长王诤、新华社社长向仲华等。经过多方勘察，最终确定在地势偏僻、人迹罕至的延安西北 19 公里的王皮湾村建立电台。"在王皮湾老乡的积极配合下，三局派出阙明等人组织一批石匠、瓦工，经过两个多月的日夜奋战，在延河之流西川南岸的半山腰中开凿出两孔石窑洞，准备做广播电台的机房和动力间。两孔石窟洞各有 3 米多高，一孔约 27 平米，一孔约 16 平米，后部有一条甬道相通，用来敷设电线，连接发电设备和广播发射机。"[1]

图 2—1　延安王皮湾村中国人民广播诞生地纪念碑

延安新华广播电台自开播后，打破了国民党当局对大后方的消息垄断和封锁，同时也被其视为眼中钉加以干扰和破坏。但即便如此，"一些有收音机的抗日根据地的党政军机关经常收听延安的广播，并且通过各种途径，把收听效果撰稿给延安台，帮助他们改进节目。……延安的广播在大后方和沦陷区也有一定的影响，有的听众在写给延安台的信中说，听了延安的广播，增强了抗战必胜的信心。昆明学联在信中说，昆明的进步青年常常秘密收听延安的广播，许多人通过收听广播，加深了对中国共产党、对革命的了解，向往着奔向延安参加革命队伍"[2]。

二、新中国播音员的道路自觉

新中国第一代播音员齐越在与苏联播音员列维坦、托比阿什和奥蒂亚索娃的交流中就"播音的基本原则、怎样播演讲稿、怎样播通讯、怎样播音乐和歌

---

① 赵玉明：《中国广播电视通史》，中国广播影视出版社 2014 年版，第 72 页。
② 赵玉明：《中国广播电视通史》，中国广播影视出版社 2014 年版，第 79 页。

曲的解说词、怎样播读少年儿童节目的稿件，以及在播音中怎样运用男声和女声"等进行详细的学习交流。其中，提出"播音员应该表现出自己对稿件的思想和由于稿件中的事实引起的感情，使听众感觉到播音员对播讲的事物的关心和热情的态度，使听众感觉到这个播音员什么都见过，什么都知道"。①

此外，两国播音员在交流中还提到了播讲稿件时运用"想象"，运用"停顿、连接"，运用重音，掌握音调的抑扬顿挫、轻重缓急地变化来克服单一速度和固定腔调等问题。以上关于话筒前播讲的语言技巧被齐越等一批播音教育开创者总结为"内三外四"，即内部技巧——情景再现、内在语、对象感，外部技巧——停连、重音、语气、节奏。这成为我国沿用至今的播音主持专业课程"播音创作基础"中的核心部分，被一代又一代播音员学习、运用。

斯坦尼斯拉夫斯基独创的表演学说认为，"创作的每一个瞬间都必须是很伟大、复杂和崇高的。……即使是最细小的动作或情感，最细小的技术手法，也都能起巨大的作用，……也就是贯彻到生活的真实、信念和'我就是'的境界"②。齐越在播读《县委书记的榜样——焦裕禄》时把自己的情感代入到稿件情境中，数次真情流露，失声痛哭，甚至几度无法正常录音。

1955年，中央广播事业局组织全国播音工作会议，同时举办全国播音员业务学习会。齐越等从苏联参观访问后将经验进行推广，播音工作有了系统性建设的雏形。时任中央广播事业局总编室主任的左荧对斯坦尼斯拉夫斯基在《演员自我修养》中提出的"最高任务"等概念进行了阐发。会后"最高任务"等概念进入广播系统，以指导纲领的形式出现在领导者和播音工作者的语言当中，并通过会议、文件、经验交流和训练班等形式一层一层传递到偏远和基层地区。③ 所谓"最高任务"，指表现人类精神价值（自由、正义、爱情、幸福等）中审美现代性特征，反映、揭露社会主题，从整体上理解整个体系的创作基础。而那些只追求"轰动一时"效应的行为永远也无法达到艺术的永恒，注

---

① 广播事业局编印：《苏联广播工作经验》，内部资料，1955年编印，第257页。

② 马·阿·弗烈齐阿诺娃：《斯坦尼斯拉夫斯基体系精华》，郑雪来译，中国电影出版社2008年版，第4页。

③ 王雨：《革命的复调：播音员与社会主义播音风格的在地化》，《文艺理论与批评》2021年第5期。

定会被世人遗忘。所有的线条都朝着同一方向行进，如图 2—2 所示①：

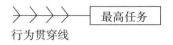

图 2—2　最高任务

　　结合新中国建设时期的特殊要求，广播事业局领导要求将"这个最高目的像一条红线一样贯穿在一篇稿件的广播之中，不要使稿件中的任何一句一段离开它而游离出来"②。齐越为了更好地用声音塑造雷锋、焦裕禄、王进喜、吴运铎、王崇伦等模范人物，常常深入基层了解播讲对象的生活状况，与稿件采写者促膝长谈。在上口播讲前逐字逐句推敲稿件中表达的思想感情，在充分准备稿件后，"当我坐到话筒前时，便忘却了周围的一切，仿佛完全与伟大的人格融化在一起了"③。

　　综上所述，齐越、费寄平等新中国第一代播音员通过对苏联播音员的学习，间接接受了斯坦尼斯拉夫斯基的艺术表演理论，并将其与政治理想结合起来，调整并升华了在革命战争年代形成的较为单一的播音风格。在此后的播音实践和教书育人过程中，这种艺术化的激情演播形成了"朗诵式"播音的内核，成为"国家声音"中非常重要的风格。除"最高任务"的论述外，斯坦尼斯拉夫斯基的重要著作《演员自我修养》中提及的"想象力""情感记忆""交流""内在驱动力""内部创作状态"等章节被转化为我国播音员培养体系的"播音主持创作基础"课程，并被以齐越、张颂为代表的第一代播音教育工作者总结为"正确的播音创作道路""有声语言内部技巧""有声语言外部技巧"。

---

　　①　斯坦尼斯拉夫斯基：《演员自我修养》，刘杰译，华中科技大学出版社 2015 年版，第 249、251、252 页。

　　②　左荧：《播音是一种语言艺术活动——业务学习笔记之二》，参见赵玉明：《风范长存：左荧纪念文集》，中国传媒大学出版社 2005 年版，第 91—95 页。

　　③　齐越：《把声音献给祖国》，中国广播影视出版社 2019 年版，第 36 页。

第二节　全媒体时代播音创作的原则

张颂先生在面对社会上存在的浮躁情绪时曾指出："心态浮躁和物欲横流，造成多么困难的形势！很多人感到无力，感到无奈。但是，我们的艺术良心还在，我们的使命还在，我们的社会责任还在，我们的理想志趣还在！"[①] 他用真诚、质朴的语言指出了新时期播音员、主持人所面临的环境和应该秉承的职业态度。如果播出态度和目的不明确，拥有再高超的表达技巧都不会创作出被时代和受众认同的佳作。

播音主持创作的内容是社会生活的反映，对于播音员、主持人而言存在着以什么样的观点去反映、用什么样的态度去反映，以及为了什么目的去反映的问题。对于有稿播音而言，这固然首先是一度创作——稿件所提供的，但播音主持既然是创造性活动，就不仅仅是将稿件的文字符号转化为有声语言及副语言符号，而是必然渗透着创作主体的主观意图和判断，融合进他的思想倾向和情感体验。播音作品传达稿件的内容是否准确明晰，内涵是否鲜明深刻，与播音主体的立场、观点及知识、修养、语言功力有直接的关系。

正确的播音创作道路，不只是个认识问题，也不仅仅是个理论问题，更重要的是它的实践意义。正确的播音创作道路正是在几代播音员丰富的实践中，经过正反两方面的经验教训摸索总结出来的。在几十年的人民广播历史进程中，在播音创作方面就有过多次不同层次、不同范围的讨论，如播音创作是从稿件出发，还是从自我出发；在播音创作的感情与技巧关系上，曾有过畸轻畸重的偏移；也曾有人受资产阶级新闻观影响，淡化或模糊了播音中应坚持的无产阶级党性原则。但几十年的播音实践证明，只有坚持正确的创作道路才能最终经得起时代的检验，受到广大受众的认可。

坚持正确的播音创作道路，就是要求播音创作主体从思想上认识其重要性，从理论上了解其含义，在实践中身体力行，同时及时了解反馈，注重社会

---

① 张颂：《播音创作基础》，中国传媒大学出版社 2011 年版，第 162 页。

效果的检验。只有如此，才能从主观动机和客观效果的结合上，从理论和实践的结合上，解决播音创作中的根本性问题，创作出无数符合党和人民的利益，为广大受众喜闻乐听的播音佳作。

一、播音创作的党性原则

在我国，党性和人民性是统一的。"党性"概念的提出可以追溯到 1941 年，该年 7 月 1 日，中共中央政治局通过《中共中央关于增强党性的决定》，提出了关于党性的权威阐释："全党党员和党的各个组成部分都在统一意志、统一行动和统一纪律下面，团结起来，成为有组织的整体。"党性原则观念是马克思主义新闻观的核心观念。中国人民大学教授杨保军认为，党性原则是指所有新闻媒体必须在思想上、政治上、行动上，与党保持高度一致；必须始终以马克思主义的基本理论为指导，要与时俱进，用当代中国化的马克思主义最新成果作为指导新闻工作的根本思想、根本观念。坚持党性原则，就是要在新闻舆论工作中坚持党性与人民性相统一的原则，坚持全心全意为人民服务的最高宗旨。党性原则要求党的新闻业必须与全党的奋斗目标保持一致，新闻舆论工作要始终为党的全局和大局工作服务，与党的战略部署、战略决策一致，与党的政策、策略一致，与党的宣传方针、宣传口径一致，而广大新闻舆论工作者要努力成为党的政策主张的传播者、时代风云的记录者、社会进步的推动者、公平正义的守望者。①

习近平总书记在不同场合多次提出"为人民服务"的执政理念。"全心全意为人民服务"也是中国共产党的根本宗旨。2015 年元旦，习近平总书记在新年贺词中再次宣示："把人民的期待变成我们的行动，把人民的希望变成生活的现实。"

作为党的宣传员，播音主持创作主体必须坚定地站在党性和党的政策的立场上，在政治上完全同党中央保持一致，宣传党的纲领路线、方针、政策；在思想上坚持党的理论基础和思想体系；在组织上服从党的领导，遵守党的宣传纪律，坚持播音员这个"小我"和党的宣传员这个"大我"的有机统一。坚持

---

① 参见"学习贯彻习近平总书记新闻舆论工作座谈会重要讲话精神"专题，人民网，http://politics. people. com. cn/GB/8198/402509/.

播音主持创作的党性原则不是追求一成不变的单调死板，相反，它既有"四海翻腾""五洲震荡"，又有"莺歌燕舞""潺潺流水"。在播音创作中，既要有自己感情的表达特点，更要把握党的政策的分寸；既要有自己的形象特征，更要符合党的宣传员这一总体形象的准则。

二、播音创作的真实性原则

真实性原则是马克思主义新闻观中的理论支撑和核心要素。播音主持活动是广播、电视、融媒体新闻宣传中的一环。播音员、主持人的创作具有新闻性特征，所以在播音创作中必然要坚持真实性原则。新闻的真实性，既包括现象真实，更要求本质真实，是现象真实与本质真实的统一；既包括局部真实，更要求整体真实，是局部真实与整体真实的统一；既包括静态真实，更要求动态真实，要从运动的现在看到运动的未来。所以，播音创作中的真实性，也应是全方位的体现。它既包括播音员不读错字音、不播错内容，又包括播音创作情感表达的准确性和对党的政策的准确把握。

生活是创作的源泉，同样也是播音创作的源泉，播音创作任何时候都不可能离开火热的社会生活。播音创作需要时代精神的熏陶，需要在生活中汲取营养。熟悉生活与时代精神融为一体，有两条途径。一条途径是指播音创作主体要努力深入实际，要熟知国内外形势的发展变化，要真切了解人民群众的意愿，并时时以新闻工作者的敏感，把握时代氛围、时代精神的实质，想人民群众之所想，急人民群众之所急。另一条途径，即通过间接经验来熟知现实，这对播音员有着特殊的意义。播音员、主持人深入基层的机会没有记者多，他们经常要从记者编辑加工的第二手材料中了解形势的发展，而社会各方面的信息最终又都汇聚到播音员、主持人这里。

例如，《新时代是干出来的》（节选）："今天，港珠澳大桥正式通车运营，这一史无前例的世纪工程为新时代粤港澳大湾区的发展注入了澎湃动力，是一国两制伟大实践下新的里程碑，更是中国力量、中国精神的生动诠释。"[1]

责任感强、新闻敏感强的播音员，结合自己的直接经验、自己对生活的观

---

[1] 《「央视快评」新时代是干出来的》，海外网，2018 年 10 月 24 日，https://baijiahao.baidu.com/s?id=1615192323903441871&wfr=spider&for=pc.

察与思考，能够快捷、便利地尝到"秀才不出门，便知天下事"的甜头，从而使自己的思想感情总是跟随时代的脉搏一起跳动。

播音创作要饱含强烈的时代精神和浓郁的生活气息的另一层含意，是指播音创作的声音形式、言语风格必须符合时代氛围，符合受众的接受心理与欣赏倾向。时代前进了，倘若播音创作的风格仍滞留在过去的时代，不及时伴随客观传播环境的变化做出控制、调节，就不可能为受众所乐于接受。

 扩展阅读

中国共产党成立初期，毛泽东在创刊于 1925 年 12 月 5 日的《政治周报》"发刊理由"上写道：我们反攻敌人的方法并不多用辩论，只是忠实地报告我们革命工作的事实。敌人说："广东共产"，我们说："请看事实"。敌人说："广东内哄"，我们说："请看事实"。敌人说："广州政府勾联俄国丧权辱国"，我们说："请看事实"。敌人说："广州政府统治下水深火热，民不聊生"，我们说："请看事实。"①

三、播音创作的时效性与相关性原则

人民广播播音诞生于硝烟弥漫的抗日战争时代。播音创作活动自开创便与新闻传播的时效性紧密相连。播音主持创作历来强调"准确、及时"和"高效率、高质量"。这一方面反映在播音创作活动的紧张性上，即准备的时间很短，不像其他艺术创作活动那样有充分的准备时间；另一方面反映在新鲜感和时代感的体现上。

在依靠播出时间表线性播出的广播电视时代，对时效性的要求极高。而到了新媒体时代，随着数字传媒技术的持续发展，新闻传播业态发生了较大变革。清华大学吴璟薇认为，大数据和人工智能技术在新闻生产和传播过程中的深度嵌入，不仅改变了新闻行业，同时也使新闻的内涵与价值发生了变化。互联网在全球的普及使得各地新闻信息的传输实现了零差异，新闻时效性的重要

---

① 徐光春：《中华人民共和国广播电视简史（1949—2000）》，中国广播电视出版社 2003 年版，第 22 页。

程度不断减弱，当下已经鲜有媒体如电视时代那样，为提前 0.1 秒发布新闻而争分夺秒；全球也因为互联网的连接而实现了时间上的"共时"与空间上的"共在"。而随着时效性在新闻价值中的地位逐渐降低，新闻的相关性却因为新媒介技术而被提升到前所未有的高度。[①] 全媒体时代的播音主持创作者需要正视新的媒介生态，即由机器语义关系建构的新资讯时代的全面来临。因而，创作者需要具备更强的媒介互联互通能力。

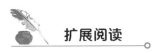

扩展阅读

中央广播电视总台 2024 年云听内容产品发布[②]

2 月 27 日，中央广播电视总台举行 2024 年云听内容产品发布会，41 部有声精品以全媒体形式展现总台广播全面向移动互联网转型的澎湃活力。

第一篇章：国声·山河弦歌

向融而生，声动未来。云听和中国之声联合出品大型融媒特别策划。跟随总书记的足迹，探寻中华文明，展现中华优秀传统文化创造性转化和创新性发展的全新实践，领略中华大地"郁郁乎文哉"的盛大气象。系列融媒人物专题《时光里》，记录平凡与伟大，呈现中国式现代化进程中，每一个热气腾腾、活力满满的瞬间，感受美好生活；系列融媒人物专题《先生》，以温暖的"人生之讲"，讲述先生们何以不负家国的情怀。

第二篇章：国典·名家开讲

中华文明历经数千年风雨，生生不息、历久弥新，在人类文明史册写下浓墨重彩的华章。让我们与王立群、丁万明、刘冬颖、赵玉敏等知名学者一道，穿越历史烟云，探寻中华文脉。以典籍为脉，返本开新——

听经典·《论语》篇，以孔子与弟子之间的故事，品绎教育智慧，致敬历史时空中凝望我们一路前行的思想之光；听经典·《诗经》篇，回溯中国文学源头，于"思无邪"的意境中，探寻"古人生活指南"的时代价值；听经典·《周易》篇，于群经之首、大道之源中，悟"为道屡迁""探赜索隐"的中国哲

---

① 吴璟薇：《基础设施与数字时代的新闻价值变迁：对媒介技术、新闻时效性与相关性的考察》，《西北师大学报（社会科学版）》2022 年第 4 期。

② 《中央广播电视总台 2024 年云听内容产品发布》，中国新闻网，2024 年 2 月 28 日。

学。《文脉千年·寻秦记》带来一场穿越时空的文化盛宴，探寻秦汉历史的深厚底蕴。《文脉千年·字藏乾坤》通过对汉字追本溯源，于一笔一划中，寻味中华文化之美；《文脉千年·诗说中国》，循着诗词中的地理坐标，品味古风中国的绝美诗意。

第三篇章：国风·曲韵流觞

唱念做打演绎人间百态，说学逗唱愉悦天下苍生。2024年，云听重磅打造大文艺版块。创新空间表达，以"互联网＋"赋能中国戏曲、曲艺、戏剧等艺术形式，展现中华文化独特气韵。

《云听大剧院》，足不出户独享重磅演出；《云听大戏院》，国粹名家、云上展演；《云听喜俱社》，喜剧、相声、小品，包袱不停，笑声不断；《云听曲艺馆》，让小众艺术绽放大众舞台；《中国戏曲溯源》，"菁彩声"带您"声"临其境，"老剧种新呈现"。

第四篇章：国藏·经典悦听

2024年，云听继续打造精品有声书第一平台、建设"中华文化经典有声库"，以诸子百家、经史子集、经典文学、文史典藏为体，打造"馆藏级"声音书房；名家力作，聚焦茅盾文学奖、鲁迅文学奖等大奖名家经典作品——李佩甫《生命册》、王安忆《长恨歌》、李洱《应物兄》、梁晓声《父父子子》……为听友奉上文学世界的声音盛宴。

第五篇章：国潮·万卷有声

网络打通媒介、拉平世界，文学影视有声联动，融合已成现象，"书、影、音"美美与共，和合共声。

2024年云听将推出名家新作、总台独播及全网待播影视剧原著系列有声作品：张炜《去老万玉家》、李修文《猛虎下山》、金宇澄《繁花》、刘慈欣《球状闪电》、郭国松《猎冰》、桐华《长相思》、猫腻《庆余年》、李俊勇《南来北往》、高罗佩《大唐狄公案》……万卷有声，娓娓动听。

第六篇章：国光·声动未来

坚守主流媒体责任，打造少年儿童有声精品，以国风雅乐启智润心，奠基中国未来。2024年云听推出《少年国学课》。

典籍篇，从诗经、论语到孙子兵法，为青少年量身定制"有知有趣"的国学课；博物篇，以菁彩声广播剧再现古人生活场景，讲述《山海经里的神兽学校》《诗词里的植物百科》《古人的"黑科技"》；成语篇，推出《成语里的名人故事》《成语里的国宝故事》，在名人轶事、国宝典故中启迪成长智慧；诗词篇，打开《古诗日历》，聆听《古诗新唱》，穿越古韵，以声音的力量启迪未来。

第三节　全媒体时代播音主持语言的特征

2016 年 10 月，时任中央人民广播电台台长阎晓明用 32 个字概括了中央台的声音形象："事实准确、逻辑清晰，态度鲜明、分寸得当，庄重大气、朴实自然，明快流畅、新鲜感强"。他在中央电台播音员导师计划启动仪式的讲话中提出"播音员、主持人是'国家声音'最直接的呈现者，是中央人民广播电台声音的载体和'声音形象'，一直以来被认为是'国家声音形象'的标志，是中央台的核心价值"。"作为国家电台，如何坚守初心，发出导向鲜明、可亲可信的'中国声音'，引领中国广播界播音主持的审美导向，是中央台的目标也是义务和责任。"

"达到恰切的思想感情与尽可能完美的语言技巧的统一，达到体裁风格与声音形式的统一"，这就是播音创作的标准。[①]

第一，我们要明确思想感情与语言技巧的关系。思想感情与语言技巧密切相关，统一于播音创作之中，二者互相引动、互相影响，缺一不可。

首先在生活中，语言总是与思想感情紧密相随。有没有技巧、技巧的高下优劣，表达效果大相径庭。语言技巧差，会影响思想感情的传达，降低交际效果。播音创作的艺术属性，直接对语言技巧提出了要求。恰切的思想感情，要靠播音创作主体来体验与把握，这是运用语言技巧的内心依据；"尽可能完美的语言技巧"要靠播音创作主体来构思，这是"恰切的思想感情"的具体体现。技巧是艺术创作的要求，如果只是个人感情的宣泄，完全不需要讲技巧，因为这是纯粹的个人心理活动。而播音是传播活动，为了使受众接受，为了达

---

① 李新宇：《播音创作基础训练教程》，中国传媒大学出版社 2016 年版，第 282 页。

到传播目的，必须考虑传播效果，因此，要讲究语言表达技巧。讲究播音的语言表达技巧，是传播的表现性、艺术性的要求。如《感动中国》2018 年度人物颁奖典礼开场白：

白岩松：现场和电视机前的观众朋友们，大家好。这里是中央广播电视总台，2018《感动中国》年度人物颁奖典礼的现场，感谢您如约而至。

敬一丹：回望 2018 年，有哪些面孔曾经让我们凝视，有哪些声音让我们倾听，有哪些瞬间让我们心动？风雨兼程这一年，我们也许有很多遇到，也许有很多错过，然而我们回望来路的时候，我们不愿意错过，那一次又一次的感动。

白岩松：感动是一种特别让人期待的情感。因为哪里有感动，哪里就会有勇气，就会有信守承诺，更有情也有爱。

敬一丹：一年又一年的《感动中国》，就像一次又一次地播下种子。面对种子我们会想到什么呢？想到生机，想到生活，想到生命。然而，在世界屋脊，当一位中国的科学家面对种子的时候，他是怎样的视野，他心中是怎样的格局，他脚下又是怎样的路呢？

其次，我们在承认和重视技巧的独立性的同时，一定要坚持以思想感情主导技巧运用。那些卖弄技巧的做法，也许可以迷惑人于一时，但没有真情实感做根基，没有理性思维的指导、控制，难免会在"花里胡哨"的技巧中暴露出内心的苍白和浅陋，最终也会遭到贬斥。实际上，技巧虽有独立性，可以单项操练，但思想感情才是源头，才是根本，思想感情体验准确、深刻，才能够启发技巧运用的方向、手段。因此，初学者还是要坚持以思想感情为主导，以充实的内心依据来构思技巧的运用。① 当然对技巧的追求，也会促进认识和情感深化，技巧的运用在实播过程中还能使思想感情的运动更为集中、更为灵敏，从而使思想感情与语言技巧得到很好的统一。可见，"唯情论"或"唯技巧论"都不符合播音的正确创作道路。这里需要的是"心口相应"和"心口互促"。

第二，我们要处理好声音形式与节目内容、形式的关系。播音创作的内容

① 施玲：《播音主持创作基础理论与实训教程》，浙江大学出版社 2016 年版，第 500 页。

和形式均丰富多样。仅就形式而言，从稿件体裁看，新闻、通讯、评论、文艺节目的解说、介绍、主持人节目夹叙夹议的谈话体，等等，各有语体上的特色；从广播电视节目传播手段看，广播几乎全部靠播音者的有声语言，电视则由画面、音乐、同期声等因素与播音者的有声语言共同完成创作；而各类节目、每场节目又都有自身独特的语言风格。所有这些因素，要求播音创作与之相适应、相配合，使节目完整和谐、交相辉映，而绝不能以一成不变的声音形式，去应付千变万化的节目的内容、体裁及不同的风格。也就是说，一方面播音创作主体要考虑节目的其他组成因素对播音的制约要求，另一方面播音创作主体要掌握多种形态的语言样式，要增强语言的适应能力，只有这样才能圆满完成不同节目、不同风格、不同传播方式的播音创作任务。

　　总之，单一的语言样式、单调的声音形式、浅薄的语言能力，是难以达到播音创作的标准，更难以胜任播音或节目主持工作的。全媒体时代播音主持语言的特征，大体包括以下几方面。

一、规范性

　　播音主持语言规范一般指播音员、主持人语音中的声母、韵母、声调、轻重格式、调值、变调、轻声儿化、词汇、语法等符合普通话的要求和规范。我国是一个多民族国家，发达地区和欠发达地区的教育水平存在一定差距。至今仍有一些民族地区和偏远山区的老百姓不会说甚至听不懂汉语普通话，这使得他们与外界的联系存在不小的障碍。新中国成立以来，通过在全国范围内铺设的广播收音网以及后来逐渐普及的广播电视台，国家、地方政府以及外面的声音得以传送到千家万户。因而，国家历来重视普通话的普及和推广工作，并将推广全国通用的普通话写进了宪法。

 扩展阅读

中华人民共和国宪法

第十九条　……国家推广全国通用的普通话。

中华人民共和国国家通用语言文字法

第十二条　广播电台、电视台以普通话为基本的播音用语。

需要使用外国语言为播音用语的，须经国务院广播电视部门批准。

第十四条　下列情形，应当以国家通用语言文字为基本的用语用字：

（一）广播、电影、电视用语用字；……

第十九条　凡以普通话作为工作语言的岗位，其工作人员应当具备说普通话的能力。

以普通话作为工作语言的播音员、节目主持人和影视话剧演员、教师、国家机关工作人员的普通话水平，应当分别达到国家规定的等级标准；对尚未达到国家规定的普通话等级标准的，分别情况进行培训。

国家语委、国家教委、广播电影电视部关于开展普通话水平测试工作的决定

第十二条　现阶段对一些岗位和专业人员的普通话等级要求：

……2. 专门从事普通话语音教学的教师和从事播音、电影、电视剧、话剧表演、配音的专业人员，以及与此相关专业的毕业生应达到一级甲等或一级乙等水平。

经过几十年的不懈努力，近年来，在全国范围内，普通话普及程度得到了显著提高。据相关报道，2020 年全国普通话普及率达 80.72％，历史性实现了"普通话在全国范围内基本普及，语言交际障碍基本消除"[①] 的目标。对于这一目标的达成，我们既要看到成绩，也要意识到作为播音员、主持人，在推广普通话的道路上依然有很长的道路要走。如全媒体时代，人人都有"麦克风"，只要有可供录制和上传互联网的移动设备就能成为"主播"，因而不可避免地存在不少普通话语音、表达内容不准确、不严谨甚至不正确的现象。尤其是随着人工智能技术在移动互联网的广泛应用，"高倍语速"、"高分贝音量"、剥离情感的"AI 语音播报"等缺失"人味儿"和情感的网络音声出现。受众的听觉接受模式和交往行为发生了较大改变。作为播音员、主持人更应坚守规范的底线，成为有声语言艺术的示范者。

二、庄重性

强调播音主持语言的庄重性是由新闻属性决定的，即要求在媒体机构播出

---

① 《2020 年全国普通话普及率达 80.72％》，海外网，2021 年 8 月 23 日，参见 https://baijiahao. baidu. com/s?id=17088795228996753502&wfr=spider&for=pc.

的播音主持语言应该是真实、清晰、恰切、质朴的，而不是虚假、含混、冷漠和僵硬的。

在不同历史时期，庄重性有着不完全相同的所指。如革命战争年代，孟启予、齐越等播音员用真实、准确、质朴的播音传递党的声音，为革命事业做出了重要贡献。

 扩展阅读

新中国成立以后，当时在南京、上海、北平、重庆等地的地下党员和进步群众曾一字一句地抄录了陕北台播出的这个重要文件。他们冒着生命危险秘密印发传递，鼓舞人民投入争取解放的斗争。1950年夏天，一位在上海做了多年地下工作的我党党员来北京时，专门到中央台来看望在延安台、陕北台工作过的播音员。她一见面就紧紧握着我们的手，热泪盈眶，激动地说："《目前形势和我们的任务》播出时，我在上海的一间地下室里，一字不漏地全文抄收下来，交给地下党组织印发出去。那是一生中最幸福的一个新年。感谢你们，是你们，把毛主席的报告、党中央的声音传播给我们。在白色恐怖下紧张工作的时刻，我就盼望着将来有一天能见见你们，向你们道一声辛苦。"[1]

新中国成立后，播音员丁一岚和齐越在天安门城楼进行了近七小时的现场直播。他们怀着无比激动和自豪的心情圆满完成了任务。此后，人民播音员在社会主义建设、抗美援朝、"三反五反"等各项运动及日常播报中均体现出了庄重的一面。进入新时代以后，有人将人民播音的庄重性误解为"居高临下"和"一成不变的呆板"。我们需要注意的是，庄重性"不是丰富多彩、声情并茂、形象生动、起伏变化、个性鲜明的对立物。表达中我们既需要庄重严谨，也提倡寓庄于谐、风趣幽默、活泼灵动"[2]。

三、鼓动性

人民广播诞生于革命战争年代，自诞生之日起就与救亡图存的历史背景深

---

① 齐越：《把声音献给祖国》，中国广播影视出版社2019年版，第8页。
② 中国传媒大学播音主持艺术学院编著：《播音主持创作基础》，中国传媒大学出版社2015年版，第15页。

深勾连。人民播音员的主要职责是"宣传党的主张、揭露敌人的阴谋、教育和动员人民"①，因而，广播播音曾长期作为战斗武器，播音员钱家楣的"每句话、每个字都像子弹一样"②。1942 年 1 月，中共中央政治局会议通过关于中央宣传部工作的决议，明确中央宣传部三大工作任务中，宣传指导为第一位。毛泽东指示"广播比三千份报纸更重要，要成为第一位的工作"③。1947 年 9 月 12 日至 15 日，在解放军战略反攻之际，陕北新华广播每日连续播出新华社社论《人民解放军大举反攻》。人民广播播音员"齐越的声音从空中传来，自始至终，一气呵成，抑扬顿挫，铿锵有力"④。这声波犹如空中战场，与人民解放军的陆地战斗交相辉映。1947 年 11 月 23 日，陈毅司令员到新华广播电台视察时说："我们当兵打仗，是在战场上慷慨牺牲的，你们做新闻工作，是一点一滴地献出自己的生命。"⑤ 新中国成立后，"国家和民族的主要任务也开始向社会主义改造与国家建设转变，广播电台的主要任务也开始从对敌斗争转变为宣传党的施政方针、国家建设任务和鼓舞人民大众"⑥。当时的新闻总署对这一时期中央人民广播电台以及全国广播的任务表述为三个方面，即"发布新闻和传达政令、社会教育、文化娱乐"⑦。

全媒体时代的鼓动性可以理解为充满时代气息的感召力。张颂先生认为，"鼓动性，是在有声语言创作过程中贯通的内驱力，是创作主体由内而外生发出来的一种推进力，是创作主体赋予有声语言的生命活力"。这种生命活力在不同的历史时期焕发着不同的生机，"它以创作主体真挚贴切的思想感情为基础，以具体的针对性为目标，并充满人文关怀，由是凝练出的感召力和感染力"⑧。

---

① 曹海鹰：《我国播音风格初探》，《中国广播电视学刊》1988 年第 10 期。

② 北京广播学院新闻传播学院新闻系：《中国人民广播回忆录（第三集）》，中国广播电视出版社 1990 年版，第 9—34 页。

③ 中共中央宣传部：《中国共产党宣传工作简史》，人民出版社 2022 年版，第 130 页。

④ 杨沙林：《用生命播音的人——忆齐越》，中国广播影视出版社 2019 年版，第 63 页。

⑤ 杨沙林：《用生命播音的人——忆齐越》，中国广播影视出版社 2019 年版，第 59 页。

⑥ 高贵武等：《从宣传鼓动到服务引领：人民广播播音主持近 80 年之嬗变》，《中国广播》2019 年第 12 期。

⑦ 徐光春：《中华人民共和国广播电视简史》，中国广播电视出版社 2003 年版，第 14 页。

⑧ 参见张颂：《播音创作基础》，中国传媒大学出版社 2011 年版。

四、时代感

"时代感"这一概念是与时俱进的。它包含两个重要维度，一是有声语言创作者进行语言传播的"历史时间"，二是有声语言创作者使用的声音传播媒介。在解放战争和广播作为主流媒介的时代，时代感的主要表现形式是"爱憎分明"；改革开放前期，时代感体现为"降调"和"提速"。

在全媒体时代，时代感则可以和新媒体的"网感"联系起来。所谓"网感"，可以理解为在网络新媒体平台传播的使用个性化、年轻化，具有互动性以及消弭距离感等特点的有声语言。如网络综艺、网络脱口秀、网络短视频、"主播说+"等有别于传统的线性电视栏目的网络形态，其传播主体又被称为新媒体主播、短视频博主等。

如《主播说联播》就是一档具有鲜明时代感的节目。首先，其主播的话语风格完全有别于《新闻联播》中的表达，而是采用日常口语形态以及多次使用网络流行语丰富表达。节目的话语形态从严肃性转向生活化，从"高大上"转向"接地气"，既适应了新媒体的话语特征，也提升了内容的易接受性。如"昨天晚上有一条消息让人特别痛快"，"今天还有一件事儿啊让大家非常嗨"，"打 call""打脸""硬核大爷""你 get 到了么"等网络流行语频现。[1] 吴晔等学者通过对《主播说联播》节目进行量化分析后特别提出，主流媒体在人格化实践过程中需警惕"接地气"流于表面，需重视符号生产过程中的整体意义和情境塑造，进一步改进视觉符号的生产方式，借助非语言符号的设计提升主流媒体的传播力和影响力。[2]

五、分寸感

分寸感指的是有声语言表达者对所传达内容包含的政策尺度、内容主次、感情浓淡、态度差异、语体风格的区分等要恰到好处、分寸得当，至少包含了掌握政策分寸、语态分寸和表达分寸，也可理解为规范性、逻辑性、语境的适

---

① 于然、李治宏：《主流媒体的短视频传播策略分析——以〈主播说联播〉栏目为例》，《新闻与写作》2020 年第 1 期。

② 吴晔、樊嘉、张伦：《主流媒体短视频人格化的传播效果考察——基于〈主播说联播〉栏目的视觉内容分析》，《西安交通大学学报（社会科学版）》2021 年第 2 期。

应度三个维度。

首先是政策分寸和规范确当。无论是传统媒体还是新型主流媒体的有声语言表达者，都应该及时关注党和国家的大政方针政策，明确播讲目的，将政治性与时代感融合起来。

其次是语态分寸，是指对一度创作的文本进行逻辑研判后使用恰切的语言进行二度创作。

最后是表达分寸。这里有语境的问题，即在什么时间、什么场合、使用什么媒介、表达什么内容。总而言之，就是"根据不同的交际领域、交际目的长期地反复地使用不同的交际方式、语言材料而形成的言语特点的有机统一体"①。

如：

> "今日俄罗斯"网站 15 日报道，俄罗斯总统普京当天在塔吉克斯坦首都杜尚别表示，俄罗斯坚决反对贸易战和国际贸易中的"无规则竞争"。普京当天在杜尚别举行的亚洲相互协作与信任措施会议第五次峰会上说，世界各地正在发生"真正的贸易战"，而各国之间恢复信任至关重要。
>
> 普京表示，一些国家正在进行无规则竞争，他们通过非市场手段恐吓和消灭竞争对手。关键是要"找到摆脱这种局面的方法"，并"建立起公平的经济合作规则"。普京还表示，最起码社会和人道主义问题不应受到贸易和经济的限制，也就是必需品、药品和医疗设备。
>
> （央视新闻 2019 年 6 月 16 日）

这则国际时政新闻中提到"俄罗斯总统普京当天在塔吉克斯坦首都杜尚别表示，俄罗斯坚决反对贸易战和国际贸易中的'无规则竞争'"。播音员在播报时需结合当时的国际局势和材料语境，注意播报时的态度分寸。尽管材料提到"坚决反对"的态度，但播音员在表达时不宜过于渲染其态度，而应该将重点放在坚决反对的内容以及努力寻求的措施上，如"找到摆脱这种局面的方法"，并"建立起公平的经济合作规则"，进而提出符合人类命运共同体的号召，"最起码社会和人道主义问题不应受到贸易和经济的限制，也就是必需品、药品和医疗设备"。

---

① 徐云知：《近 20 年语感及语感教学问题研究》，首都师范大学硕士学位论文，2001 年。

六、亲切感

全媒体时代，媒介形态多样，大中小屏互联互通，有声语言传播者的表达样态也日益丰富。由于厌倦了以往电视屏幕上少数程式化、"堆笑式"居高临下的主持方式，新媒体时代的受众渴望更加专业化、个性化和多元化的语言表达方式。在传播渠道变得越来越多元和开放的当下，要想获得新媒体用户的喜爱就必须做到心中有人、眼中有神、言之有物、论之有据，用平等的姿态像朋友一样向受众传达出新鲜、可信、易懂的信息和情感，这就是所谓的"亲切感"，这一要求与以往传统广播电视媒体的播音员、主持人的特征没有变化。

 练一练

2024 年春节联欢晚会主持词文稿（节选）[①]

任鲁豫：亲爱的观众朋友们，大家——

合：过年好。

任鲁豫：这里是中央广播电视总台 2024 年春节联欢晚会的直播现场，我们和全国各族人民、全世界的中华儿女相约守岁，喜迎甲辰龙年的到来。

龙洋：今夜，我们辞别旧岁，华章谱新，过去的一年，我们守望相助，砥砺前行。无论风霜雨雪，我们同心鼓舞又一个春天。

尼格买提：今夜，我们举国同庆，共度佳节。九州春色，四方欢歌，洋溢着万物复苏的勃勃生机。无论天南海北，神州大地，欢庆又一个新年。

马凡舒：今夜，我们放下一年的忙碌，依偎在家人身边，团聚在幸福门前，无论千里万里，中华儿女共同奔赴一场团圆。

撒贝宁：今夜，我们共享春晚这道年夜大餐。我们的奋斗、我们的欢乐、我们的感动，就是我们的春晚。无论荧屏内外，龙的传人共书新春祝福。

任鲁豫：龙行东方，春满中华。龙腾华夏，福到万家。在这迎春纳福、喜庆吉祥的日子里，我们给大家——

合：拜年啦。

---

① 《2024 年春节联欢晚会主持词文稿》，"播音中国"微信公众号，2024 年 2 月 10 日。

2019 央视主持人大赛新闻类参赛选手姚轶滨三分钟自我展示

各位好，欢迎收听中央人民广播电台《中国之声》，这里是《新闻有故事》。今天我们要来说的第一个人物，是一位职业生涯当中，有过许多高光时刻的外科医生。可是，对他来说呢，这一切的起点，其实是在四十年前，他留下的一个遗憾，那时候，他刚刚开始工作。有一天，一个三四岁的小女孩，因为气管异物，被紧急送进了医院，经过抢救，最终还是离开了这个世界。在抢救室里，小女孩的爷爷含着眼泪跟一家人说：隔壁还有手术，谁也不许哭出声来。然后，一家人就围在一起，静静地痛哭。医生说四十年里，他从来没能忘掉那样一种安静，那时刻都在提醒他，他肩上，不仅是一个个病人的健康与生命，更是一个个家庭的幸福。

我们要来说的第二个人物，是一位广播新闻节目主持人。2013 年，四川芦山县发生了 7.0 级强烈地震，他和同事们都投入到了救灾的报道当中。有一天前方传来消息，说一处废墟里，可能有人，大家的心都开始慢慢提了起来，所有人都在期盼，期盼几天以来，能有一条振奋人心的好消息，能有生命的奇迹出现，但是在直播前消息来了，废墟当中，已经没有了生命的踪迹。那几天，这样的希望、失望，不断地反复，他就开始怀疑说，自己的努力，有没有帮助到，哪怕只是一个人。他拿起电话，打给了那位医生，医生给他讲了那个一家人静静痛哭的故事。他说，一个医生，有时治愈，常常帮助，但更多的是对病人的一种陪伴。你的工作，就是用声音去陪伴。只要你的声音在，仍然有一份力量在，那就有一份希望，会一直在。这张照片里右边的这位，就是这个医生——吉林省长春市的一名耳鼻喉科医生，他叫姚平，他身边的就是这个新闻主播，他的儿子，叫姚轶滨。他父亲用了四十年的时间，用手术刀让这个世界多了很多幸福的家庭。而新闻，是我与这个世界互动的方式，我也愿意用我的四十年，用新闻报道去传递这个时代的力量。最后，祝你也能找到值得坚守一生的事业。感谢你收听今天的《新闻有故事》，这里是中央人民广播电台《中国之声》。

2019 央视主持人大赛新闻类参赛选手邹韵 90 秒即兴考核

90 秒即兴考核题目：76 岁大连退休老人刘增盛，为了不让工作负担很重的年轻人总给自己让座，在身上挂着一块"勿需让座"的 LED 显示牌。

邹韵：大家好，欢迎收看本期的《新闻聚焦》，我是邹韵。今天，我们要说的是一个人，一位老人，甚至有人管他叫作"硬核老头"，原因很简单，平时我们在坐地铁、坐公交的时候，看到老人，我们会自觉地站立起来让座，但是这位老人很特别，在身上写了"勿需让座"。他对于年轻人的这种关照和心疼，也真的是很让人动容，但是在我看来，能够让这个民族经历五千年的风霜，有很重要的一个原因，就是我们有很多有大智慧的、高贵的、复杂的精神，而在这其中，尊老爱幼是很重要的一个部分。

刘增盛老人给我们这些年轻人让座，这是一种情分，而我们这些晚辈，给像刘增盛这样的老人去让座，给他们更多的关注，是一种本分。也正是这种情分和本分的相互交融，让我们的社会得以发展。而更重要的，他身上的那个红红的灯，点亮了我们对老人更多关注的一种提示，也正是老人对我们的心疼和关照，点亮了我们对向真、向善、向美的生活有更好的期待和憧憬。谢谢大家。

《朗读者》第一季主持词——遇见

我们的主题词是"遇见"。因为从某种意义上来说，世间一切都是遇见。就像冷遇见暖，就有了雨；春遇见冬，有了岁月；天遇见地，有了永恒；人遇见人，有了生命。那么，《朗读者》遇见了你们，又会怎样呢？

古往今来，有太多太多的文字在描写着各种各样的遇见。"蒹葭苍苍，白露为霜。所谓伊人，在水一方"，这是撩动心弦的遇见。"这位妹妹我曾经见过"，这是宝玉和黛玉之间，初见面时欢喜的遇见。"幸会，今晚你好吗"，这是《罗马假日》里，安妮公主糊里糊涂的遇见。"遇到你之前，我没有想过结婚，遇到你之后，我结婚没有想过和别的人"，这是钱锺书和杨绛之间决定一生的遇见。

所以说，遇见仿佛是一种神奇的安排，它是一切的开始。也希望从今天开始，《朗读者》和大家的遇见，能够让我们彼此之间，感受到更多的美好。

《朗读者》第一季主持词——陪伴

为什么是陪伴？其实我们每一期的主题词的选择是非常慎重的，有时候为了一个主题词，会反反复复讨论很长时间，但是陪伴是最早确定下来的主题词，而且从来没有改变过。

我想，这是因为陪伴很温暖。它意味着这个世界上，有人愿意把最美好的东西给你，那就是时间。当然陪伴也是一个很平常的词，日复一日，年复一年，到最后陪伴就成了一种习惯。就像我们的朗读者：郑渊洁、乔榛，都谈到了自己夫妻之间的陪伴，父母对孩子的陪伴。在这期节目当中，最让我感动的是杨乃斌，一个在八个月的时候，失去了听力的孩子。为了能够让他像健全人一样地成长，他的母亲在他上小学的第一天开始，就成了他的同班同学。所以我觉得，陪伴也是一种力量。

第三章　稿件的准备

新中国成立初期，中央人民广播电台的播音员除齐越外，主要有万里、刘淮、夏青、费寄平、葛兰、潘捷和林田等。这几位播音员要负责全天 23 小时 55 分钟的全时段、各类型节目的播音任务。他们中既有刚从学校毕业的学生，也有从东北、四川等地挑选的业务骨干，如语音纯正、庄重朴实的夏青，嗓音宽厚、语调自然的费寄平，"金嗓子"葛兰等。20 世纪 60 年代初，徐曼、铁城、雅坤、虹云、丁然、赵培、金锋等一批从专业院校毕业的年轻人陆续进入播音队伍。经过几代播音员的播音锤炼，逐渐形成了"爱憎分明、刚柔相济、严谨生动、亲切自然"的话筒前播音风格。① 这一具有中国特色的播音风格是在革命战争年代生成，在新中国建设期发展，并经历了"开国大典"、全国广播网大发展、社会主义现代化建设等重大事件和历史时期，在现场实况直播，"记录新闻"播报，重要文件、社论宣读，新闻、通讯播讲等无数次播音实践后逐渐形成的。

1959 年广播大楼建成，周恩来视察广播大楼时对结束播音的齐越和潘捷说："广播大楼建成了，比起延安的窑洞来，条件好多了，一定要用延安精神做好工作。"② 延安精神体现在："自力更生、艰苦奋斗的创业精神；全心全意为人民服务的精神；理论联系实际、不断开拓创新的精神和解放思想、实事求是的精神。"③ 这一传统和作风经由延安新华广播电台筹备时期领导电台工作的周恩来在新中国成立十年后的嘱托得以延续，也为人民广播的播音风格奠定了基调。

---

① 荆晖：《开国大典的播音员——齐越》，《大舞台》1994 年第 8 期。

② 中央人民广播电台台史编写组：《中央人民广播电台台史资料汇编》（1949—1984），内部资料，1985 年编印，第 624 页。

③ 毕一鸣：《延安精神与齐越风范——写在人民广播事业七十周年之际》，《中国广播》2010 年第 8 期。

第一节　准备稿件的方法

　　准备稿件是指有声语言创作主体在工作之前的必备工作。这里的稿件既可以指播音主持节目的稿件，也可以指演讲、朗诵、讲解、采访、播客等各种形态的有声语言表达所依托的文字内容。在主流媒体和机构媒体，播音员、主持人是党和政府的喉舌及机构代言人，肩负着传达政令、引导舆论、普及知识、寓教于乐等责任。因而，"播出的每一篇稿件都应该反映党和政府的意志，反映人民群众的意愿，应该及时地把党的方针、政策告诉群众，同时还要满足人民群众多方面多层次的精神文化需求"①。

　　总体而言，播音主持创作大致可分为有稿播音和无稿播音两类。前者是对文稿的二度创作，是创作者第二信号系统对第一信号系所接受的现实生活的抽象概括。后者依靠眼、耳、鼻、舌、身等感官对客观世界和现实生活进行加工，主要依靠广义备稿。

 扩展阅读

"念稿子"的人想说的话

——从播音创作主体在新闻生产流程中的准确定位谈起②

　　提到播音员，在普遍的认知中，人们已习惯性地将播音员称为"主播"（以下提及播音员、主播时，这两个称谓均意指播音创作主体）。有人基于自己的从业经历、体会，认为主持人是"自己说话"的，主播是"念稿子"的，并认为二者对新闻生产的重要性和贡献度是不一样的。那么，作为播音创作主体，在新闻生产流程中到底该如何准确定位自己？这里之所以强调"创作主体"的概念，是因为对于时下新闻生产流程中的播音创作来说，伴随着创作题

---

　　①　张颂：《中国播音学》，中国传媒大学出版社 2013 年版，第 195 页。

　　②　康辉：《"念稿子"的人想说的话——从播音创作主体在新闻生产流程中的准确定位谈起》，《电视研究》2020 年第 9 期。

材、形式、传播平台日益丰富多元，播音员的主观能动作用越来越凸显。从事电视新闻播音工作多年，笔者参与过多种类型的节目创作、产品生产，深感理清这个话题对于理顺新闻生产关系、规范新闻生产流程、提升新闻生产质量具有重要的意义。因此，笔者这个工作中"念稿子"占相当比重的人，想说一说，试着破一破这个题。

一、"念稿子"这件事简单吗?

俗话道"看人挑担轻飘飘，自己挑担压折腰"，说的就是没有哪一件事是简单的意思。新闻生产流程中的每一环节都是环环相扣、丝毫马虎不得的。关于"念稿子"是不是简单劳动，孙玉胜先生曾说，如果觉得播音容易，不妨找一篇文章，难度不用太大，甚至可以是自己写的文章，从头到尾读一遍，看能不能做到一字不错并且声情并茂。这话非常准确地提炼了播音创作的价值，笔者深以为然。的确，"念稿子"这件事再简单，也不是每一个人都可以很轻松地做到能在大庭广众面前动情地、准确地朗读出来。也许有人会说，现如今人工智能模拟语音技术已经相当成熟了，将一篇文字转化成有声语言很容易。就算"念稿子"很重要，还需要"念稿子"的，但这件事又有何难? 此话倒也不假，只是它牵涉到一个核心问题：在今天的新闻视听产品的生产传播生态中，有严格文字依据的播音、特别是要求极度规范的播音还有意义吗? 重要吗? 或者说，能够提供这样播音的人——播音员、播音创作主体，还有用吗? 笔者认为，在多元化的时代，任何一种表达形式都有其合理存在的空间，只是更加需要让其对应不同的表达内容；任何一种表达形式都有意义，其意义就在于是否用对了地方。在新闻生产和传播中，总有一些极具仪式感、极具审慎度、极具权威性的信息需要传递，而这些最有可能涉及大是大非问题。届时，有严格文字依据的播音特别是要求极度规范的播音就是必要的，也始终是重要的。而且，此时的"念"——提供准确信息，恰恰是在为后续的"说"——解读分析评论提供基础，如果"念"的过程中出现稍许差池，接下来是否能"说"下去，是否能"说"好等未知因素就会多起来。更何况，越是这样极具仪式感、极具审慎度、极具权威性的信息，对"念稿子"的要求就越严苛，如对语气分寸的把握，对敏感信息的处理和传递……从这个角度来看，看似简单的"念稿子"却并不简单，也不是人工智能模拟语音技术所能驾驭的。由此可见，播音创作主体——播音员的存在是必要的，是有意义的。

研究可见，如今的新闻生产流程越来越显现的一个重要特征是分工极度精细化，这就必然导致其中的从业人员有更高、更严格的准入门槛。从技术层面来讲，即便是具备相当职业水准的人，也多是在各自不同的领域内有所专长，因此不能用某个专业技术领域的标准去衡量、评判另一个专业技术领域的人，也不可能用完全一致的标准去衡量、评判生产流程中的每个人。只有各尽所长才能实现融合中的完美。那么，在这个过程中，能单纯地评说"念好稿子"重要不重要、"有能念好稿子的人"重要不重要吗？

二、"念稿子"为什么会被认为简单呢？

凡事总有主客观两方面因素。长期以来，大家对这一问题存在认知上的模糊甚至偏差，作为播音创作主体来说，我们首先要从自己身上寻找原因。毋庸讳言，在播音员群体中，存在自觉不自觉地将自身工作看轻的现象，满足于没念错，满足于值完班就万事大吉。这里可以借用京剧行当做一比照。在京剧旦行中，梅派被公认是容易入门的，经过一定的学习训练，大多在短时间内能有模有样地唱上一段儿；但梅派也被公认为易学难精，就是说要想做到有腔有调、有板有眼，更有韵味，着实不容易。播音亦如此，新闻播音尤其如此。事实上，在播音群体中，齐越、夏青、葛兰、林如、方明……很多播音前辈都以自己的努力和成就，实现了播音创作主体在生产流程中的准确定位。相较于如今主播的工作，他们在新闻生产流程中所承担的环节似乎更单纯，但他们的工作却从来没有被认为简单。究其原因，大概缘于他们虽然也是"念稿子"，但并没有把自己视为播出的"最后环节"，而是更多地观照全局甚至比合作的记者、编辑更多地了解所传播信息的背景、细节，因而他们能够把文字里所蕴含的内容传达得清晰准确，表现得淋漓尽致。

从某种程度上说，他们在一定的环节中承担着"主编"的一部分职能。更重要的是，他们不只是个别人做到了，而是整个群体都拥有相当高的、整齐的水平，并因而共同确立了新闻生产流程中的准确定位，同时树立了播音行业的标准。由此来检视播音创作主体的工作状态，相对来说播音员承担的工作量和压力大是现实情况，但个人是否足够努力，是否尽力做到为其他环节的工作锦上添花，是否做到从新闻生产的全流程角度掌握信息？是否真正意识到必须以一个行业整体水准的高度来提升播音职业群体的地位与作用……如果我们还做不到这些，反而要大家认可并尊重这一群体的工作，确实是困难的。当然，造成对这一问题认知上的模糊甚至有偏差的原因，客观因素也不可忽视。分工精细化的新闻生产流程，对其中各工种之间目标之一致、沟通之顺畅、合作之紧密等因素和环节提出了更高的要求和标准，但现实情况与之还存在一定差距。事实上，在节奏快、事务多的常态下，由于时间的原因或是忙于各自的工作内容，与播音创作紧密相关的环节常常无暇顾及与播音员进行深入沟通，特别是针对某些需要更为精准表达、不容出错的细节和重点，基本没有事先推敲、商榷的空间和时间，留给播音员这一创作主体的通常就只剩下播出中的"一锤定音"——在精神需要高度集中的状态下，对一份"初相识"的播音稿的深入理解和精准表达，主播的压力是可想而知的。长此以往，"单打独斗"的力不从心感和影响创作质量的忧虑感更会与日俱增。笔者认为，综合来看，在新闻生产流程中播音创作主体某些个体表现的出色或失误，不应该成为整个播音群体被"高看"或被"低估"的依据。

三、如何"念稿子"更精准更完美？

首先，对播音创作主体来说，务必要把"念稿子"这件事分解成"念别人的稿子"和"念自己的稿子"，两方面都不可偏废。诚如播音专业理论奠基者张颂先生所言："有稿播音，锦上添花；无稿播音，出口成章。"特别是"无稿播音，出口成章"，更需要播音员全方位参与，哪怕是从对导语、口播稿件的小小修改开始做起，以便有效地调动起创作主体的主动性。针对如今的新闻生产流程，播音员需要更自如地将信息的表达者、采集者、编辑者等功能集于一身，融合呈现于播音创作中。与其说这是创新，不如说是回归播音创作的本源和优良传统。其次，播音员更不能放掉任何一个可以"走出去"的机会。一直以来，绝大部分播音员是从流程的后端开始进入并由此了解、参与新闻生产的，这固然也是一种路径，但却缺少了一个重要的阶段——真正在新闻实践中的摸爬滚打以及对新闻现场的体验和认知。笔者认为，既然缺少，那就要补上，即使是资深的播音员也需要从头补上这一课。任何时候，只要开始就都不算晚。由此，播音员才能给予合作者以更多的信任、信心，而这些最终将成倍地回馈给我们自己。最后，播音员更需要来自相关环节和合作者的信任与扶持。如果能够通过建立科学有效的制度，使播音员与栏目、与前后期团队、与传播平台建立起更紧密的关联度，让每一个环节的合作都建立在彼此充分了解和信任的基础上，从而使新闻生产流程的每一个环节都具备全局观和整体性，相关环节的工作顺畅而默契。建立制度最大的好处是让每个人都知道"什么是必须做的",而不仅仅依靠个人的自觉和热情,这是决定生产流程中分工精细化能够实现的必要条件。实践证明,惰性和抗拒约束是人的天然局限,时间长了,任何自觉与热情都有懈怠的可能。同时,如果可以从制度上对播音创作主体的创新与尝试给予一定的包容,允许安全范围内的试错,鼓励对新技术、新形态的学习和试验,会更有力地促进和保护创作主体主动性的发挥。

一、准确、及时

与以往广播电视等传统媒体时代相比,全媒体时代的音视频制作者及受众更加追求"短、平、快"的视听产品。但无论媒体形态和传播方式如何变迁,只要是真人进行有声语言创作就少不了"准备稿件"这一步骤。准备稿件的第一步是准确、及时地阅读原文,查找生僻字词,利用头脑中的知识储备还原作者一度创作的职业背景、家庭背景等写作背景,以及创作时的社会时代背景,在个人主观理解的基础上合理利用媒介进行搜索和求证。

二、精细、贴合

在事实准确的基础上,有声语言的表达者还需要进一步精细化理解文稿的深层意涵。"不仅要准确弄清稿件说的'是什么',更要明白'为什么',体味出稿件的深层含义,这样才能为播好稿件提供驱动力"[①],从而在根源上避免了千篇一律和固定腔调。

三、转化、再造

从延安时期的电台直播到新中国成立后的广播、电视播音主持,我国一代又一代播音员、主持人在语言创作实践中总结经验,不断汲取国外媒体中有关声音、形体方面的精华,最终形成了具有中国特色的口语创作方式。

传统媒体时代,播音员、主持人不仅在内容上要做到"不播错一个字",而且为了全国各地各个方言区的收音员和听众都能听懂,还要用标准的普通话

---

① 张颂:《中国播音学》,中国传媒大学出版社 2013 年版,第 201 页。

进行播音。除此之外，为了适应话筒前长时间、高强度的嗓音工作，许多声音工作者开始寻求科学、长效的嗓音训练方式，使其不仅"是美的，是好听的，更应该能够吸引人听，给人以美感；不应该沙嘶劈哑，不应该有睡觉味儿，不应该有感冒味儿"①。

这一方面是从声音传播的技术层面对播音员提出了较高的要求，另一方面也是对播音员这一职业设定了专业门槛。训练有素的嗓音是为了更好地播讲政治性稿件和演播文艺作品。苏联的播音员组有专门的导演和朗诵家负责教播音员朗诵文艺作品，此外还有游维斯卡娅、柏林斯基等练声专家和一个语言顾问，专家对播音员在声音、语调、呼吸方法方面进行单独指导，内容包括"横膈膜呼吸、三分钟不换气讲话、一口气朗诵一段诗、练习语调的抑扬顿挫等"②。播音员选取各种各样的材料，在导演或演员的指导下做朗诵练习，这样的课程每周两次，每次 1.5 小时，持续四年，播音员毕业后还需要去专家处复习（回课）。

中央人民广播电台的播音员们除了借鉴苏联的练声经验，还向其他艺术借鉴学习。播音员方明谈到，为了避免早上播音时因为没"开嗓子"（指发音器官不活跃）而造成听众听感上的"睡觉味儿"，播音员必须要坚持练声。为了更好地掌握科学用气、发声方式，他曾向歌唱演员和曲艺演员"求经"，经过一段时间的坚持练习，后咽壁力量加强，软腭升高，喉部放松，从而可以适应一上午比较自如地播两万多字稿件的工作要求，这为《中央全会公报》《政府工作报告》等重要文稿安全、准确、清晰地播出提供了嗓音技术支持。③

新中国第一代播音员们"走出去"学习借鉴到的优秀经验在很大程度上影响并形成了我国广播电视台系统师傅带徒弟的"传帮带"模式，在后来的播音教育中也十分强调"小班化"的艺术教育。在师徒制的模式下，广播电台的师傅（有经验的播音员）会要求徒弟（新播音员）每天练习，以使发声器官经过系统训练形成肌肉记忆。在这样的声音练习、生产、保养机制下，中央人民广播电台的许多播音员能在话筒前准确、清晰、圆润、动听地播讲几十年时间，即使他们的容颜老去，嗓音也保养得相当好。

---

① 姚喜双、郎小平：《方明谈播音》，中国广播电视出版社 2000 年版，第 48 页。
② 广播事业局编印：《苏联广播工作经验》，内部资料，1955 年编印，第 253 页。
③ 参见姚喜双、郎小平：《方明谈播音》，中国广播电视出版社 2000 年版，第 50—51 页。

第二节　准备稿件的基本步骤

准备稿件是中国播音学普遍采用的一种教学方法，可以帮助初学者在上口播讲前按照一定的程式准确、规范地理解感受稿件，简称备稿。备稿分为广义备稿和狭义备稿两种。广义备稿指播音员、主持人需要在日常生活中随时随地注意了解时事、政策，与时俱进，把握社会的发展动态，及时关注社会热点话题。新闻播音员更要掌握国家重要领导人、各行业专业术语、重点地名等相关信息。

"狭义备稿"则是指除了平时依靠多听、多看、多悟形成政治、文化、艺术等方面的积累，还可以在有条件的情况下，按照"划分层次、概括主题、联系背景、明确目的、分清主次和把握基调"这六个步骤进行准备。

本节以史铁生《秋天的怀念》为例示范备稿步骤。《秋天的怀念》创作于1981年，是史铁生写的一篇悼念母亲的散文，人物形象刻画细腻，语言质朴，情感含蓄深沉。此文最初发表于《南风报》，那年史铁生30岁。在作者本该洋溢着生命活力与激情的青春年华遭遇重大变故，使其性情突变，暴怒无常。而史铁生的母亲恰患上肝癌，在自身因病痛被折磨得夙夜难寐时，她仍强打精神隐瞒病情，用尽全力照顾儿子。在母亲49岁猝然离世后，史铁生愧疚不已，写下了这篇文章以纪念伟大的母亲。

秋天的怀念
史铁生

双腿瘫痪后，我的脾气变得暴怒无常。望着望着天上北归的雁阵，我会突然把面前的玻璃砸碎；听着听着李谷一甜美的歌声，我会猛地把手边的东西摔向四周的墙壁。母亲就悄悄地躲出去，在我看不见的地方偷偷地听着我的动静。当一切恢复沉寂，她又悄悄地进来，眼边红红的，看着我。"听说北海的花儿都开了，我推着你去走走。"她总是这么说。母亲喜欢花，可自从我的腿瘫痪以后，她侍弄的那些花都死了。"不，我不去！"我狠命地捶打这两条可恨的腿，喊着，"我可活什么劲儿！"母亲扑过来抓住我的手，忍住哭声说："咱娘儿俩在一块儿，好好儿活，好好儿活……"

可我却一直都不知道，她的病已经到了那步田地。后来妹妹告诉我，她常常肝疼得整宿整宿翻来覆去地睡不了觉。

那天我又独自坐在屋里，看着窗外的树叶"唰唰啦啦"地飘落。母亲进来了，挡在窗前："北海的菊花开了，我推着你去看看吧。"她憔悴的脸上现出央求般的神色。"什么时候？""你要是愿意，就明天？"她说。我的回答已经让她喜出望外了。"好吧，就明天。"我说。她高兴得一会坐下，一会站起："那就赶紧准备准备。""哎呀，烦不烦？几步路，有什么好准备的！"她也笑了，坐在我身边，絮絮叨叨地说着："看完菊花，咱们就去'仿膳'，你小时候最爱吃那儿的豌豆黄儿。还记得那回我带你去北海吗？你偏说那杨树花是毛毛虫，跑着，一脚踩扁一个……"她忽然不说了。对于"跑"和"踩"一类的字眼，她比我还敏感。她又悄悄地出去了。

她出去了，就再也没回来。

邻居们把她抬上车时，她还在大口大口地吐着鲜血。我没想到她已经病成那样。看着三轮车远去，也绝没有想到那竟是永远的诀别。

邻居的小伙子背着我去看她的时候，她正艰难地呼吸着，像她那一生艰难的生活。别人告诉我，她昏迷前的最后一句话是："我那个有病的儿子和我那个还未成年的女儿……"

又是秋天，妹妹推着我去北海看了菊花。黄色的花淡雅，白色的花高洁，紫红色的花热烈而深沉，泼泼洒洒，秋风中正开得烂漫。我懂得母亲没有说完的话。妹妹也懂。我俩在一块儿，要好好儿活……

一、划分层次

一般而言，划分层次是了解一篇陌生稿件的第一步。类似于中小学语文课堂上学习新课前的分段。通过划分层次，播讲者可以对稿件内容有全局性的把握，对稿件的逻辑关系和层次了然于心，使表达流畅、逻辑清晰。

例稿中第一段到第二段为第一个层次：母亲隐瞒自身病痛，悉心呵护因双腿瘫痪而喜怒无常的儿子。第三段到第六段为第二个层次：秋日的一天，重疾缠身的母亲强打精神邀约儿子一起去北海看花，但未能如愿，最后母亲怀着深深的遗憾离世。第七段为第三个层次：史铁生与妹妹在秋日看花，决定像母亲生前希望的那样好好活着。

二、概括主题

主题是一篇稿件的灵魂，概括主题是为了明确播讲稿件的思想内涵，也是语言创作者透过现象抓本质的过程。

例稿中作者史铁生用饱含真情的语言刻画了因遭遇变故而变得暴躁的"我"与身患重疾仍悉心呵护儿子的"母亲"，表达了母爱的质朴与伟大，以及母亲逝去后儿子"子欲养而亲不待"的愧疚与深切的怀念之情。

三、联系背景

联系背景是备稿六步骤中最容易被忽视的一环。播出任何稿件都需要将其与稿件创作的个体背景、时代背景、播出背景相结合，尤其需要注意结合与稿件内容相关的党的方针、政策等，以及稿件所表达的具体的社会生活风貌。

例稿的背景主要有以下几点：第一，"母爱"是人类宝贵的精神财富，在任何时代中都熠熠生辉；第二，"我"双腿瘫痪后脾气变得喜怒无常，经常无故发脾气；第三，"母亲"身患重疾，疼痛难忍；第四，"母亲"在我发脾气时默默忍受且时刻呵护喜怒无常的"我"；第五，"我"没想到"母亲"患重病，时常将负面情绪发泄到她身上。

四、明确目的

任何一篇稿件都有播讲目的。播音员、主持人创作的最终目的是要用语言引导和鼓舞受众，或催人奋进，或引发深思，或鞭策前行，将符合社会主义主流价值观的优秀作品传播出去。

例稿的播出目的主要体现为以下几点：第一，激发读者感受母爱和反思母爱；第二，体会"磨难"对于塑造丰富人生的积极意义；第三，体会"好好儿活"的深层内涵，从而启迪人们珍惜有限的生命。

五、分清主次

明确稿件的播出目的后，就要找出稿件中最能体现目的的主要部分和次要部分，在表达时有所侧重。这样做的目的是避免从头到尾每一段、每一句甚至每一个词都着重表达，从而造成整体表现平直，没有主次。

例稿中的主次关系大致可以这样理解（见图 3-1）：

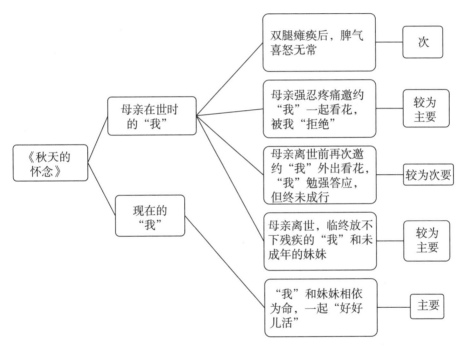

图 3-1 《秋天的怀念》文章主次关系

六、把握基调

基调是指一篇稿件总的感情色彩和分量。稿件的基调反映了全篇内容的总体情感，是确定节奏的主要依据。

例稿用词造句平淡而洗练，通过"母亲"的动作、神情以及"我"的感情状态等一系列描写表达了母子连心，"我"对未能理解母亲而深深自责和遗憾之情。《秋天的怀念》的总基调是沉郁的，但结尾不乏对生命意义的反思，发人深省。

第三节 不同类型稿件的准备和创作

一、新闻播音

总体而言,新闻播音要体现出新鲜感、时代感和分寸感。在用声和语言表达上要做到节奏明快、晓畅自然。

(一)播好新闻导语

导语是新闻中最主要、最新鲜的事实,揭示了全文的主题、写作目的。播音员要做到深入分析新闻事实,把握其内涵,强化其情感。具有时代感的语言风貌与条理清醒的表达融合起来才会产生流畅、鲜明和引人入胜的表达。

例:

> 2014年2月,习近平总书记提出努力把我国建设成为网络强国的战略目标。10年来,习近平总书记亲自擘画网络强国宏伟蓝图,部署推动网信事业高质量发展,指引我国从网络大国向着网络强国阔步迈进。
>
> (《新闻联播》2024年2月27日)

(二)理清脉络,把握主体,讲清事实

新闻主体是新闻的核心,也是展开新闻事实的重点部分。理清脉络指对新闻主体进行深入、细致的分析,划清层次,弄清层次间的关系,找出重点段落和语句,明了主题与各层次段落间的内在联系。

例:

> 无人机送外卖、乘坐无人驾驶巴士和无人驾驶航空器游逛公园……这些在10年前令人难以想象的科技生活已经悄然变成现实。基于5G通信

的强大覆盖，过去一年，北京、广州、深圳、合肥等地陆续探索了自动驾驶无人化商业实践，自动驾驶示范区建设蓬勃发展，越来越多汽车甚至载人航空器正加速迈入"无人之境"。

党的十八大以来，习近平总书记举旗定向、领航掌舵，亲自擘画网络强国宏伟蓝图，部署推动网信事业高质量发展，系统回答了为什么要建设网络强国，怎么建设网络强国等一系列重大理论和实践问题，形成了习近平总书记关于网络强国的重要思想，指引我国从网络大国向着网络强国阔步迈进。

建设网络强国，核心技术是最大的"命门"。从高性能计算保持优势到 5G 实现技术、产业、应用全面领先，从北斗导航卫星全球组网到芯片自主研发能力稳步提升，10 年来，网信领域一大批重大创新成果相继涌现，推动了我国信息化在某些领域实现了从"跟跑"到"领跑"的重大跨越。

加快信息化发展，既需要下大力气突破核心技术，也需要建设良好的信息基础设施。近年来，我国统筹推进网络、算力、应用等基础设施建设，建成全球规模最大、技术领先的光纤宽带和移动通信网络，截至 2023 年底，我国 5G 基站总数达 337.7 万个，千兆光网覆盖超过 5 亿户家庭。

10 年来，信息基础设施建设在加速，我国互联网发展的"数字红利"也在加快释放，用得上、用得起、用得好的信息服务正在造福更多百姓。

（《新闻联播》2024 年 2 月 27 日）

（三）结尾要严密、完整

新闻结尾是为了总结全文。新闻结尾的写法很多，如小结式，使人更加明确报道这一内容的目的；启发式，不把话说完，给人留下思索回味的余地；号召式，用新闻中所阐述的事实，在结尾发出号召。无论哪种结尾方式，对播音创作来说，结尾用落停，干脆利落，顺势收住，不拖泥带水。

例：

在网络强国重要思想指引下，我国数字经济产业不断扩大，数字经济规模从 2012 年的 11 万亿元增长到现在的超 50 万亿元，总量稳居世界第二，占 GDP 比重提升至 41.5％，数字经济成为稳增长、促转型的重要引擎。网络空间是亿万民众共同的精神家园。近年来，"清朗""净网"等专项行动持续开展，重拳整治网络生态突出问题，《网络安全法》《数据安全法》《个人信息保护法》等法律法规相继出台，网络综合治理体系基本建成，网络生态持续向好。

（《新闻联播》2024 年 2 月 27 日）

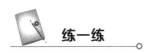 **练一练**

（一）

7 月 28 日，国务院新闻办公室举行"权威部门话开局"系列主题新闻发布会，国家文物局负责人介绍了"加强文物保护　传承中华文明"的相关情况。

党的十八大以来，国家文物局围绕我国考古最新发现成果，持续推进中华文明探源工程和"考古中国"夏文化研究等 18 个重大项目，组织实施 268 项主动性考古项目，创建了第一批国家文物保护利用示范区，评定和公布了第四批国家考古遗址公园，我国考古遗址公园总数达到 55 家。国家文物局表示，到博物馆看展览已经成为人民群众美好生活的重要组成部分，目前，我国博物馆总数达 6565 家，免费开放率达 90％以上。

下一步，国家文物局将继续做好世界文化遗产申报工作，进一步构建起实证中华文明和中华民族精神、展现古代中国和现代中国的中华文明标识体系，推动文物事业高质量发展。

（《新闻联播》2023 年 7 月 28 日）

（二）

人勤春来早，眼下，我国多地正加紧春耕备耕。

各地高标准农田正稳步推进。在黑龙江齐齐哈尔，大型挖掘机、压路机在田间来回穿梭。在内蒙古巴彦淖尔建设现场，记者看到开挖沟渠、推平地垄、清运积土等作业正有序展开，今年，内蒙古计划新建高标准农田850万亩。

春耕生产，农资先行。陕西多家企业开足马力，进行化肥等农资生产。宁夏铁路、公路等物流优先保障运输农资，目前调集储备了化肥32万余吨。青海已收储各类作物良种3970万公斤，能够基本满足春播生产用种需求。在山东郯城，农技人员根据当地水土特征、气候条件等因素，帮助农户科学选用良种。

科技为春耕备耕助力。甘肃河西走廊通过"智慧农资"平台，对种子、化肥、农药等农资进行有效调配，减少了农民运输、奔波的成本。江西新上线的数字供销服务平台覆盖全省3000多个乡村网点，在保证快速配送农资的同时还涵盖了土壤数据、施肥等信息，实现从选种、育秧，再到化肥、农药供应的数字化服务。

眼下，多地冬小麦返青，春管处于关键期。新疆和硕农技人员全程跟踪监测小麦苗情、病虫害和墒情状况，对症下药。安徽阜阳对走访摸排出的3000多亩弱苗地块分类指导，促弱转壮，提高单产。江苏今年越冬小麦面积3590万余亩，全省组建起农机应急作业队伍773支，投入各类农机具55万台（套），促进小麦稳产高产。

（《新闻联播》2024年2月26日）

二、新闻故事

新闻故事类似于通讯，是指播音员以真实的情感体验具体、生动、形象地报道新闻事实。新闻故事播音需充分地展开想象、联想，用声音及语言表达，要求虚实强弱，高低疾缓，变化丰富。

新闻故事不同于新闻消息，一般篇幅较长，内容较为丰富，除了新闻事实，还有许多细节。因此，讲述新闻故事不能只有叙述性语言或朗诵的情态，而应该根据内容力求语言表达多样化。

第一，理清线索，弄清事实，播出条理。新闻故事播音需要深入分析稿件，理清故事线索，弄清事件发生的起因、经过、结果，弄清事件涉及的人物、人物间的关系、人物在事件发展中的地位，从而理出事件发展的主线。在分析稿件的过程中必须立足全篇综观全局，把握稿件的结构，理清创作思路。

第二，揣摩人物，弄清关系，播出情感。新闻故事中少不了人物，人物又离不开事件，有人物就必然产生人物间的关系问题。弄清稿件中的人物、人物间的关系以及每个人物在事件中的地位，是播好新闻故事的重要一环。除此之外，还要揣摩人物的心理活动，揣摩人物心灵上的碰撞以及由此引发的情感上的波澜。只有经过对稿件中人和事的认真分析和具体感受，才能酝酿积累浓厚的感情，激发起强烈的播讲愿望，把播音创作推入表达阶段。

第三，感受场景，进入情境，播出形象。新闻故事的播讲必须立足全篇稿件，把握主题。但是这还不够，还必须深入各个事件中，加深对人物性格和行动模式的认识和理解，并将它具体化、形象化。

 练一练

同心同行　共筑希望
——"一带一路"的非洲故事①

中国与非洲，远隔千山万水，但路途的遥远从未阻隔双方交流的愿望。秦汉以降，丝绸之路逐渐形成，中国的丝织品源源不断输往中亚、西亚和欧洲，又渡海抵达非洲。又有海上一路，自唐以来，历经磨难扬帆西行，经南亚中东，抵达非洲东岸，明朝时郑和船队更是为中国与非洲国家间友好交往书写壮伟篇章。

时隔千年，海陆并举的历史交往，演进升级为"一带一路"框架下的全面合作与共同发展。五年来，非洲国家高度认同"一带一路"倡议的合作理念，积极推动各项创新，努力补足基础短板。共建"一带一路"，不仅成为中非合作的纽带，更让非洲50多个国家朝着世纪使命和共同梦想迈进。

道路通，百业兴

地处非洲西部最西端的塞内加尔，素有"西非门户"之称。在该国首都达喀尔以东75公里，一条由中国路桥工程有限责任公司承建的捷斯－图巴高速公路正在建设之中，工地上数百台机械设备繁忙工作，劳动号子声阵阵。

---

① 朱绍斌：《同心同行　共筑希望——"一带一路"的非洲故事》，新华社，2018年9月13日。

这条高速路 2016 年开工建设，将连接该国两个重要城市捷斯和图巴，设计为全封闭双向四车道，全线长约 113 公里。该项目是中塞两国之间经贸合作中最大的单体项目，也是塞内加尔独立以来最大的单体基础设施建设项目，建成后将极大推动该国交通发展，把"中国速度"带到西非最西端。

对塞内加尔来说，"一带一路"提及的重点合作领域与其"塞内加尔振兴计划"高度契合，修建高速公路将有助于推动塞内加尔互联互通建设。

中国路桥塞内加尔分公司总经理张建国说，该项目的实施给沿线经济发展带来多种好处，比如所有建筑材料都是从当地采购。"高速公路沿线地区盛产花生和水果，高速公路修通后将会很便利地将它们运输出去。"

高速路不仅方便沿线居民出行，还给当地人带来个人的发展机遇。这一项目开工后，中方公司组织了对当地员工的技术培训，开办了汉语课，每年评选海外优秀员工并资助他们去中国参观公司总部。

拉巴·蒂亚姆是在该项目工作的一名优秀当地女员工。她告诉记者，自从她开始在中国路桥工作，就开始独立生活，自己足以养活自己，不再依靠父母。蒂亚姆说，中国路桥非常欢迎女性员工加入，"希望有更多塞内加尔女性加入公司，并用自己的力量争取女性在社会上与男性同等的地位"。

道路通，百业兴。本国内、跨国间的交通，成为非洲各国共同面临的挑战。"一带一路"倡议提出五年来，以"路"为代表的基础设施建设不断向非洲大陆延伸，有力推动了非洲区域一体化进程。纳米比亚总统根哥布说："当你踏上非洲这片土地，就会看到很多中国企业的投资项目。他们帮助非洲国家修建公路、铁路、机场和港口。"

截至去年，中方为非洲国家援助和融资修建的铁路、公路均已超过 5000 公里，还为非洲培训了超过 16 万名人才。近年来，一系列由中企承建的大型项目，包括肯尼亚蒙内铁路、连接埃塞俄比亚和吉布提的亚吉铁路、安哥拉本格拉铁路等项目相继完工……中国参与建设的非洲"四纵六横"铁路网、"三纵六横"公路网以及非洲航空发展规划取得了实质性进展，为非洲国家互联互通建设和经济发展做出了积极贡献。

授人渔，助成长

有"千丘之国"美誉的卢旺达是与中国签署了共建"一带一路"谅解备忘录的中东部非洲国家，该国技术教育行业的领军者对"一带一路"有着自己独特的见解。

在卢旺达巍峨的维龙加火山群脚下，坐落着中国政府援建的、卢旺达北方省最大的职业技术学校——穆桑泽职业技术学校。学校开设农业和食品加工、土木工程、电气与电子工程、酒店管理及灌溉和水利工程五个专业的学历课程，还提供木工、烹饪、家庭用电设施安装和焊接等10个短期培训课程。

学校校长、穆桑泽市议会主席埃米尔·阿巴伊森加曾在中国留学。他说，卢旺达技术人员短缺，而学校提供的正是卢旺达非常需要的专业，属于卢旺达的优先发展领域。"学校为卢旺达培养了技术人才，帮助国家弥补了人才缺口。"

阿巴伊森加还说，学校在教育中重视实践，课程有一半时间用于学生实践，如果中国的"一带一路"倡议为卢旺达带来更多项目，意味着学校学生将有机会在不同项目中获得更多实践岗位，在实践中学习成长。

穆桑泽职业技术学校2015年成立之初仅有170名学生，经过短短三年，学生人数大幅增加，已经有约1200名学生。今年6月，中卢两国政府签署穆桑泽职业技术学校扩建项目实施协议，中国政府将继续为学校建设行政办公楼、综合教学楼、学生宿舍等功能用房和附属设施，以及提供必要的设备和物资，以进一步增强学校综合实力。

26岁的马塞尔·尼利米希戈是灌溉和水利工程专业的三年级学生，他正在学校车间协助同学完成毕业设计。他自己的毕业设计已经完成，是为卢旺达东方省设计的一座混凝土重力坝，目的是解决当地在旱季的缺水问题。

"农业是卢旺达人民日常生活的基础。卢旺达的农业现代化需要通过灌溉实现，所以我们决定设计这一水坝，希望通过灌溉实现卢旺达农业现代化。"尼利米希戈说。

促发展，惠民生

"碧海蓝天""印度洋明珠"，提起非洲东部岛国毛里求斯，头脑中总会跳出这些词汇。不过，同其他小岛国相仿，淡水供应也是毛里求斯人颇为关切的问题。

太阳初升，位于毛里求斯首都路易港东南约22公里的巴加泰勒水坝迎来了一天中最迷人的时刻，晨晖斜洒在水面上，波光粼粼。该项目由中国三峡集团中国水利电力对外有限公司承建，已于今年6月30日竣工。

玛丽-诺埃勒·穆图是一名儿科医生，她一家五口人居住在离水坝不远的地方。水坝建成以前，居民只有早上几个小时可以使用自来水，穆图一家不得不每天早起用水。为了储备一天的用水，他们会打开家里所有水龙头。但由于水压很小，家里的水桶依然无法盛满。

"现在，水坝完工了，我们终于可以过上更好的生活了。夏天来临，我们甚至可以痛快地洗澡了。"穆图说。

资料显示，该水坝项目受益区域覆盖毛里求斯约 20％ 的面积，受益人口占全国总人口 30％ 以上。水坝的建成，将彻底改变路易港及周边区域旱季严重缺水的状况，实现全天候供水。毛里求斯前总统法基姆在视察水坝项目时说："感谢中国朋友为我们建造了这座伟大的水坝，它将让成千上万的毛里求斯人不再为喝水而发愁。"

项目还将为进一步提高当地民众生活水平，推动当地经济发展，特别是旅游业等行业的发展发挥重要作用。

离穆图一家 5 公里之外，是毛里求斯的科罗曼德尔工业区。让·阿-利姆在这里经营着一家制作中式饺子的工厂。工厂每天出货量大约为 1 万个饺子，但是过去水供应不稳定导致工厂必须向私人企业购水，这提高了生产成本。

"有了水坝蓄水，我们再也不用为用水问题发愁了，"阿-利姆连声感谢中国帮助建设的巴加泰勒水坝，"水坝会给当地家庭和企业提供帮助，也会拉动我们的经济增长"。

毛里求斯总理贾格纳特表示，"一带一路"融入了许多国家的愿景，毛里求斯欢迎"一带一路"倡议，愿深化同中国的互利友好合作。

三、评论播音

评论，具有很强的逻辑性和观点性。评论播音一般以宣读和评述语言样式为主，用中实声，态度鲜明，语气坚定，要体现出语言表达的庄重感和分寸感。

评论的主要特点是要对事物做深入的分析和具体的评价，透过现象看到本质，揭示事物所包含的深刻的社会意义。根据评论的这个特点，在表达时应注意以下几个问题：

1. 明确观点，把握情感，紧扣主题

观点是评论的灵魂，创作时，播音员要准确了解和接受这个观点，做到态度、情感与文章观点倾向相吻合。这里要注意以下两个问题：

（1）播音员应有鲜明的爱憎感情，明确表明观点和态度，这就要求播音语言鲜明、醒目，在是与非、正确与错误面前毫不犹豫，不拖泥带水。

（2）评论是说理性的文章。播音创作时应对不同的内容给予不同情感色彩的表述，但从总体上来讲，评论播音应该自信、从容，以理服人。

2. 立足全篇，理清头绪，播出条理

每一篇评论都有一个中心论点，这个中心论点就是作者提出的总的主张、总的观点、总的判断，它像一根红线贯穿于全文。

在中心论点下面往往又有几个分论点，而这些分论点是为阐明和论证中心论点服务的。因此，播音员在具体表达时，必须首先站在全篇的高度，找出中心论点和分论点，弄清彼此的关系，并以中心论点为红线，划清段落、层次，使头脑中对全篇阐述问题及如何去阐述有一个清晰的脉络，做到心中有数，这样才能播出条理，播出逻辑关系。事实清楚了，道理明白了，播起来条理就强了，评论的可信性及说服力也就增强了。

3. 准确表达论点和论据的关系，播出评论的逻辑力量

一篇评论文章的论据是材料，论点是观点。论据与论点的联系也就是材料与观点的统一。论据与论点间的联系，必须反映出事物间的本质联系。在播音创作中，播音员必须紧紧抓住每一个论据，来证明论点的正确，把这种本质的联系揭示出来，播出评论的逻辑力量。

4. 评论播音语言要严谨、鲜明

评论播音的语言表达必须做到阐述明白、条理清楚、逻辑严谨、观点鲜明、论证有力。由于评论是说理文，因此评论播音必须摆事实、讲道理，真正做到以事明理，以理服人。由于评论是要宣传某一个观点，并想通过宣传让群众接受这一观点，因此评论播音不能不温不火，语言的感情色彩必须十分鲜明。但是，鲜明不等于强加于人，要把握分寸，要寓理于事、以理服人。

评论文章必须晓之以理，动之以情。播音的速度一般采用中速偏慢，但绝

不是自始至终一个语速，播音员要根据内容的不同及在全篇中分量的轻重加以变换，重点词句要慢一些，分量加重些，其他的段落则相对要快一些。

 **练一练**

人民网评：守护网络正能量就是守护你我①

中国航天人在太空再会师，持续谱写中国飞天之梦；"心心相融，爱达未来"的杭州亚运会，展现热情开放的中国；"村超"火爆出圈，让更多人看到中国美丽乡村……提起 2023 年，从天南到海北，从城市到乡村，每个人都有着太多太多的回忆。透过这些感人瞬间，鲜活的故事，呈现出了一个活力中国。

由中央网信办主办的 2023 中国正能量网络精品征集展播活动近日正式启动网络展播投票。经过初选，1100 件作品从征集报送作品中脱颖而出入围终选。根据工作安排，终选前将在 2 月 27 日至 3 月 4 日进行网络展播投票，投票结果将作为中国正能量网络精品终选的重要参考。这些作品以澎湃激昂的正能量激励亿万网民，让"幸福源自奋斗"的理念在网络空间中更加充盈。

"坚持正能量是总要求、管得住是硬道理、用得好是真本事。"随着互联网的迅猛发展，我们进入了一个信息时代，网络已经成为了我们生活的一部分。然而，网络世界也存在着一些负面的信息和消极的情绪，给人们的心理健康带来了负面影响。因此，正能量在网络中的重要性愈发凸显。

更好凝聚共识、汇聚力量，是关系到亿万网友的一件大事。正能量对于网络的重要性在于它能够传递积极的信息和价值观。一段正能量的文字、一条正能量的视频总是能够给人们带来快乐、鼓舞和正面的力量。这些正能量的内容能够激励人们积极向上、勇往直前，帮助人们树立正确的人生观和价值观。2023 中国正能量网络精品征集展播活动便是一个放大"善"的举措，力求更好发挥中国正能量网络传播专项基金的扶持、激励、引领作用，加大对网络精品的扶持力度，不断增强正能量内容创作者、传播者的荣誉感、获得感。

---

① 王曹群：《人民网评：守护网络正能量就是守护你我》，人民网，2024 年 2 月 29 日，https://baijiahao.baidu.com/s?id=1792230131687582240&wfr=spider&for=pc。

有内容、有温度、有力量的优秀作品是网络传播的桥梁和纽带。正能量对于网络的重要性还在于它能够帮助人们建立良好的人际关系。人们在网上通过分享积极的内容互相激励，有利于建立起许多真实而深厚的友谊。正能量与生俱来的包容性能够增进人与人之间的理解和信任，促进人际关系的良性发展，让网络成为一个连接人与人的纽带。更有利于加强网络内容创意、生产、传播的经验交流和成果分享，不断强化网络精品内容的示范带动作用，也是此次活动的重要特点之一。

传播正能量是每一位网友共同的责任，作为网络使用者，应积极参与其中，通过规范自己的言行、传播正能量内容营造良好的网络环境。中国正能量网络精品征集展播活动至今已成功举办七届，目的就是充分发挥正能量激励人、鼓舞人、引领人的重要作用。积极传播正能量、接受正能量既是在维护网络的健康发展，更是在保护我们赖以生存的良好网络环境。

2023 中国正能量网络精品征集展播活动印刻的是中国发展中的一串串足迹，是我们奔向中国式现代化的生动光影。让我们随着中国正能量一起，汇聚起共铸复兴伟业的强大动能和磅礴力量。

四、知识类节目主持

知识性节目以传播知识为目的。它传播的内容从世界的尖端科学技术到人们日常的衣食住行，涉及人类在改造客观世界的实践中所获得的一切知识和经验。这类节目用介绍说明的方式，对事物的性质、特点、成因、用途等做出科学的解释，帮助人们正确认识和解决生产生活中的种种问题。

（一）从分析稿件入手，把握稿件的核心

一切从内容出发是播音创作的基本原则。播音员对自己所表达的内容要熟悉、理解，没有这个前提就谈不到表达。一般来讲，每篇稿件都是在介绍一种事物，在备稿的过程中，播音员必须把这种事物的基本情况弄清楚，把这事物与那事物的区别弄清楚，而且要把编辑撰稿的思路领悟清楚。如果抓不到稿件核心，就无法让受众对这一事物有清晰的认识。

（二）吃透稿件，明晰播出目的

知识性节目的目的是传播知识，但具体到每篇稿件，由于内容不同、对象不同、播出的时机不同，编辑的意图是不一样的。要想提升稿件播出效果，就必须做好稿内、稿外两方面的工作。一方面，对稿件进行深入、细致的分析，抓住稿子的核心内容；另一方面，对稿件的分析不能停留于稿件本身，还应该主动与编辑联系，了解稿件写作与播出的背景，使稿件与社会需要联系起来，这样播音员创作时才能做到心中有数。

（三）设计好对象，摆正自己的位置

知识性节目的内容无论涉及哪个领域，都与人民生活有密切的关系，应该说这一类节目的对象比新闻类节目要具体得多。播音员在创作时有了较具体的对象，就容易做好交流，语言也能更为生动、自然、流畅。在设计对象时，播音员可以根据稿件的内容，把日常生活中最为熟悉的人假设为收听对象，这样在创作过程中容易感觉到受众的存在，交流的愿望会比较强，能始终保持一种"我说你听"的状态。

对象的设计要根据内容来决定，有的比较具体，有的比较模糊；有时是一个具体的人，有时是一个受众群体。设计好对象不仅能提高播讲兴趣，而且还能增加节目的针对性，改善收听、收视效果，帮助播音员摆脱"空对空"的心态。播音员与受众的感情交流越自然，越亲切，也就越容易受到受众的认可，从而取得良好的宣传效果。

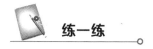

练一练

试试微信"双击"妙用①

上期"e课堂"栏目，我们介绍了微信长按 2 秒的快捷功能。那么，微信还有哪些隐藏的实用功能？今天，我们一起来探索"双击"操作的妙用。

---

① 《试试微信"双击"妙用》，《辽宁老年报》，2023 年 12 月 5 日。

快速置顶未读消息

当我们看到手机桌面的微信图标上出现小红点和数字，或者打开微信App首页时，左下角出现小红点和数字，这代表微信聊天列表中有未读消息。

如果一个个找到未读消息，点击阅读来消除小红点，操作比较麻烦。其实，只需在微信App首页双击左下角的"微信"按钮，未读消息就会被置顶。处理完一个对话后，再次双击左下角，可以让下一条未读消息置顶，这样就不会错过或者漏看任何好友的消息了。

快速回到朋友圈最前列

当我们在朋友圈滑动屏幕翻看内容时，想要回到屏幕顶部看看有哪些新消息，该如何操作？

其实，不管刷到什么位置，只要双击窗口顶部，就可以回到朋友圈最前列，并且微信还会自动刷新内容。此外，在订阅号消息中翻看公众号文章时，双击顶部区域，页面也会自动翻滚到最前列。

全屏显示文字或图片

当好友发来一段很长的文字，你想复制或搜索其中的一些内容，该怎么办？

其实，只要对着微信聊天框里的消息连续点击两下，就可以全屏显示文字内容，这样阅读起来就比较轻松。

不仅如此，双击功能还可以对微信群或朋友圈的图片进行二次放大操作。具体来说，我们打开微信图片时，已经是全屏显示了，不过要看清楚更多细节的话，除了两个手指同时向外滑动放大图片外，还可以在图片上点击两下，图片就会进一步放大。再点击两下，图片会恢复成全屏显示。

"拍一拍"微信好友

在微信群聊天时，经常会出现A"拍了拍"B的消息，有的还会出现有意思的后缀，这是如何实现的呢？

其实，只需在聊天界面双击好友头像，即可完成"拍一拍"。拍完发现不对，可以再双击好友头像马上选择撤回。

那么，当你被好友"拍一拍"时，用什么方法给对方一句特别的"问候"或"惊喜"呢？依次点击微信App中的"我""个人信息""拍一拍"，即可设置朋友拍你的时候出现的后缀。

为视频号或好友状态点赞

在微信中浏览视频号内容时，双击屏幕即可为该条视频内容点赞，把自己的头像加入到下方朋友点赞序列。

微信里还有个可以双击点赞的地方，在聊天框页面，点击朋友的当前状态，双击即可为朋友状态点赞。

五、服务类节目主持

在广播电视和短视频节目中，服务性节目是一个重要的组成部分，在受众心中占有不容忽视的地位。从整体来讲，广播电视的根本宗旨是为人民服务，而服务类节目与人民群众的生产、生活关系极为密切。随着媒介形态的变化，服务性节目从广播电视媒介延伸到新媒体平台，这就需要创作者与时俱进，在形态、内容和表现方式上不断创新。

服务性节目从整体上来讲要体现服务性，表达要求亲切、自然，要有服务意识，要从内心去关心、体贴受众。

 扩展阅读

2019 央视《主持人大赛》文艺类金奖得主蔡紫
第二期晋级赛 3 分钟自我展示

说出你的故事，点亮文化人生。大家好，我是蔡紫，这里是《紫日》。今天我们的故事就从我身后这件，大家可能都很熟悉的，中国文化遗产的标识——太阳神鸟金饰，开始说起吧。很多年前一位母亲带着她当时还在上学的女儿走进博物馆，那是那个女孩子人生当中第一次走进博物馆，她看到的就是这样一件闪耀着金光的太阳神鸟。从此它的光芒也照进了这个女孩的心里，让她爱上了博物馆，这个女孩就是我。而今年我自己的孩子六岁了，我开始尝试着带他走进博物馆。在国博（中国国家博物馆）我给他讲阳陵虎符，我说：这个虎符超级厉害，它是皇帝调发军队的信物，一只虎符一分为二，皇帝需要用兵的时候会派使臣拿着自己的右半符来到军队，和将领手中的左半符相合，确认是真的命令才可以出兵。有一次，我因为在外有事没有能够按时去幼儿园接他。过了几天，他突然拿出这个，他说："妈妈，你看我做了个虎符。一半给你，一半我带着，你可以请人拿着你的那半来幼儿园接我，我一合就知道这个是妈妈派来的人，我可以跟他走。"我看着孩子脸上认真的小表情，我在感叹孩子对可以听得懂的历史的吸收力如此之强，同时我真的也仿佛看到一颗关于文化的种子开始悄悄地、慢慢地在他心中萌芽。这也许是我可以送给他一生最好的礼物。受此启发，我开始和朋友们制作了一个关于博物馆的公众号。我用孩子们能听得懂的语言，为他们录制国内外博物馆的公益导览，给他们讲述文物的故事，博物馆是收藏文明的宝库，人类历史长河里的文化精华，依然在那里默默流动，在那里轻轻呼吸。那颗种子曾经播撒在我的心田，而今天，我真的希望它能够传递到更多孩子的生命当中，让我们大家一起，我们一起亲近它、传承它、激活它。伴着星月辉映，让它成为我们人类的永恒。谢谢大家关注《紫日》。

六、文化场馆解说

作为我国公共文化事业的重要组成部分，纪念馆是培育和践行社会主义核心价值观、发挥精神文化育人的重要平台之一，凭借着藏品的集中性、开放性以及所蕴含精神文化的多样性和丰富性，成为中华文明重要的传承载体之一。特别是各类革命纪念馆凭借着中国人民在长期革命斗争中不断融合发展而形成的优秀精神文化，成为培育和弘扬爱国主义精神的重要场所。各种类型的革命纪念馆，在革命历史文化保护与保存、文化孕育研究与传播等方面发挥着重要的作用。我们从纪念馆的职能入手来分析文化场馆的职能，可以看到，各类纪念馆不仅有历史资料收藏保护、文化研究、陈列展示等功能，还可以引领文化、弘扬优秀革命精神、搭建文化交流平台等。

除了传承中华文明的功能，纪念馆在社会教育领域特别是在青少年社会价值观教育等方面确实发挥了重要作用，但随着我国红色革命纪念馆的不断发展改革以及社会分工的重新调整，革命纪念馆所面临的受众日渐多样，不仅限于青少年，它还可以接纳社会上不同年龄、不同层次的群体。越来越多的人走进纪念馆，自觉地接受优秀精神文化的浸染和熏陶。纪念馆只针对某单一受众群体进行教育的功能逐渐弱化，文化孕育与传播的职能愈加凸显，成为宣扬与倡导社会主流与先进文化的文化机构，为繁荣社会文化生活、提高公民文化素养做出了突出贡献。

在这一过程中，教育活动和文化的培育及传播活动是你中有我、我中有你，彼此渗透的关系，二者之间并没有不可逾越的鸿沟，这也就造成了对纪念馆活动性质认识的模糊与纠结，但这丝毫不会掩盖纪念馆培育、倡导先进文化的职能。纪念馆除了是进行教育的重要场所，还凭借着丰厚的精神文化遗产，履行着培育与传播社会文化的职能。

讲解是以文博场馆展览为依据，由讲解人员进行提炼、选择，运用语言艺术、讲解技能和真挚的感情，向观众有针对性地传播知识和信息的一种语言传播行为。讲解员作为博物馆与观众沟通的桥梁，其讲解水平的高低，决定着文博馆服务质量的高低。一次成功的讲解，不仅需要专业的内容，而且需要讲解员吐字归音准确、清晰，气息通透、情绪饱满，娓娓道来、引人入胜，因而文化场馆解说是讲解人员二度创造的结果。

 练一练

杜甫草堂博物馆讲解词①

成都杜甫草堂，是我国唐代大诗人杜甫流寓成都时的居所。公元759年冬天，杜甫为避"安史之乱"，携家由陇右（今甘肃省南部）入蜀。靠亲友的帮助，在成都西郊风景如画的浣花溪畔修建茅屋居住。第二年春天，茅屋落成，称"成都草堂"。在这里，诗人先后居住了将近四年，所作诗歌流传到现在的有240多首。由于成都远离战乱的中原，而草堂又地处郊野，因此诗人的生活比较安定，心绪也较为宁静，这就使他在草堂的诗歌创作大都具有田园风味，如《堂成》《江村》《春夜喜雨》等篇章都是如此。

洛阳民俗博物馆②

洛阳民俗博物馆位于河南省洛阳市九都东路北侧，是在"潞泽会馆"古建

---

① 参见成都杜甫草堂博物馆官方网站 https://www.cddfct.com/go-c11.htm.
② 参见河南科技大学培训网，https://jxjy.haust.edu.cn/info/1232/2684.htm.

筑群的基础上兴建而成，是洛阳的重要旅游景点之一。场馆分为信俗厅、婚俗厅、寿俗厅、刺绣厅和民间艺术厅。其中，信俗厅陈列民间信仰较普遍的六十位神像。婚俗厅展示的是清末一中等家庭隆盛的结婚场景。寿俗厅复原陈列封建社会末期中等家庭的寿堂，体现出我国古代尊重长辈的美德。刺绣厅展出云肩、绣裙、绣鞋、霞帔、腰包、香袋、玩具等做工精细的洛阳民间绣品，极富地方特色。民间艺术厅陈列有年画、雕版、烙花、挂屏、汝瓷、唐三彩，和大量木雕、根雕、竹雕作品和丰富多彩的剪纸精品、濒于失传的皮影戏等。

第四章 情景再现

"情景再现"指播音员、主持人在有声语言创作过程中调动思想感情，在脑海中积极调用文本中的人物、事件、情境、场景、情绪等，并使之处于运动状态。作为播音主持艺术表达的重要手段，情景再现准确地概括了播音员、主持人运用再造想象进行有声语言创作的规律。[①] 创作主体在理解和感受文本的过程中，不仅应感受到形象——"景"，也应对神——"情"有所体悟，才能达到情景交融的境界。这里说的是过程，不是结果；是运动的，不是静止的；是融合的，不是孤立的。[②]

情景再现也是一种想象联想活动，不过不是任意驰骋的，而是要以稿件提供的材料为原型，要符合稿件的需要。情景再现的定义中有三个关键点：感受、想象、表达。它们的关系是：感受是基础，想象是桥梁，表达是结果。换句话说，我们要掌握情景再现这一有声语言的表达技巧，需要获得三种力，即感受力、想象力和表达力。[③]

---

① 中国传媒大学播音主持艺术学院编著：《播音主持创作基础》，中国传媒大学出版社 2015 年版，第 67 页。
② 张颂：《播音创作基础》，中国传媒大学出版社 2011 年版，第 52 页。
③ 中国传媒大学播音主持艺术学院编著：《播音主持创作基础》，中国传媒大学出版社 2015 年版，第 68 页。

第一节　情景再现的"感受"与"情感再造"

张颂先生认为，对于播音员、主持人来说，播音创作中的感受就是"感之于外，受之于心"的意思。感之于外，就是通过文字、声音的符号，感觉到这符号所代表的具体的客观事物的存在。同时，也正是由于文字、声音符号打开了现实的大门，播音员、主持人才可以接受外界的各种刺激，从而受之于心。感受是播音员因语言符号（文字的、声音的）达于客观事物，从而接受其刺激并主动体验、产生内心反应的过程。[①]

"情景再现"的关键之一是具体感受，以形成知觉形象。知觉是人脑对作用于眼、耳、鼻、舌、喉等感觉器官的各种客观景象与事件的整体反映。播音员、主持人通过视觉、听觉、嗅觉、味觉和触觉等五种感觉将事物的形象综合起来，还可以通过主观能动性联想和改造知觉材料。

"情景再现"的关键之二是情感再造。《毛诗序》中的"情动于中而形于言"即点明了艺术语言的生发源于情感的涌动。全媒体时代，有声语言创作的载体和平台较之传统媒体时代有了较大的突破，但一度创作的文本中关于"春风春鸟、秋月秋蝉、夏云暑雨、冬月祁寒"的四季更迭的情致抒怀却不因传播媒介的改变而不同。有声语言创作者结合具体的语境，通过形象感受和逻辑思维进行加工和再创作。如关于"山川、河流、树木、房屋全都罩上了一层厚厚的雪"，这句话的二度创作就要根据表达的语态、语境、媒介、场景、目的、受众等因素的不同而做出变化。在散文或小说演播时，演播者可以结合上下文语境和自身的生活经验抒发内心对"下大雪"后自然景致的情感反馈。如果这句话是记者在室外出镜报道时的说明性语言，则需根据报道现场的状况和报道意图进行客观描述。如果这句话是作为讲解员的解说语言，则需要在描述之外结合场馆进行讲解。由此可见，"情景再现"需要结合播讲目的，运用恰切的语言样态。

----

① 张颂：《中国播音学》，中国传媒大学出版社 2003 年版，第 217 页。

练一练

《舌尖上的中国》第二季第一集《脚步》（节选）①

不管是否情愿，生活总在催促我们迈步向前，人们整装、启程、跋涉、落脚，停在哪里，哪里就会燃起灶火。从个体生命的迁徙，到食材的交流运输；从烹调方法的演变，到人生命运的流转，人和食物的匆匆脚步从来不曾停歇。

西藏林芝，印度洋吹来暖湿的季风，植物正在疯长，又到了白马占堆最忙碌的季节。天麻和灵芝是重要的经济来源，但是，一个月后，它们将消失得无影无踪。

从峡谷到雪山，7000米的海拔高差，让林芝成为世界高山植物区系最丰富的地区。弟弟高中毕业，白马得迅速挣够他读大学的学费，在此之前，他为弟弟准备了一件特殊礼物。西藏80％的森林集中在这里，白马占堆努力搜寻几天前发现的蜂巢，现在，他得想办法到达树顶。在当地人眼中，蜂蜜是宝贵的营养品，值得为它冒险。听起来难以置信，但是这种风俗，已经延续数百年，白马选了一根藤条使自己与大树相连，从现在起，这根藤条关系性命，看起来进展不错，1个小时过后，白马爬了很高，但还有更长的距离要爬，父亲放心不下，匆匆赶来，白马占堆已经不敢用双手砍树，速度明显慢了下来。3个小时过后，白马接近树冠，现在，他准备摆脱藤条，40米高，并且没有任何保护，这是一次危险的行走，野蜂并不怕人，白马从长辈那里学会了点燃烟雾，迫使蜜蜂放弃抵抗，砍开蜜蜂藏身的树洞，就可以得到最甜美的蜂蜜，在与世隔绝的大森林里，甜食非常难得，而蜂蜜是白马能带给家人最珍贵的礼物。甜是人最简单、最初始的美食体验。蜂蜜80％的成分是果糖和葡萄糖，作为早期人类唯一的甜食，蜂蜜能快速产生热量、补充体力，这对我们的祖先至关重要，和人工提取的蔗糖不同，蜂蜜中的糖不经过水解，就可以直接被人体吸收，在中国的厨房，无论烹饪菜肴，还是制作甜点，蜂蜜都是其他糖类无法替代的。当然，白马家最喜欢的是酥油蜂蜜，获得蜂蜜，对藏族小伙子而

① 《舌尖上的中国》第二季第一集《脚步》，央视网，2014年6月19日，参见 http://jishi.cctv.com/2014/06/19/VIDE1403185687330677.shtml.

言，要攀爬 10 层楼的高度，而对另外一些人来说，则要经过上万公里的艰苦跋涉。

油菜刚刚开花，谭光树已经准备启程。老谭是职业养蜂人，20 多年来，依靠这份工作，他养育了一双儿女。每年清明，老谭都要和妻子吴俊英踏上追逐花期的旅程，一昼夜，蜂箱已在 500 公里外的秦岭。花的味道决定蜂蜜的味道，地区不同，味道也完全不同，这正是蜂蜜作为美食的神奇之处。秦岭出产中国最顶级的槐花蜜，但是老谭心里毫不轻松，毕竟，养蜂是靠天吃饭的行当，4 月中旬，天气突变，大风伴随降雨，花期提早结束。没有人知道，糟糕的天气会持续多久。20 多年前，老谭向未婚妻许诺，要带她从事一项甜蜜的事业。交通不便的年代，人们远行时，会携带能长期保存的食物，它们被统称为路菜，路菜不只用来果腹，更是主人习惯的家乡味道，看似寂寞的路途，因为四川女人的存在，变得生趣盎然。妻子甚至会用简单的工具制作出豆花儿，这是川渝一带最简单、最开胃的美食。通过加热，卤水使蛋白质分子连接成网状结构，豆花实际上就是大豆蛋白质重新组合的凝胶，挤出水分，力度的变化将决定豆花的口感。

⋯⋯⋯⋯⋯

3 个月的休渔期过后，东海迎来开渔的第一天，这种小船称作夫妻船，它是渔民的双脚。4 小时行驶 60 海里，夫妻俩撒下第一网。三门湾位于浙东沿海，鱼类资源曾经极度丰富。临近农历十五，大潮将至，妻子身体较弱，开始晕船，但凡出海，除了打鱼，烧火、做饭等杂务都由丈夫包办，这是两人 20 多年的默契。白蟹油炸，水烧开放入挂面，一顿简单的晚餐后，将是 6 小时的繁重工作。这是休渔后的第一网，至关重要。起锚、收网，渔网已经在水下蛰伏 20 个小时，拉出水面，景象令人失望。终于发现一条鲳鱼，却挣脱了渔网。6 小时过后，鱼，颗粒无收。幸亏有其他海获。大海又一次展现了它的慷慨。50 公斤海获，是他们一昼夜颠簸的回报，10 个小时内，这些海蟹将出现在大城市的餐厅。食材的获得，需要超常的辛苦和耐心的等待，这样的法则同样适用于大山⋯⋯

第二节　展开情景再现的过程

一、理清头绪

有声语言创作者在拿到一篇稿件或构思一次主持词时，可以先运用上述提到的"具体感受"和"情感再造"两个技巧，使稿件或构思的景致在脑海中形成连续、活动的画面。具体可以这样处理：开始怎么样，用什么景别，是远景、全景、中景、近景还是特写；开始是客观的时间、地点、情节的描述还是直抒胸臆的表达情感；后续如何发展，是层层推进还是猛地递进；什么时候到达高潮及怎么体现高潮，最后用什么方式结尾；等等（如图4-1所示）。

图4-1　理清头绪的实施步骤

二、设身处地

设身处地是播音主持创作中需要重点把握的地方。"需要把稿件中所叙述、描述的一切，设想和感知为自己亲眼所见、亲耳所闻、亲身经历的，让自己进入具体的时间、场景中去，不能袖手旁观，这叫设身处地。"[①]

设身处地主要是创作主体思想转换，获得现场感，产生"我就在"的感觉。这就需要创作者平时深入社会生活广义备稿和博闻强记，开阔视野，提升思想境界，在观察、体悟中提升洞察力和表现力。

---

① 中国传媒大学播音主持艺术学院编著：《播音主持创作基础》，中国传媒大学出版社2015年版，第69页。

三、触景生情

触景生情是情景再现的核心。对于播音员、主持人而言，"触"的是稿件中的"景"，"生"的是创作者的"情"。这就需要播音主持创作时形成积极的情感反应。这得益于日常生活中的反复训练，通过不同的"景"产生不同的"情"，并将情感反应用恰切的状态表达出来。

四、语言表达

播音员、主持人需要把头脑中情景再现的结果用语言表达的方式转述出来。播音员、主持人经过消化吸收稿件，用语言表达出来，使受众受到感染、产生认同，才算完成了自己的任务。

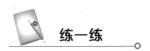 **练一练**

在红船边，看见美好中国

——从嘉兴共同富裕实践读懂中国共产党的初心①

一叶红船从南湖驶出，载着中国共产党人的初心和使命，穿越百年风雨，书写了改天换地的壮丽史诗。

嘉兴，中国革命红船起航地，这片红色土地早已换了人间，而今正奋力打造共同富裕的先行地。

这里，是一处丰饶的平原。

江南自古繁华，今天的浙北水乡，更突显地处长三角核心区域的优势，成为中国最富庶的地区之一。嘉兴去年城乡居民收入比为 1.61∶1，在全国地级市中最小；农村居民人均收入居全国地级市之首，城与乡的差距正在拉平。

这里，是一个发展的高地。

昔日的鱼米之乡，已成高质量发展和高水平均衡之地。2020 年，全市财政总收入突破千亿元，下属 5 个县（市）财政总收入均超百亿元；全市 858 个

---

① 《在红船边，看见美好中国——从嘉兴共同富裕实践读懂中国共产党的初心》，光明网，2021 年 6 月 6 日，https://politics.gmw.cn/2021−06/06/content_34903378.htm.

行政村，集体经济年经常性收入全部超过 120 万元。

这里，更是一座精神的高峰。

作为中国革命的原点，这里是中国共产党梦想起航的地方，习近平总书记在浙江工作期间曾 22 次前往调研指导，对嘉兴发展寄予厚望。红船精神已融入党员干部的基因，代代传承、生生不息。

"人民对美好生活的向往，就是我们的奋斗目标。"在嘉兴，可以看见美好中国的模样，看见共产党人永不忘却的初心。

五千亿 GDP 和千亿财政收入

高质量发展

"反差"背后的坚守

不熟悉嘉兴的人，会对一组数据的"反差"感到不解。

2020 年，嘉兴的 GDP 为 5509 亿元，在浙江位居第五，综合实力列全国百强城市第 35 位；但看财政收入，嘉兴以 1003 亿元排名浙江第三，超过一些万亿元 GDP 城市，在全国地级市中名列第五。

更让人赞叹的，是下属各县（市）财政总收入都超过百亿元，全部进入全国百强县行列。

GDP 的含金量，体现了经济运行质量和国民收入再分配的能力，从中能读出一个地方的发展理念，在眼前和长远、速度和质量之间更看重什么，要的是怎样的发展？

眼下，在"碳达峰、碳中和"目标引领下风头正劲的光伏产业，嘉兴占据了浙江半壁江山，去年规上企业总产值近 370 亿元。其裂变式增长背后，有一段惊心动魄的往事。

8 年前，来自欧美的"双反"让严重依赖出口的全国光伏行业陷入困境，各地纷纷收紧项目开发，嘉兴该怎么办？政府若出手，要为逆势决策担风险；但不出手，众多光伏企业必将倒下。危急关头，市里派出调研组深入企业，在确认产业前景后，毅然决定重点发展。"这种敢于'逆行'的定力和远见，引领嘉兴光伏产业走到了今天。"亲历那场危机的晶科能源公司总经理周方开说。"推动高质量发展、壮大中等收入群体，这是打造共同富裕先行地的重要课题。"嘉兴市委书记张兵说，共同富裕的前提是富裕，必须创造财富、做大"蛋糕"；而走向富裕，高质量发展是基础。

发轫于海宁的要素市场化配置改革，如今已推广至嘉兴全市。其中，工业生产"亩均论英雄"评价和应用体系已迭代升级到 4.0 版，成为推动高质量发展的重要手段。

海宁人仍记得这项改革刮起的风暴。当时，海宁将 3 亩以上用地的 1659 家企业，依据亩产效益分为发展、整治、淘汰 3 类，并在资源要素配置上实施差别化政策。面对各种阻力，各级干部挺住了，努力让每一寸土地充分发挥效益。

这种咬定青山不放松的韧劲，始终贯穿在嘉兴发展进程中："十二五"时期，整治印染、造纸、养殖等行业，扶持光伏新能源、电子信息和汽车零部件产业；"十三五"时期，将生物医药、集成电路作为重点扶持产业；今年的传统产业整治提升行动，瞄准 3000 家"低散乱污"企业，把空间和资源留给未来……

如今，嘉兴战略性新兴产业比重、增加值增速均居全省第一，亩均税收较 8 年前提高近一倍。近 3 年来，全市引进百亿级重大产业项目 29 个，引进世界 500 强企业投资项目 48 个，总投资超亿美元产业项目有 158 个，居浙江首位。

在嘉兴市发改委主任章剑看来，GDP 含金量高，关键是做好了制造业转型升级这篇文章。化纤、毛衫、家电等优势产业的富民效应，让嘉兴意识到，制造业是带动全民富裕的最重要支撑。去年，嘉兴工业增加值占 GDP 比重为 46.5%，列全省第一。

搭上高质量发展"顺风车"，嘉兴迸发出强劲动力。

自浙江清华长三角研究院落户嘉兴、成为浙江首个省校共建创新载体以来，浙江中科院应用技术研究院、浙江未来技术研究院、上海大学新兴产业研究院等一批高能级创新载体落户，去年研究与试验发展（R&D）经费投入强度达 3.2%，嘉兴已成区域科创高地；长三角一体化发展带来新机遇，嘉兴将全面融入长三角一体化发展确立为引领全市高质量发展的首位战略，12 个长三角高能级产业合作园环布全市，打通了对内对外开放的"任督二脉"，长三角的项目、人才不断涌入……

嘉兴，正从水乡平原崛起为发展高地。

城乡居民收入比 1.61：1

高水平均衡

"样板间"里的跨越

城与乡之间，有一道无形的墙。

越过这道墙，像城里人一样工作和生活，是中国农民的梦想。这一梦想已在嘉兴点亮，这里被认为是中国城乡融合的"样板间"。

根据国际惯例，发达国家的城乡居民收入比约为 1.5：1，嘉兴的 1.61：1 已非常接近这一水平。这里，是全国农民最富的城市，去年农民人均收入超过 39800 元，连续 17 年居浙江第一。

这些数字，无疑是城乡统筹发展最直观的获得感。多年来，嘉兴把解决"三农"问题作为现代化建设的重要课题，探索高水平城乡一体化发展之路。

2004 年，在嘉兴的发展进程中具有里程碑意义。

这一年春天，时任浙江省委书记习近平专程前往调研，提出嘉兴完全有条件成为全省乃至全国统筹城乡发展的典范。也是在这一年，嘉兴在全国地级市中首个出台城乡一体化发展规划纲要，把主要公共资源往农村倾斜投放。

嘉善缪家村曾是有名的穷村，村集体可支配资金不足 5 万元，年人均收入不到千元。随着城乡一体交通路网推进，村庄出现转机，通过土地流转，建起连片厂房、统一招租，村集体收入一跃达到年均 700 万元。村集体有钱了，新建文化广场、村道，老人有了养老金，困难户有了补助……

而这，还只是开始。统筹城乡发展的蓝图，为嘉兴农村插上了腾飞的翅膀。

"飞地抱团"，这个嘉兴首创的做法，把嘉兴工业园区、经济开发区等土地级差收益最大的黄金地段，如"两创"中心、商业综合体等好项目拿出来，通过县域统筹、跨镇经营、多村联合，由全市农村联手发展物业经济。

在嘉善大云镇中德生态产业园，有一座总投资 9400 万元的厂房，由 22 个村联合成立股份制公司、拍下地块投资建成，一期已入驻 9 个来自欧美的精密机械和科技人才项目，各村每年保底能拿到投资额 10% 的分红。

截至去年底，全市累计建成"飞地抱团"项目 110 个，收益率普遍在 8% 至 12% 之间。这一模式，解决了村级集体经济发展难题，让共同富裕有了坚实依托。

富裕靠发展，共同富裕靠统筹。

嘉兴干部推进城乡统筹发展常讲两句话："城乡空间规划一张图"与"人口和生产力布局一盘棋"。如果说，一张图让"城里人住楼房，有工作领薪水；乡下人在村里，面朝黄土背朝天"这道边界，在嘉兴变得越来越模糊，那么一盘棋则将人和产业、就业结合起来，让产业发展与富民紧紧相连。

当下，桐乡正以国家级毛衫时尚小镇为核心，创建世界级针织时尚产业集群，传统加工制造产业正向时尚创造产业转型。当地与毛针织服装相关的市场主体达3万多个，从业人员超15万人，其中大部分是农民。

在嘉兴全面推行的"百万农民培训工程"，早已消除城乡就业的各种政策壁垒，实现城乡平等就业。两个90%，体现了当地推进工作的力度：90%的嘉兴农村户籍人口有从事二产或三产经历，他们近90%的收入也来源于此。

即便是农业，也别有洞天。

位于平湖的浙江首个农业经济开发区，通过土地流转和工业化手段，实现农业集约化、规模化经营。走进绿迹数字农业生态工厂，一株株无土栽培的番茄苗绿意盎然，通风、喷水、温度等全部自动控制。70多岁的泗泾村村民金继龙，和同村的10多人在这里上班，除了土地流转费，月薪还有2000多元。他说："干活轻松了，赚钱却多了。"

在嘉兴，一条新型城镇化与农业农村现代化双轮驱动、生产生活生态相互融合、改革发展成果共享的城乡融合发展之路，已越走越宽——

基础设施更加完善。交通网络、供电、供水、网络基础设施实现城乡一体化，农村公路密度居浙江第一，所有镇（街道）15分钟内均可上高速公路；

公共服务更加均等。率先在全国实现"村村通公交"、义务教育均衡发展县"满堂红"、城乡居民养老保险全覆盖，优质医疗资源"双下沉、两提升"、县域医共体建设等成为浙江乃至全国的样板；

改革活力更加强劲。以土地制度改革为核心，激活农村各类资源要素，促进农村产权市场化流转；率先建立城乡一体的户籍登记管理制度……

从基础设施到公共服务，从就业到社会保障，从收入到消费……嘉兴已进入城乡深度融合发展阶段。

71.3％的城镇化率

高品质生活

以人为本的追求

71.3％！这是去年嘉兴的城镇化率指标，在全省仅处中游水平。

而这，恰是嘉兴的不寻常之处，折射出区域和城乡协调发展的高水平——越来越多的人工作在城镇、生活在农村，发达国家常见的"逆城市化"在这里已现端倪，区域和城乡无差别的高品质生活，成为嘉兴人的共同体验。

走进南湖区凤桥镇联丰村王祥里，青砖黛瓦、小桥流水，徐建军兄弟俩的"兄弟农家乐"，就开在自家的美丽庭院内。徐建军感慨："想不到王祥里也吃上生态饭了。"

水乡嘉兴，曾因水而痛。

仅仅10年前，水的问题还困扰着嘉兴，当地劣Ⅴ类水体占比达74％，Ⅲ类水体几乎绝迹，在2011年全省水环境考核中，嘉兴是唯一一个交接断面水质不合格的市。其中一个重要原因，是面广量大的生猪养殖。

2013年打响的治水首战，便是生猪养殖业减量提质，其难处在于要砸掉许多人的"饭碗"。当时，全国还没有大规模牲畜退养的先例，嘉兴成为第一个"吃螃蟹"者。

联丰村党委书记李正峰记得，全村1000多户人家，违建猪舍逾10万平方米。镇村干部上门做工作，经常被村民当面斥责。但他们没有退缩，反复劝说村民往长远看："生态环境好了，生活更有品质，钱也会赚得更多。"

3年间，嘉兴对生猪养殖产业进行整治提升，并实现100％规模化养殖。全市还投入30多亿元，通过免费培训、项目推介、政策扶持等方式，帮助10多万户农户转产转业，农民收入不减反增。

经过整治，曾经污水横流、臭气熏人的联丰村，如今变成了乡村旅游打卡点。

梦里水乡回来了。到2018年，市控断面Ⅲ类水质占比达到41.1％；此后又通过三年攻坚战，到去年提升到91.8％，水质实现历史性跨越。嘉兴还投入80亿元建成46个垃圾固废处置项目，成为全省首个"垃圾焚烧处置县（市）全覆盖、垃圾处置零填埋"标杆市，生态环境公众满意度提升分值连续两年列全省第一。

现代化的核心，始终在人。

着眼于人的全面发展和社会全面进步，嘉兴持续改善群众生活品质，多年来民生支出占市县两级一般公共预算支出的八成，更多公共财政资源被投向教育、医疗、住房、养老等领域，完善统筹城乡的民生保障制度，提供更充分、更均等的公共服务，百姓对美好生活的向往不断成为现实。

在南湖区社会矛盾纠纷调处化解中心指挥大厅，"七星阁"社会治理智治平台的大屏上，一侧是全区的三维地图，居民楼、学校、村庄、企业等一览无余，另一侧的信息实时更新，包括求助信息报送、纠纷调解等。

"居民有求助，网格员能立即获知当事人的基本情况。"工作人员介绍，这个平台依托物联网、大数据、地理信息等数字化技术，在全省率先将三维全息地理信息技术与社会治理结合，整合20家入驻单位的系统平台，打造社会治理"最强大脑"，市民的求助第一时间就能得到受理。

随着市区1639户居民告别筒子楼、400多户城中村居民完成征迁，嘉兴去年兑现了"不把筒子楼、城中村带入高水平全面小康"的承诺——最近3年实施的"十大专项行动"，提升了中心城市品质。从安居乐业、人与人之间的和谐，到学习新知、有文化的生活，在嘉兴，共同富裕的内涵越来越丰富。

"既闻花香，又闻书香。"这是嘉兴人对精神滋养的形象表述，人们对家门口的"大书房"乐在其中。这个在国内率先构建的公共图书馆服务体系，已在全国推广。

在市图书馆馆长沈红梅的案头，摆着一张地图，1个市总馆、两个区分馆、16个镇（街道）分馆、32个村（社区）分馆、20家智慧书房和300多个图书流通站、农家书屋分布其间。去年，全市近421万人次走进图书馆，平均每3万人拥有一座图书馆，接近发达国家水准。

"人，诗意地栖居在大地上。"一位德国诗人曾这样想象关于生命的状态。今天，这一描述正在嘉兴呈现，生活与理想完美融合：城乡居民共享高品质生活，一步步走向共同富裕。

红船，依旧静静地停泊在南湖。

依水行舟、忠诚为民，红船精神已融入这座城市的每一个细节。对20多万党员干部来说，这是他们汲取养分的源泉、逐梦前行的动力。

习近平总书记铿锵有力的话语，久久回荡在南湖之畔——

"走得再远、走到再光辉的未来，也不能忘记走过的过去，不能忘记为什么出发。"

初心不改！

第三节　情景再现的具体把握

情景再现训练旨在加强学生依据语言材料激发形象感受、调动情感活动的能力，是培养词语感受能力的一个重要方面。训练中强调以"触景生情"为核心，"景"是外在的刺激物，而"情"是目的，是内在激发的核心因素；要触动丰富的"景"，生出变化多端、丰富的"情"。[①] 播音主持创作以语言传播为目的，避免为"景"造"情"，不能出现不顾及稿件内容和播讲目的的表演式再现。

情景再现训练一定要以稿件为依据，在分析、理解稿件的基础上，在脑海中进行再造想象，而不能随意在稿件的材料外增添个人主观愿望，展开毫无依据的天马行空的想象。在进行句段练习时，要注意与"感受""基调"等知识点相配合；在进行整篇训练时，要注意与备稿的联系，尤其需注意创作过程中的"整体感受"。

本节以《荷塘月色》为例进行具体分析：

荷塘月色[②]
朱自清

这几天心里颇不宁静。今晚在院子里坐着乘凉，忽然想起日日走过的荷塘，在这满月的光里，总该另有一番样子吧。月亮渐渐地升高了，墙外马路上孩子们的欢笑，已经听不见了；妻在屋里拍着闰儿，迷迷糊糊地哼着眠歌。我悄悄地披了大衫，带上门出去。

---

① 张永洁、刘春蕾、李雅林：《播音创作基础实训教程》，中国广播影视出版社 2020 年版，第 44 页。

② 朱自清：《朱自清散文》，应急管理出版社 2021 年版，第 62—64 页。

沿着荷塘，是一条曲折的小煤屑路。这是一条幽僻的路；白天也少人走，夜晚更加寂寞。荷塘四面，长着许多树，蓊蓊郁郁的。路的一旁，是些杨柳，和一些不知道名字的树。没有月光的晚上，这路上阴森森的，有些怕人。今晚却很好，虽然月光也还是淡淡的。

路上只我一个人，背着手踱着。这一片天地好像是我的；我也像超出了平常的自己，到了另一个世界里。我爱热闹，也爱冷静；爱群居，也爱独处。像今晚上，一个人在这苍茫的月下，什么都可以想，什么都可以不想，便觉是个自由的人。白天里一定要做的事，一定要说的话，现在都可不理。这是独处的妙处，我且受用这无边的荷香月色好了。

曲曲折折的荷塘上面，弥望的是田田的叶子。叶子出水很高，像亭亭的舞女的裙。层层的叶子中间，零星地点缀着些白花，有袅娜地开着的，有羞涩地打着朵儿的；正如一粒粒的明珠，又如碧天里的星星，又如刚出浴的美人。微风过处，送来缕缕清香，仿佛远处高楼上渺茫的歌声似的。这时候叶子与花也有一丝的颤动，像闪电般，霎时传过荷塘的那边去了。叶子本是肩并肩密密地挨着，这便宛然有了一道凝碧的波痕。叶子底下是脉脉的流水，遮住了，不能见一些颜色；而叶子却更见风致了。

月光如流水一般，静静地泻在这一片叶子和花上。薄薄的青雾浮起在荷塘里。叶子和花仿佛在牛乳中洗过一样；又像笼着轻纱的梦。虽然是满月，天上却有一层淡淡的云，所以不能朗照；但我以为这恰是到了好处——酣眠固不可少，小睡也别有风味的。月光是隔了树照过来的，高处丛生的灌木，落下参差的斑驳的黑影，峭楞楞如鬼一般；弯弯的杨柳的稀疏的倩影，却又像是画在荷叶上。塘中的月色并不均匀；但光与影有着和谐的旋律，如梵婀玲上奏着的名曲。

荷塘的四面，远远近近，高高低低都是树，而杨柳最多。这些树将一片荷塘重重围住；只在小路一旁，漏着几段空隙，像是特为月光留下的。树色一例是阴阴的，乍看像一团烟雾；但杨柳的丰姿，便在烟雾里也辨得出。树梢上隐隐约约的是一带远山，只有些大意罢了。树缝里也漏着一两点路灯光，没精打采的，是渴睡人的眼。这时候最热闹的，要数树上的蝉声与水里的蛙声；但热闹是它们的，我什么也没有。

忽然想起采莲的事情来了。采莲是江南的旧俗，似乎很早就有，而六朝时为盛；从诗歌里可以约略知道。采莲的是少年的女子，她们是荡着小船，唱着艳歌去的。采莲人不用说很多，还有看采莲的人。那是一个热闹的季节，也是一个风流的季节。梁元帝《采莲赋》里说得好：

于是妖童媛女，荡舟心许；鹢首徐回，兼传羽杯；櫂将移而藻挂，船欲动而萍开。尔其纤腰束素，迁延顾步；夏始春余，叶嫩花初，恐沾裳而浅笑，畏倾船而敛裾。

可见当时嬉游的光景了。这真是有趣的事，可惜我们现在早已无福消受了。

于是又记起《西洲曲》里的句子：

采莲南塘秋，莲花过人头；低头弄莲子，莲子清如水。

今晚若有采莲人，这儿的莲花也算得"过人头"了；只不见一些流水的影子，是不行的。这令我到底惦着江南了。——这样想着，猛一抬头，不觉已是自己的门前；轻轻地推门进去，什么声息也没有，妻已睡熟好久了。

一、理清头绪

拿到一篇稿件，在经过六步备稿后，还有必要从情景再现的角度理清头绪。即认真分析稿件是如何开头、如何发展和如何结尾的，在头脑中形成连续活动的画面。只有把握好主次，理清楚整体脉络，才能在播出时做到稳当、有序的正确表达。

《荷塘月色》是一篇现代抒情散文，朱自清描写了清华园中荷塘月色的美丽景象，既表达了对荷塘月色的喜爱，又含蓄委婉地抒发了他向往未来，不满现实，在苦难中前进的思想感情。全文可以划分为四个层次：交代他去荷塘的时间与缘由（第1段）；描写荷塘周遭环境，逐渐向荷塘深入（第2~3段）；对荷塘和月色的景致进行集中详细的描写（第4~6段）；引用古人诗词，赏景结束（第7~10段）。四个层次间情景交融，尤其第三层是文章核心，他在此运用大量笔墨描绘静谧、优美的荷塘月色之景。

二、设身处地

我们不妨借助想象和联想，设想自己如果和朱自清一样置身于类似荷塘月色的景致中，望着在月光照耀下显得凄清而美好的心境。

我们可以把第3段的内容理解为朱自清的内心独白。在表达时，我们主要突出一种"独处的自由感"与"独享荷香月色的愉悦感"。我们可以调动自己的思想感情，想象自己如朱自清一样在结束了匆忙而嘈杂的一天后，夜晚独自散步于荷塘的情景。在清冷的月光下，在寂静的荷塘边，我们紧绷的神经放松下来，进入澄明的审美境界。

三、触景生情

当我们对稿件情景进行设身处地的联想之后，便会逐渐产生深刻的理解、细致的感受。随着心理活动和内心思想情感的不断激发和调动，我们会产生强烈的、呼之欲出的播讲欲望，这便为积极、生动地表达打下了基础。

作者朱自清的情绪从不静、求静到得静，再到回归现实，在较短的时间内经历了诸多变化。文章开篇，他提到现实中不如人愿的种种忧思，使得"心里颇不宁静"，这为全文定下了沉郁的基调。怀着这种不宁静的情绪，他看到的路是幽僻、寂寞的，月和云是淡淡、朦胧的，树影是参差、斑驳的，树色是阴阴的，远山是隐隐约约的，而蝉声与蛙声虽然热闹，却与"我"无缘，使人联想到古人采莲的情景，不由得使人想起烟雨的江南。但他毕竟是怀着解郁的心理诉求欣然前往荷塘的，期待月光下的荷塘"总该另有一番样子"。没有让他失望的是，果然往日阴森森的小路"今晚却很好"，因而让他觉得在这样的天地里自己是个"自由的人"。因为怀着审美的胸怀，作者由美景联想到气韵生动，也算是借景抒怀，苦中生甜。

四、语言表达

完成前三步后，在话筒前和镜头前的播讲者应是成竹在胸的状态，头脑中所形成的连续的、活动的画面便会像播放影视作品一样开始浮现。播音员、主持人将这种切身体会生动地表达出来并感染受众，便是语言表达的要义。

练一练

（一）

中央广播电视总台播出的文化节目《诗画中国》通过具有新时代视角的诗画名片，描绘了新时代中华美学的独特风韵。2023 年 10 月 31 日，该节目获第 60 届亚洲－太平洋广播电视联盟奖"电视娱乐节目奖"。

《诗画中国》第三期开场白

历尽天华成此景，
人间万事出艰辛。
文明长河，
是涓涓细流一点一滴汇聚而成。
诗画中国，
是美好心灵一笔一画书写而成。
每一位创作者，
都会像对待生命一样，
对待自己的作品，
也会像尊重生命一样，
尊重任何不甘平庸的努力。
一切伟大皆由双手创造，
在艺术世界里，
诗人和画家们接受着一场场洗礼。
他们在淡泊中激荡着人生豪情，
在宁静中默默全力以赴。
只有经过艰苦的跋涉，
才能抵达彼岸。
只有内心澎湃的力量，
才能推动自己的成长。

《诗画中国》第四期开场白

天覆吾，

地载吾，

天地生吾有意无。

在诗画艺术的世界里，

自然、天地和我们，

组成了一张万物相连、心心相印的生命之网。

鸢飞鱼跃，

花开日落，

林泉清流，

秋叶长风，

奇峰壑岩，

老树枯竹。

这里的一切，

无不充沛着彼此激荡的生命气息，

无不表达着自然与心灵的相互呼应。

我们从笔端纸上，

看到了生生不息的繁衍化育，

也读懂了超凡而出的生命精神。

走进诗画之中，

如逢青春知己，

可以肝胆相照，

更可以一同去追寻墨韵纷飞、生机无限的美丽中国。

《诗画中国》第五期开场白

绿树村边合，

青山郭外斜。

淳朴柔美也能筑起心灵的殿堂，

让我们超脱浮躁与焦灼，

收获宁静与淡定。

一切伟大皆由双手创造，

诗人画家把自己的情感，

融于天地，

植于田园。

化作采菊东篱下，悠然见南山的怡然自得；

化作桃红复含宿雨，柳绿更带朝烟的可爱生机。

他们走入田园，

纵横笔墨，

一浇胸中块垒。

他们走出田园，

又是一个更高尚的自我，

相遇更蓬勃的人生。

愿每个人心中都能保有一方田园，

坦然面对得失，

坚守完美的理想。

（二）

以下是《远方的家》节目的正片开场部分，本期节目的出镜主持人是孙亚鹏。本期节目主要内容：云丘山有着非常深厚的文化底蕴，被称为"千年民居建筑的活化石"，还有一奇，那就是全世界罕见的超大型冰洞群；云丘山完整保存着11座千年古村落，记者跟随向导，来到有着2500年历史的塔尔坡村；坐落在康家坪村的元谷希望农场接纳了当地一些身心障碍者，在特教老师和志愿者的帮助下，他们学习技能、自力更生。在画面配音部分，配音员以客观、冷静的语言状态介绍了乡宁县的总体情况。在主持人出境部分，主持人孙亚鹏在实地出镜，语言表达亲和、自然、流畅，语言转换自然，面对镜头对象感和镜头前状态掌握良好。

峻美山川　爱在人间①

（画面配音）从晋陕交界的壶口瀑布继续向南，汹涌澎湃的黄河变得平缓起来。在流经临汾市大宁县后，来到乡宁县。乡宁县是临汾市煤炭资源最丰富的县，总面积两千多平方公里，78％是煤田。县城地处河谷，受地形限制呈一条直线分布。从东北到西南，长度大约10公里，人口约24万。鄂河穿城而过，在枣岭乡汇入黄河。黄河沿县城西南边界流淌22公里，两岸山传奇秀美，一座云丘山素有"姑射最秀峰巅"的美誉。

（主持人出境语言）《远方的家》《天下黄河》摄制组这一站来到了临汾乡宁县的云丘山。（出境主持人画面配音）云丘山它有着非常深厚的文化底蕴，它的历史最早可以追溯到上古时期，这里流传着伏羲和女娲的故事。（主持人出境语言）而在这里还保留了11座古村落，最悠久的有2500年的历史，被称为"千年居民建筑的活化石"。同时云丘山还有一奇，那就是全世界罕见的超大型冰洞群，可以想象一下，我们现在穿的非常单薄，是夏天的装束，而远处的山体里面常年冰封，是不是非常神秘。那这一次就让我们走进这一片黄河滋养下的神奇土地。

（三）

由湖南卫视和芒果TV出品的纪录片《中国》通过电影化的拍摄手法，再现了中国历史上的"群星"及其对中国产生的深远影响。

纪录片《中国》第一季第一集《春秋》②

那是一个宁静的午后，洛阳城外，阳光透过树梢洒满林间，远道而来的孔丘和他仰慕已久的李耳做了最后一次交谈。

年轻的孔丘滔滔不绝，既慷慨，又坦诚，讲述了他气和，达理想社会的渴望。李耳只是听着，不置可否。

---

① 选自CCTV4《远方的家》天下黄河（50），《峻美山川　爱在人间》，2023年8月29日播出。
② 纪录片《中国》第一季第一集《春秋》，参见央视网，https://tv.cctv.com/2023/10/24/VIDE4LOvAEDQB1v6hEP4OhR5231024.shtml?spm=C55924871139.PY8jbb3G6NT9.0.0.

临别时，李耳终于打破沉默，说道：仁人者送人以言。他缓缓地送给孔丘一句话，这段话的意义，直到多年以后，孔丘才会真正领悟。二人执礼作别。此刻，他们心中都明白，今生今世，这样的会面与对谈很难再有。

李耳注视着孔丘渐渐远去，有一瞬间，他感觉这个年轻人仿佛正在走进浩瀚星空。清风徐来，李耳长久伫立，一动不动。

这是发生在两千多年前的一段令人遐想无限的故事，那遥远而又清晰的光芒一直照耀到今天。

孔丘所属的朝代被称为"周"。此时，在孔丘生活的黄河流域，人类文明至少已经延续了三千年。

尽管周朝初期，生活在这片土地上的先民已将"宅兹中国"这四个字刻在青铜礼器"何尊"上，但孔丘尚未知晓，自己所在的地方就是后人所说的——中国。

青铜礼器是周朝礼制的象征。作为立国之本，周朝建立了一整套完备的宗法制度与礼乐文明。

朝贡、祭祀、丧葬、婚娶，都设有规范的仪制。所用乐舞及青铜器物的数量和制式，被用来标志上下尊卑的等级身份，也为整个社会带来安定有序的生活。

但到了孔丘生活的年代，周朝已建立五百多年，国力走向衰落，它所创立的礼乐制度也渐渐松弛荒疏。

孔丘个子很高，他喜欢读书，也喜欢四处游历。按照当时的习惯，他被称呼为孔子。孔子的家乡在鲁国，也就是今天的山东省南部一带，那里是周朝分封的诸侯国之一。

分封制始于周朝初期，原本是为了加强对地方的统治，结果却带来分裂。数百年间，全国出现了大大小小一百多个诸侯国，它们以周天子为天下共主。

自从周平王为了避犬戎之祸，将都城东迁至洛阳，周王朝就开始走下坡路。面对失序混乱的时局，自幼好礼的鲁国人孔子感到内心困惑，他萌生了考察社会的念头。

孔子最想去的一个地方，就是东周的都城——洛阳。他最想见的一个人，是住在洛阳的李耳，后人更熟悉他的另一个名字——老子。

机会来临得稍显意外。鲁国国君鲁昭公赏赐的一驾马车和一名随从，带着孔子来到他的梦想之地，眼前所见让他深感震撼。

就在孔子出生那年，老子担任了周朝的守藏室之史。这是掌管国家档案典籍的史官，相当于国家图书馆馆长。

周朝以及之前的漫长年月中，知识一直被权贵阶层垄断，学术典籍由王室集中管控，教习传授只局限于王公大臣与贵族之间，底层平民是没有学习的路径和权利的。

老子管理的守藏室，几乎集合了当时中国文化的全部精髓。看到这些凝结着前人智慧和精神的珍贵经典，更增加了孔子对周礼鼎盛时期的崇尚之心。

当然，这一次拜访，他是带着明确的目的来的。他想向老子请教"礼"，证明自己对"礼"的坚持没有错。他更想与老子探讨当下诸多社会问题的解决方案，期待自己的主张能获得认同。

对孔子来说，老子不仅是值得尊敬的长者，更是一个见多识广的智者。他掌握着这个国家最核心的文化资源，学问渊博而且善于思考，对人生、对自然乃至整个宇宙，都有独到见解。

孔子讲述了自己对礼制分明、伦理规范的周公时代的向往，希望借此拯救正在崩塌的社会秩序。

老子则将世间运行的法则称为"道"，主张道法自然，认为人要顺应自然规律行事，不妄为，不强求。他提倡无为而治，执政者应"以无事取天下"。

两个人的观点显然相去甚远。但面对老子，孔子始终是谦逊的，他并不失望。他来了，问了，他听到了，也表达了。

中国历史上最具象征意味的一次思想交汇与碰撞，如同所有意味深长的大事那样，安静地留在了时间深处。

 本章综合练习

一、语段训练

（1）突然，一只雪球从右前方向我飞来，说时迟那时快，我猛地卧倒在雪地，雪球擦过右肩，在离我不远的地上"啪"地粉碎了。

（屠格涅夫《麻雀》）

（2）他屏住气，猫着腰，蹑手蹑脚地向小杜鹃靠近。他把两只手拢成半圆形，一下扑过去！

（屠格涅夫《麻雀》）

（3）我的狗慢慢向它靠近，忽然，从附近的树上飞下一只黑胸脯的老麻雀，像一颗石子似的落到狗的跟前。老麻雀全身倒竖着羽毛，惊慌万状，发出绝望、凄惨的叫声，接着向露出牙齿、大张着的狗嘴扑去。

（屠格涅夫《麻雀》）

（4）太阳刚露脸的时候，我沿着小河往村里走，那淡淡的清清的雾气，那润润的湿湿的泥土气味，不停地扑在我的脸上，钻进我的鼻子。小河水清得一眼望到底；刚抽穗的麦子清清楚楚地倒映在水里，早上刚下过雨，岸上到处都是浅浅的牛蹄印儿。

（方之《在泉边》）

（5）月亮依然残缺着悬在浦东的低空，橙红的颜色已渐渐转苍白了。月光照在水面上亮晶晶的，黄浦江的昏水在夜中也好像变成了青色一般。江心有几只游船，满饰着灯彩，在打铜器，放花炮，游来游去地回转，想来大约是救月了。

（郭沫若《月蚀》）

（6）忽一人大呼"火起"。夫起大呼，妇亦起大呼。两儿齐哭。俄而百千人大呼，百千儿哭，百千犬吠。中间力拉崩倒之声，火爆声，呼呼风声，百千齐作；又夹百千求救声，曳屋许许声，抢夺声，泼水声。凡所应有，无所不有。虽人有百手，手有百指，不能指其一端；人有百口，口有百舌，不能名其一处也。于是宾客无不变色离席，奋袖出臂，两股战战，几欲先走。

（林嗣环《口技》）

（7）果然过了一会儿，在那个地方出现了太阳的小半边脸，红是真红，却没有亮光。太阳像负着重荷似的一步一步，慢慢地努力上升，到了最后，终于冲破了云霞，完全跳出了海面，颜色红得非常可爱。一刹那间，这个深红的圆东西，忽然发出了夺目的亮光，射得人眼睛发痛，它旁边的云片也突然有了光彩。

（巴金《海上的日出》）

（8）我弟弟生得很美，而我一点都不。从小我们家里谁都惋惜着，因为那样的小嘴、大眼睛与长睫毛，生在男孩子的脸上，简直是白糟蹋了。长辈就问他："你把眼睫毛借我好不好？明天就还你。"然而他总是一口回绝了。有一次，大家说起某人的太太真漂亮，他问道："有我好看么？"大家常常取笑他的虚荣心。

（张爱玲《弟弟》）

（9）不过风究竟不能掀翻一角青天，撞将出去。不管怎样猛烈，毕竟闷在小小一个天地中间。吹吧，只能像海底起伏鼓动着的那股力量，掀起一浪，又被压伏下去。风就是这般压在天底下，吹着吹着，只把地面吹起成一片凌乱，自己照旧是不得自由。末了，像盛怒到极点，不能再怒，化成恹恹的烦闷懊恼；像悲哀到极点，转成绵绵幽恨；狂欢到极点，变为凄凉；失望到极点，成了淡漠。风尽情闹到极点，也乏了。不论是严冷的风，蒸热的风，不论是哀号的风，怒叫的风，到未来，渐渐儿微弱下去，剩几声悠长的叹气，便没了声音，好像风都吹完了。

（杨绛《风》）

（10）昆明湖东北角的乐寿堂院内，几株玉兰悄然盛放，许多人拿着"长枪短炮"咔嚓咔嚓地拍着照，若是在往年，恐怕这院子里的游人已经比花还多了吧？傍晚五点钟，院内渐渐安静下来，乐寿堂关门了，游客散去，我静静坐在长廊休息。远处，晚霞满天，湖岸的石栏泛着金光，侧柏沙沙轻舞，闭上眼睛可以听到湖水拍打岸边的声音，很轻。春天的湖水颜色最喜人，是那种浅蓝色，伴着岸边的柳枝松枝，一切都是新鲜的色彩，是那种让人见了便想一猛子扎进去游泳的感觉，到了夏天则不同了，湖水泛起绿色，总显得浓得化不开。

（人民网，2020 年 3 月 27 日）

训练提示：

学生依据语句提供的材料，展开联想、想象，产生较为具体的心理感受，并运用自己的生活积累来充实和丰富感受，迅速调动起符合文字内容的饱满的感情。尤其要注意语言中的形象感受、静态描写、动态描写，学会综合感知，注意把握描述的态度及整体。

二、单元综合训练

（一）文学类稿件

海棠花
季羡林

早晨到研究所去的路上，抬头看到人家的园子里正开着海棠花，缤纷烂漫地开成一团。这使我想到自己故乡院子里的那两棵海棠，现在想也正是开花的时候了。

我虽然喜欢海棠花，但却似乎与海棠花无缘。自家院子里虽然就有两棵，但是要到记忆里去搜寻开花时的情景，却只能搜到很少几个断片。记忆中最深刻的是一个黄昏，在家南边一个高崖上游玩，向北看，看到一片屋顶，其中纵横穿插着一条条的空隙，是街道。虽然也可以幻想出一片海浪，但究竟单调得很。可是在这一片单调的房顶中却蓦地看到一树繁花的尖顶，绚烂得像是西天的晚霞。当时我真有说不出的高兴，其中还夹杂着一点渴望，渴望自己能够走到这树下去看上一看。于是我就按着这一条条的空隙数起来，终于发现，那就是自己家里那两棵海棠树。我立刻跑下崖头，回到家里，站在海棠树下，一直站到淡红的花团渐渐消逝到黄昏里去，只朦胧留下一片淡白。

但是这样的情景只有过一次，其余的春天我都是在北京度过的。北京有许多机会可以作赏花的韵事，但是自己却很少有这福气。我只到中山公园去看过芍药，到颐和园去看过一次玉兰。至于海棠，不但是很少看到，连因海棠而出名的寺院似乎也没有听说过。北京的春天是非常短的，最初还是残冬，可是接连吹上几天大风，再一看树木都长出了嫩绿的叶子，已经是夏天了。

夏天一来，我就又回到故乡去。院子里的两棵海棠已经密密层层地盖满了大叶子，很难令人回忆起这上面曾经开过团团滚滚的花。晚上吃过饭后，就搬了椅子坐在海棠树下乘凉，从叶子的空隙处看到灰色的天空，上面嵌着一颗一颗的星。这时候，自己往往什么都不想，只让睡意轻轻地压上眉头。等到果真睡去半夜里再醒来的时候，往往听到海棠叶子窸窸窣窣地直响，知道已经下雨了。

似乎这样的夏天也没有能过几个。六年前的秋天，当海棠树的叶子渐渐地转为淡黄的时候，我离开故乡，来到了德国。一转眼，在这个小城里，就住了这么久。我们天天在过日子，却往往不知道日子是怎样过的。以前在一篇什么文章里读到这样一句话："我们从现在起要仔仔细细地过日子了。"当时颇有同感，觉得自己也应从即时起仔仔细细地过日子了。但是过了一些时候，再一回想，仍然是有些捉摸不住，不知道日子是怎样过去的。到了德国，更是如此。我本来是下定了决心用苦行者的精神到德国来念书的，所以每天除了钻书本以外，很少想到别的事情。可是现实的情况又不允许我这样做。而且祖国又时来入梦，使我这万里外的游子心情不能平静。就这样，在幻想和现实之间，在祖国和异域之间，我的思想在挣扎着。不知道怎样一来，一下子就过了六年。

哥廷根是有名的花城。来到这里的第一个春天，这里花之多就让我吃惊。家家园子里都挤满了花，五颜六色，锦似的一片。但我却似乎一直没注意到这里也有海棠花。原因是，我最初只看到满眼繁花，多半是叫不出名字，因而也就不分什么花，只是眼花缭乱而已。

但是，真像一个奇迹似的，今天早晨我竟在人家园子里看到盛开的海棠花。我的心一动，仿佛刚睡了一大觉醒来似的，蓦地发现，自己在这个异域的小城里住了六年了。乡思浓浓地压上心头，无法排解。

在这垂尽的五月天，当心里填满了忧愁的时候，有这么一团十分浓烈的乡思压在心头，令人感到痛苦。同时我却又爱惜这一点乡思，欣赏这一点乡思。它使我想到：我是一个有故乡和祖国的人。故乡和祖国虽然远在天边，但是现在它们却近在眼前。我离开它们的时间愈远，它们却离我愈近。我的祖国正在苦难中，我是多么想看到它呀！把祖国召唤到我眼前来的，似乎就是这海棠花，我应该感激它才是。

晚上回家的路上，我又走过那个园子去看海棠花。它依旧同早晨一样，缤纷烂漫地开成一团。它似乎一点也不理会我的心情。我站在树下，待了半天，抬眼看到西天正亮着同海棠花一样红艳的晚霞。

训练提示：

《海棠花》是著名文学家季羡林的一篇散文，我们在对类似文学类稿件进行情景再现之前，一定要充分备稿，尤其要注意联系作者的写作背景、生平经历等，只有在对稿件内容、逻辑理解通透后，方能揣摩文中蕴含的感情深意，为更好地表情达意做铺垫。

这篇散文以海棠花为行文线索，运用首尾照应、寓情于物的手法，既描写"花之景"，又借花表达"花之意"，描绘了作者眼中故乡、祖国、异域三处不同的海棠花盛开之象，抒发了身处异乡的作者浓郁的思念之情。此文包含了大量写景、写事的语句，需要表达者在"设身处地"时下功夫充分发挥联想和想象，透过文字看到动起来的画面。例如第二自然段包含了多个动作描写，表达者的脑海中应该演绎了一场"游玩追花"的画面；特别注意结尾处，当作者寻芳而至，发现竟然是自家庭院的海棠花之时，表达者应立刻表现出"众里寻他千百度，蓦然回首，那人却在灯火阑珊处"的惊喜。

表达者从这篇文章中可以感受到以下三点：第一，作者思想挣扎在幻想和现实、祖国和异域之间，无法获得平静的心情，而被海棠花唤醒思乡之情；第二，作者对祖国时时牵挂，空间距离虽远，心理距离却近，特别是感知祖国在苦难中，思乡之情、爱国之意、归国之心更加强烈；第三，作者对苦行者精神的追求和对人生的思考。

（二）消息类稿件

六盘山与秦岭之间形成动物迁徙通道！53种珍稀动物"落户"宁夏[①]

六盘山地区森林面积的大幅度增长，使其与陇山和秦岭之间形成了一条长达300公里的野生动物迁徙通道，目前已有马鹿、鬣羚、豪猪等53种珍稀野生动物从秦岭迁徙到六盘山安家。

这组数据来自东北林业大学野生动物资源学院与宁夏林业调查规划院历时5年之久，开展的陆生野生动物资源调查。

六盘山地处宁夏南部，与陇山和秦岭余脉相连。华北豹在六盘山保护区非常罕见，但这两年种群数量突然增加到了30多只。

据监测，出没在秦岭的华北豹迁徙到了这里，与六盘山一带的华北豹喜结良缘，在改变当地华北豹子近亲繁衍的同时，也实现了物种的进化。

---

① 《六盘山与秦岭之间形成动物迁徙通道！53种珍稀动物"落户"宁夏》，搜狐网，2022年6月27日，https://gongyi.sohu.com/a/561421740_121393054。

镜头里这只豹子妈妈带着两只胖乎乎的小豹子，让人感到华北豹家族的人丁兴旺。

这只体型比豹子小、比猫大、前额长着一簇浓密毛发的小动物叫豹猫，它是控制森林鼠害的高手。这只在雪地里跳跃前行的动物叫黄喉貂，它还是第一次在这里被红外相机捕捉到。

这是赤狐，看上去它似乎很讲究形象设计，专门找了一块雪地做背景，给我们带来了惊喜。

红腹锦鸡则光彩照人，这身华丽的装扮使它在飞禽中被人们当作凤凰的原型。

鬣羚因长相奇特在民间有四不像的诨名，它长着鹿角、牛蹄、羊头、驴尾巴。有了这幅奇特的长相，鬣羚一露面就十分抢镜。

毛冠鹿额头上有一圈刘海一样的毛发，看起来憨态玲珑，它在六盘山保护区最近两年才出现。

宁夏大学生命科学学院教授张显理表示，通过秦岭、陇山的迁徙通道过来的，从动物迁徙这个角度来看的话，是一个非常有利的通道，因此说它是个动物迁徙的通道，这应该是确定无疑的。

六盘山的森林覆盖率如今已达64.5％。现在仍以每年两万亩的速度递增，从而与陇山、秦岭构成了共同的生态圈，野生动物种群和数量的延伸，将推动六盘山地区生物多样性格局的形成。

训练提示：

这则消息荣获第三十二届中国新闻奖消息类一等奖，介绍了秦岭53种珍稀野生动物迁徙到六盘山安家，使六盘山与秦岭之间形成动物迁徙通道的事件，从侧面反映了中国遏制并扭转地球生物多样性衰减趋势，促进生物多样性所做出的努力。这则消息可以锻炼学生从情景再现的角度理清头绪的能力。

新闻播报整体要求客观公正、态度明晰，但并不等于要人为地消除新闻报道中所有的感情成分，不过，需播报者恰当地控制感情，做到"感而不入"，有分寸地显示出客观报道中应有的新闻态度。

第5～9段略像《动物世界》的解说词，语言生动流畅、诙谐有趣，契合野生动物的情态、动作，具有较强的可视性。学生可以搜集文中描写的几种动物的图片，以图像作为辅助，在播出中注意突出"趣"的特点，将每一种动物的情态播活。同时，也要注意口播和解说词间的过渡转换。

（三）评论类稿件

百年辉煌，砥砺初心向复兴
——写在中国共产党成立 100 周年之际（节选）①

（一）广袤的中国大地上，一处处红色坐标，见证中国共产党壮阔的世纪征程——

上海兴业路、浙江嘉兴南湖，此间曾著星星火，到处皆闻殷殷雷。"我们党的全部历史都是从中共一大开启的，我们走得再远都不能忘记来时的路。"

河北平山西柏坡、北京香山，吹响进军号角，为新中国奠基。"历史充分证明，中国共产党和中国人民不仅善于打破一个旧世界，而且善于建设一个新世界。"

广东深圳，开山炮巨响犹在，拓荒牛砥砺前行。"改革开放是我们党的历史上一次伟大觉醒，正是这个伟大觉醒孕育了新时期从理论到实践的伟大创造。"

中国国家博物馆《复兴之路》展览，回顾中华民族的昨天，展示中华民族的今天，宣示中华民族的明天。"实现中华民族伟大复兴是一项光荣而艰巨的事业，需要一代又一代中国人共同为之努力。"

回望百年风云激荡，习近平总书记深刻指出："在百年接续奋斗中，党团结带领人民开辟了伟大道路，建立了伟大功业，铸就了伟大精神，积累了宝贵经验，创造了中华民族发展史、人类社会进步史上令人刮目相看的奇迹。"

山雄有脊，房固因梁。1921—2021，从石库门到天安门，从小小红船到巍巍巨轮，一百年前的红色火种，在革命、建设、改革的道路上已成燎原之势，照亮中华民族伟大复兴的光明前景。

一世纪风雨兼程，九万里风鹏正举。站在"两个一百年"的历史交汇点，习近平总书记话语铿锵——

---

① 《百年辉煌，砥砺初心向复兴——写在中国共产党成立 100 周年之际》，人民网，2021 年 6 月 28 日，http://dangshi.people.com.cn/n1/2021/0628/c436975-32142119.html。

"中国共产党立志于中华民族千秋伟业，百年恰是风华正茂！"

"只要我们党始终站在时代潮流最前列、站在攻坚克难最前沿、站在最广大人民之中，就必将永远立于不败之地！"

这是百年非凡征程的精辟概括，更是新时代中国共产党人开辟未来的壮志雄心。

如同参天巨树，新芽岁岁破枝、枝干年年伸展，百年接续奋斗展开了中华民族伟大复兴的年轮，从昨天走向今天，从历史走向未来。

············

训练提示：

这篇政论获得第三十二届中国新闻奖评论特别奖，发表于 2021 年"七一"前夕。评论类文章具有观点鲜明、论理充分、逻辑严密等特点，播音时要牢牢抓住并体现出这些特点，在语言表达上做到观点明确、逻辑严密、以理服人。

情景再现的第一步理清头绪在评论类文章中尤其重要，它能为有声语言表达者提供充实的依据，使播音具有逻辑力量，更好地达到播讲目的。需注意在播读时，既要以雄辩有力的言辞说服人、鼓舞人、警示人，也要以感同身受的温情打动人、感染人、温暖人。此外，需注意以回望的口吻表达，多联想自己曾经历的类似情境，如参观博物馆、观看历史影片等，易令人触景生情。

（四）专题类稿件

记者接力记录 暴雨被困的 K599 次列车 99 小时曲折路程（节选）①

央广网北京 7 月 24 日消息 7 月 23 日晚 7 点 36 分，K599 次列车在从包头始发近 99 个小时之后，终于到达终点广州站。这趟列车 20 日下午经过河南郑州境内时遭遇强降雨和路基下沉，司机及时减速停车，乘务人员疏散部分乘客，两节车厢随后发生倾斜。而列车后半部在折返到达新乡后，再次滞留 20 多个小时。记者从河南、湖南到广东一路接力，记录下 K599 次列车这趟曲折的旅程，和一路上共患难的真情。

---

① 《记者接力记录 暴雨被困的 K599 次列车 99 小时曲折路程》，央广网，2021 年 7 月 24 日，https://baijiahao.baidu.com/s?id=1706158267043321239&wfr=spider&for=pc。

7月23日晚上7点，广州火车站的站台上响起一条特殊的接车广播："由新乡开往广州方向的K599次列车……"

这趟K599次列车4天前从内蒙古包头始发，原本42小时的行程，用了近99个小时才到达终点。而接车信息里作为起点站出现的河南新乡，其实是K599曾经滞留20多个小时的地方。

大水漫堤、车厢倾斜、乘客冒雨转移

7月20日下午3点多，从包头开往广州的K599次列车运行到京广线郑州市南阳寨到海棠寺区间，强降雨天气下，司机张志杰先按照铁路防洪防汛行车相关规定慢速行驶，随后发现前方线路水漫钢轨，决定临时停车。

张志杰：当时雨下得比较大，就按照规定先把速度降下来。之后又发现前方水漫钢轨，就立即停车。

记者：按规则，水漫上钢轨之后，就是需要停车的，是吧？

张志杰：对，因为看不清线路到底是什么情况，比如说悬空了，会导致事故，所以说必须停车。

在3号车厢，乘客刘涵和女儿注意到窗外的雨势。

刘涵：我女儿就叫了一下，说妈妈你看这雨水很大。我望望窗外这么一看，就感觉我坐的这个位置底下，这么大一块路基，眼看着好像就没有了。

铁道外侧的防护墙在雨中倒塌。

刘涵：我们亲眼看着眼前的那面墙就倒下来了，瞬间水就冲走了，那一刻我就特别害怕了。我啊这么一喊，当时车里面靠这边窗户的人基本上都看见了。

乘务组也注意到了险情。列车长陆超和添乘干部、乘警长、检车长一起前往4号车厢查看。

陆超：我们抵达现场查看，发现那个部分路基被冲，有一个大概50公分的轨枕就悬空了。那个时候，我们做了一个简单的碰头，立即决定疏散旅客。

刘涵：当时我就听到有一个高高胖胖的工作人员喊了一声"大家快撤离，箱子都不要拿，把贵重物品拿着"，当时那一刻更害怕了，就觉得肯定是有什么事情要发生了。

刘涵一家先被疏散到一号车厢，大约十分钟之后，三、四号车厢车体开始倾斜。乘务组又组织前八节车厢的乘客转移到9—18号车厢。一、二号车厢的乘客不能再通过已经倾斜的三、四号车厢，只能冒雨从车下转移。

刘涵：往后走的时候，我们看了一眼那个车，当时车厢已经倾斜了，底下那两个轨道是悬空的，底下的路基是没有的，光是雨水冲下来的流得特别急的水。那时候感觉更恐惧了，幸亏下来了。

刘涵的二姑带着她7岁的女儿，快步转移。

刘涵女儿：二姑姥领着我急得跟个啥似的，中间脚都崴了一下，就往前跑，什么也不顾。被浇成落汤鸡了……

训练提示：

这篇专题报道发生于2021年河南暴雨灾害之时，全篇呈现了K599次列车在罕见暴雨中遇险，司乘和旅客紧急转移，从措手不及到互相理解，合力共渡难关，最终到达终点的过程。本文采用倒叙的结构，充满悬念，扣人心弦，学生在播报时需注意把握这种悬念与揪心之感。这篇文章可以重点锻炼学生情景再现第二步"设身处地"，以及对情景再现四步走进行融合表达的能力。

该报道的难点在于文中火车遇险过程及乘务人员、乘客的情绪变化等细节，表达者需认真思考，如何通过语言将司机、乘务人员和乘客的讲述内容呈现得生动、细腻、感人，激发受众产生共鸣，引人深思。

（五）直播类稿件

1. 大型活动直播

2022年北京冬奥会开幕式解说词（节选）①

沙桐：中央广播电视总台。

梁毅苗：中央广播电视总台。

沙桐：这里是国家体育场鸟巢——北京冬奥会开幕式的现场。现在场内正在进行的是仪式前表演，这是一场别开生面的行进式广场舞。

梁毅苗：参加本场演出的有来自北京、石家庄、张家口三个城市的1365名普通群众。

---

① 《2022年北京冬奥会开幕式解说词》，中央广播电视总台，2022年2月4日。

沙桐：所有演员当中年龄最小的只有 5 岁，年龄最大的 74 岁。是仪式前表演中人数最多，年龄跨度最大的一个环节。

梁毅苗：他们都来自非专业团体，今天他们将用最真诚最饱满的热情共同庆祝北京 2022 年冬奥会开幕。

沙桐：东风随春归，发我枝上花。今天大年初四，正值立春，来自全世界的朋友如约而至，仪式前表演以一种中国人独有的方式展现海纳百川，载歌载舞的大美中国。

沙桐：伴随着《茉莉花》的乐曲万家灯火点亮了城市夜空，盏盏灯火照亮了一个又一个幸福和睦的家庭，在新春的夜晚期盼着家人和朋友的到来。灯火里的中国温馨和谐，流光溢彩；新时代的中国长歌豪迈，生机勃勃。

梁毅苗：热场演出一共选择了二十四首歌曲，既呼应了第二十四届冬奥会，也对应着中国的二十四节气。这些歌曲囊括了各个年龄段观众的喜好，很多歌曲大家都耳熟能详。接下来的演出看看你能听出几首歌曲呢？

沙桐：歌曲《好儿好女好家园》将现场情绪推向了第一个小高潮，全场的演员们伴随着热烈的音乐，边唱边舞，用舞姿抒发人民对幸福生活的向往。

梁毅苗：我们从画面中看到全国各地十所城市的群众都参与到与鸟巢现场的同步互动中，展现发自他们心底的幸福感，这也是当今中国人精神气质和风貌的生动体现。

沙桐：伴随着《雪花请柬》的音乐响起，本段表演的主题是欢聚时刻。在团圆的时刻快乐的人们享受着喜悦的相逢，迈着热烈欢腾的舞步，展现着他们的活力与自信。

梁毅苗：现在我们伴着《雪花请柬》的旋律欣赏这一段雪花舞蹈。

沙桐：这里是深圳，无人机编队呈现的漫天雪花与楼宇灯光秀交相辉映。雪仙子花仙子翩翩起舞，南派醒狮登高跃动，轮滑表演、街舞表演、广场舞表演……冬天的热情正在这座城市快乐涌动。

沙桐：现在我们看到的是成都市的群众互动表演的场景。在成都大运会的主场馆区，在宽窄巷子，在成都市各处，市民们用最具传统民间韵味的方式闹新春，迎冬奥。展现出成都浓浓的民族年味烟火气，也渲染出成都人火一样的精气神儿和幸福感。连续举办十八届的南国冰雪节，让生活在这座城市的人们感受到了冰雪运动的魅力和影响，这也是成都落实推动 3 亿人参与冰雪运动目标的一个缩影。

梁毅苗：在鸟巢现场，同样是热闹欢腾，激情的桑巴舞步点燃了全场的热情，在寒冷的冬夜将生命的热烈在冰雪的世界尽情释放，我们拥有着同一个世界，我们拥有同一个梦想，我们踏着同一个节奏寻觅爱的曙光。

沙桐：此刻在天津的天塔正在上演着迎冬奥主题灯光秀，社会各界的人们正在从天塔、天津之眼、五大道民园……从天津市的各个地方出发涌向奥体中心体育场。在奥体中心体育场，正在上演着街舞和冰球运动结合的全新舞蹈。发轫于天津的中国冰球脚步绵延不绝，光辉历史与深远影响反映了冰球文化的薄薄生机和津派文化的时代价值。海河两岸一片欢腾，共同迎接冬奥时间的到来。

梁毅苗：刚才的三所城市用不同风格的表演与主会场形成呼应。深圳、天津、成都作为各具特色的新时代中国都市，向我们展现出中国人民开放包容热情的城市形象，并在这一系列表演中感受到了全民参与冰雪运动喜洋洋的欢腾景象。

沙桐：随着天籁般的童声，表演进入了"祝福冬奥"主题。这里是杭州，杭州给人的印象总是水乡江南，但是杭州人从不掩饰对冰雪运动的喜爱。2022年杭州也将迈入亚运时间，这里是杭州亚运会的主场地。109只伏虎相聚于此，伏虎是杭州一群"九零后"理工男研发的四足仿生机器人。数字杭州立潮头，向未来。

梁毅苗：现在的鸟巢现场孩子们在雪地里玩耍嬉戏，享受着冰雪带给他们的快乐，绘制一幅幅美妙的画面来记录这个美丽的冬天，种下一颗冬奥梦想的种子。

沙桐：现在是南京的互动场景，因为成功举办了第二届青奥会，南京成为中国第二座奥运城市。今天晚上古老而又年轻的南京踏着冬奥的节奏欢歌起舞，因冰雪盛会而绽放绚丽光彩。朝气蓬勃的青少年用他们独有的青春活力让这个冰雪世界变得更加生机盎然。激情的雪花渐渐点燃了他们心中的梦想，他们在学习中不断成长，让梦想绽放出五彩斑斓的光芒。

梁毅苗：现在我们看到的是哈尔滨冰雪大世界。今年的哈尔滨冰雪大世界以"冬奥之光闪耀世界"为主题，二十三万立方米的冰雪营造出了哈尔滨人心向冬奥的美好心情。冰雪运动早已成为黑龙江人，哈尔滨人的生命基因。现场的小运动员们正在为大家展示速度滑冰、短道速滑、花样滑冰、冰球、冰上杂技等表演。现场每一个人的脸上都洋溢着自信的微笑，他们的笑容中充满了欢度新春佳节的喜悦，更饱含着迎接 2022 北京冬奥的蓬勃热情。

沙桐：鸟巢现场一双双舞动的手仿佛在用爱与这个冬天对话。人们好像早就准备好了与这个冬天的约会，他们整装待发，准备好好享受这个冬天的欢乐时光。一个洁白可爱晶莹剔透的冰墩墩，在孩子们的簇拥下来到这里，冬奥的氛围让每个人都沉浸在欢乐的海洋里。

……

梁毅苗：我们振奋精神，共同努力，让全世界人民在冬奥会上相知相通，让春天般的温暖就从北京开始。北京冬奥会开幕式倒计时就要开始，让我们一起迎接。

沙桐：中国的 24 个节气串起了倒计时，每一个节气都配合一句经典诗词。

梁毅苗：画面中，祖国各地的美丽风情和冰雪健儿奋力拼搏的场景交相辉映。属于中国的、属于冰雪的、属于奥林匹克的盛典即将开启。

沙桐：倒计时节奏加快。

梁毅苗：倒计时归零，北京冬奥会的开幕式正式开始。

沙桐：今天立春，二十四节气倒计时把最后一秒钟留给了立春。在立春之日北京冬奥会开幕，我们与全世界的朋友们共同迎接一个新的春天。

梁毅苗：现在场内进行的是欢迎表演。小草萌发，预示着春天来了。万物复苏，生机勃勃。

沙桐：这是一场绿色的充满生机的欢迎表演，这是东道主对于全世界运动员的迎宾之情。一直以来我们坚定支持，积极参与奥林匹克运动，奥林匹克运动也在中华大地蓬勃发展，迸发出了新的活力。

梁毅苗：现在场地中心形成了一朵蒲公英。一个小男孩的剪影出现在场地一侧，小男孩轻吹一口气，蒲公英飞散开来向着天空飞去。

沙桐：蒲公英的种子飞向天空，变成了夜空中的焰火。焰火飞散，春天的种子洒满大地。

……

训练提示：

这是 2022 年北京冬奥会开幕式直播现场的解说词。练习此稿件，叩锻炼学生对于情景再现的综合性运用。这篇解说词涉及不同场景、不同内容的切换，学生需完全融入情境，充分调动联想与想象，能激发强烈的代入感，因此有一定的难度。稿件中对于景色的描写、人物的刻画非常生动，这要求播音员、主持人在情景再现过程中注意细节的把握和立体形象的塑造，神情、心情皆随画面而动。同时，此篇解说词具有强烈的鼓动性，播音员、主持人在进行有声语言表达时，要保持热情洋溢、积极向上的基调，在语言表达时，注意结合播音创作的外部技巧，以激发起受众的情感共鸣，达到更好的传播目的。

2. 新闻类直播

9月16日出版的第18期《求是》杂志发表中共中央总书记、国家主席、中央军委主席习近平的重要文章《扎实推动教育强国建设》。

文章强调，教育兴则国家兴，教育强则国家强。建设教育强国，是全面建成社会主义现代化强国的战略先导，是实现高水平科技自立自强的重要支撑，是促进全体人民共同富裕的有效途径，是以中国式现代化全面推进中华民族伟大复兴的基础工程。

文章指出，党的二十大报告把教育科技人才单独成章进行布局，吹响了加快建设教育强国的号角。我们要建设的教育强国，是中国特色社会主义教育强国，必须以坚持党对教育事业的全面领导为根本保证，以立德树人为根本任务，以为党育人、为国育才为根本目标，以服务中华民族伟大复兴为重要使命，以教育理念、体系、制度、内容、方法、治理现代化为基本路径，以支撑引领中国式现代化为核心功能，最终是办好人民满意的教育。

文章指出，要全面贯彻党的教育方针，坚持以人民为中心发展教育，主动超前布局、有力应对变局、奋力开拓新局，加快推进教育现代化，以教育之力厚植人民幸福之本，以教育之强夯实国家富强之基，为全面推进中华民族伟大复兴提供有力支撑。第一，培养担当民族复兴大任的时代新人。第二，加快建设高质量教育体系。第三，全面提升教育服务高质量发展的能力。第四，在深化改革创新中激发教育发展活力。第五，增强我国教育的国际影响力。第六，培养高素质教师队伍。

文章强调，建设教育强国是全党全社会的共同任务。要坚持和加强党对教育工作的全面领导，不断完善党委统一领导、党政齐抓共管、部门各负其责的教育领导体制。要坚定信心、久久为功，为早日实现教育强国目标而共同努力。

（选自《新闻联播》2023 年 9 月 16 日）

训练提示：

《新闻联播》是一档典型的新闻类直播节目。此文是一篇典型的时政新闻播读稿件，练习此篇稿件，可锻炼学生对新闻稿件中的情景再现把握方式。需注意与其他类型稿件区分，抓住时政新闻的特点。"理清头绪"这一步非常关键，播读者需要在充分理解内容的基础上，对内容层次有一个合理的安排，在脑海中形成一个清晰的框架与脉络，以保证新闻事件的逻辑清晰、准确，保证"情景再现"的完整与流畅。

（六）主持词

2023 年春节联欢晚会主持词（节选）①

任鲁豫：花开种花家，欣迎同心年，亲爱的观众朋友们，大家——

合：过年好！

任鲁豫：这里是中央广播电视总台《2023 年春节联欢晚会》的直播现场，我们和全国各族人民、全世界的中华儿女共同迎接癸卯兔年的到来。

龙洋：花开富贵，锦绣中华。今夜，我们都是看花的人，无论您身处南国还是北疆，相信总有傲然绽放的鲜花，迎来神州大地第一缕春光。

尼格买提：天地迎春，万象更新。今夜，我们都是种花的人，在这喜庆吉祥的除夕夜，在这姹紫嫣红的春光里，让我们播种下最美好的心愿和希望。

马凡舒：万家灯火，开心过年。今夜，我们同是回家的人，一句回家，道不尽游子归心似箭的心情，就让我们尽享家庭的温暖，重温团圆的喜悦。

撒贝宁：满庭芳华，天下一家。今夜，我们都是赴约的人，感谢您岁岁年年守候荧屏，就让我们共同度过壬寅虎年的最后四个小时。

王嘉宁：辞旧迎新，冬去春来。今夜，我们还是告别的人，让我们和过去一年所有的艰难、烦恼说句再见，我们相信，坚韧不拔的中国人定能抖擞精

---

① 《2023 年春节联欢晚会主持词》，中央广播电视总台，2023 年 1 月 22 日。

神，奋楫再出发。

任鲁豫：爆竹声声辞旧岁，江山万里迎春晖，在这中华民族一年一度最盛大的节日里，我们给大家——

合：拜年啦！

······

任鲁豫：谢谢。

王嘉宁：谢谢两位，今年的春晚我们与花为伴，全场的观众都置身于浪漫的花海之中，你说咱们中国人为什么就这么爱种花呢？

任鲁豫：简单啊，种花，中华，中华，种花。

王嘉宁：噢，谐音梗。

任鲁豫：这还真不是谐音，咱们华夏的"华"在古代有花朵的意思，另外呢，抬头往上看，舞台的最上方有一朵美丽的大花，它的设计啊，就是来自于距今五六千年前仰韶文化庙底沟类型的彩陶，而这花卉型图案的彩陶呐，可能就是我们华夏民族，"华"字的来源之一。

王嘉宁：所以，我们是以花为名，这真的太浪漫了，那些以为是偶然的谐音，或许就是写进我们基因的文明密码，那接下来，继续这场种花家的晚会，让我们共同去寻找一缕回荡千年的南音，看百花齐放，迎百鸟归巢。

······

任鲁豫：伴随着热情澎湃的歌声，沐浴着繁花似锦的春光，我们要和这极不平凡的一年说声再见了。

龙洋：借今夜的花团锦簇，满庭芳华，我想送大家一朵迎春花，迎得春来非自足，百花千卉共芬芳。

尼格买提：我想送大家一朵稻花，一条大河波浪宽，风吹稻花香两岸，希望新的一年，风调雨顺，我们的祖国，物阜民丰。

马凡舒：那我就送大家一朵孝亲的萱草花，父爱如山耸身后，母爱如水绕心头，愿全天下的父亲、母亲身体健康、快乐无忧。

撒贝宁：我想送给大家一朵忍冬花，坚韧不拔、凛冬不败，正如我们民族性格的写照，伟大的中国人定能绽放在寒风中，相遇在春天里。

王嘉宁：我想送大家每人一朵大红花，感谢每个中国人在过去一年所有的努力和付出，我们每个人都是自己的英雄，时代的英雄。

任鲁豫：时间的脚步是越来越近了，迎接我们的是一个更加充满希望的春天。

龙洋：让我们说声你好，给面对风雨依然勇敢的自己。

尼格买提：说声你好，给走过冬天依旧滚烫的内心。

马凡舒：说声你好，给永远值得期待的广袤的世界。

撒贝宁：说声你好，给永远值得奔赴的璀璨的理想。

王嘉宁：说声你好，给永远值得相信的崭新的明天。

任鲁豫：一元复始，万象更新。此时此刻我们又一次站在了春天的大门前，不辜负岁月的人，时光自有馈赠，在这辞旧迎新的时刻，让我们深深地祝福，祝福我们的亲人，幸福平安，岁岁年年。我们还要祝福我们亲爱的祖国，繁荣昌盛，福祉绵延。零点的钟声马上就要敲响了，我们还要祝福我们自己在新的一年里，大展宏图，皆得所愿。春天的脚步声，已经慢慢地走到我们每一个人的身边，倒计时：

合：十、九、八、七、六、五、四、三、二、一，过年好，拜年啦，新春快乐。

······

训练提示：

这篇训练稿件选自 2023 年央视春晚主持词，包含了开场白、零点倒计时和部分节目串联等环节。由于央视春晚体现的是"盛世大联欢"的氛围，所以节目整体的基调是情绪高昂、热情澎湃、欢欣喜悦的。在把握好总基调的基础上，主持人还需区分不同环节的表达样态。比如在主持人出场亮相和零点倒计时环节，主持人的情境再现侧重的是脑海中画面的恢宏感、辽阔感，"触景生情"的饱满、充沛、热烈、高涨，语言表达的热切情感，传达出一种浓厚的家国情怀；在串联节目时，主持人要针对不同的节目内容，调整主持风格与声音色彩，比如要衔接的下一个节目是家庭小品，那么主持人在串联时需要回想起自己曾经历过的相似事件，并设想自己置身于这个小品所造的家庭中，感受其中氛围，因此"设身处地"就尤为重要了。当然，学生在联想与想象的过程中一定要紧扣主题，抓住重点，绝不能牵强附会，偏离稿件目的本身。

中央广播电视总台 2023 年中秋晚会主持词（开场白）①

鲁健：亲爱的观众朋友大家好！

孟盛楠：春花秋月，又是一年。

任鲁豫：山川可亲，江河安澜。

李丹：这里是美丽的四川宜宾，中华民族母亲河的长江干线航道零公里。

张韬：我们在中央广播电视总台 2023 年中秋晚会主会场，向您问候佳节！

鲁健：祝普天下的中华儿女——

合：中秋快乐，人月两圆。

孟盛楠：寻常三五夜，不是不婵娟。

任鲁豫：自古人皆望，年来又一年。

李丹：又是一年，你是不是也曾在新月如钩时，期待过一轮皓月，起舞清影。

张韬：你是不是也曾在夜深人静时，举头看天，低头思念。

鲁健：尽管人有聚散，月有盈亏。但四季的流转，就像我们身旁的万里长江一样，浩浩荡荡，永远向前。

孟盛楠：今年总台秋晚的主舞台设在金沙江、岷江、长江的"三江六岸"交汇处。

任鲁豫：听三江涌浪、赏三江映月、看三江汇流。

李丹：得天独厚的"长江首城"宜宾，美得别致，美得独到。

张韬：那就让我们就此驻足，来一起感受，这月涌大江流的美好吧！

篇章一　月涌大江

孟盛楠：小时不识月，呼作白玉盘。读诗仙李白的这首诗，马上就会联想到中秋夜里全家人围坐在一起，其乐融融，儿孙绕膝的场景。

任鲁豫：是啊，儿时带着我们赏月、祭月、拜月，把我们搂在怀里读"床前明月光"，又举过头顶说"但愿人长久"的爸爸妈妈都老了，但是我们永远记得他们"低头思故乡"的样子，永远记得他们"千里共婵娟"的叮嘱。

孟盛楠：秋风日见凉，天涯人思乡。面对这一年一度中秋节盛大的月圆，

---

① 《中央广播电视总台 2023 年中秋晚会主持词》，中央广播电视总台，2023 年 9 月 29 日。

每一位中华儿女心中都有一个不能忘，也不会忘记的地方，那就是我们同宗同源的故乡。

任鲁豫：月圆了，回家吧。团团圆圆，这是中国式的东方浪漫，也是千山万水、千难万险都阻挡不了的信念。

篇章二　江水三千

李丹：江水三千家书急，人间至味是团圆。

任鲁豫：中秋节是写给辛苦忙碌者的一个休止符，它让全家人围坐在一起分享丰收，感受月下花前、灯火可亲的快乐。

李丹：现代的我们脚步可以丈量的山河更加远阔，但无论天涯海角，只要有华人的地方，就一定会有人赏月、拜月，许愿千里婵娟。

任鲁豫：这就是中华传统文化的魅力。一轮中秋月，凝聚起的是全世界所有华人的温馨与浪漫。

张韬：宜宾是一座被诗酒茶香、翠竹朗月眷顾的城市。

孟盛楠：这里有四千多年的酿酒史、三千多年的种茶史。

鲁健：对，它还有两千多年的建城史和近一千年的曲水流觞诗歌史。

张韬：大自然的垂青和历史文化的滋养，让宜宾的故事厚重绵长。

孟盛楠：北宋的诗书大家黄庭坚就曾在此地留下一段佳话。他在谪居宜宾期间，以文会友，广结贤达，使当地文风大开。

鲁健：我们今天站在古"流杯池"前仍可以想象，他们当年临水而歌，吟诗作赋的欢乐场面。

张韬：当身处他乡，在深夜里看月光的时候，如果能够遇到陪你把酒言欢、并肩赏月的朋友有多难得。

孟盛楠：这座"以天下人为宾"的城市为黄庭坚带来慰藉，也让他文思泉涌、灵感不断。

鲁健：这便是宜宾，不仅有千顷竹海、万卷诗书，更有一江明月、不染凡尘

篇章三　江月年年

任鲁豫：相知无远近，万里梦同心。从古"丝绸之路"的绵延伸展，到中国十年前"一带一路"倡议的提出，路让经济合作繁荣，路让文化交流融通，而这种互利共赢的模式，也推动了世界闻名的进步。

李丹：位于长江经济带交汇处的宜宾，自古以来就商贾云集，三江口上的商船舟楫，茶马古道上的铃响马帮，南来北往的人们经过这里，总会不约而同地停下脚步。

任鲁豫：没错，每到中秋佳节的时候，大家便会围坐在一起，打糍粑、吃月饼、点橘灯，面对家乡举杯望月，遥寄乡愁。

李丹：我们这里至今还保留着"送秋"的习俗，一进入农历八月，老辈儿人就会把打好的糍粑粘上白糖，挨家挨户地送给亲朋好友。

任鲁豫：好一个"送秋"啊，我猜想大家更是想借此送出甜蜜、送出吉祥，送出一年四季的平平安安。

鲁健：2023 年的中秋月已经月上中天，丰收的中国处处歌甜花香，山川大地洋溢着喜庆的色彩。

孟盛楠：站在三江交汇处，展望新时代的伟业蓝图，我们踔厉新征程，杨帆正当时。

任鲁豫：这是中华民族母亲的江啊，长江能容百代客，寸草更报三春晖。

李丹：从长江干线航道零公里开始，一旦出发便浩浩荡荡，勇往直前。

张韬：激流、险滩、雾霭、雄关，一切考验都只会令我们的步伐更加坚定。

鲁健：奔腾到海，

孟盛楠：明月作伴，

任鲁豫：两岸猿声啼不住，轻舟已过

合：万重山。

结束语

任鲁豫：亲爱的观众朋友们，

孟盛楠：海内外的华侨华人朋友们，

鲁健：中央广播电视总台 2023 年中秋晚会就要和您说再见了。

李丹：我们即将迎来中华人民共和国 74 周岁华诞。

张韬：让我们再次祝福大家中秋快乐！

任鲁豫：祝福全国各族人民幸福安康！

孟盛楠：祝愿我们的祖国更加繁荣富强！

鲁健：月圆人圆，

李丹：国泰民安。

张韬：朋友们，我们明年再见！

合：再见！

训练提示：

2023年中央广播电视总台中秋晚会围绕"诗、酒、月、水、竹"五种文化意象展开，以长江文化的宏大叙事与兼容并蓄的态度用情、用力讲好中国故事，弘扬民族文化，赓续民族传统，彰显出中华文明的连续性、创新性、统一性、包容性、和平性。这是整台晚会所要传达的主旨。由于包含意象、意境之丰富多样，学生在练习此段主持词时需调动各种情绪、记忆，仔细揣摩，感受，才能实现合情合理的情景再现，也可借助音视频等形式的相关作品辅助表达。

（七）节目解说词

《航拍中国》第二季《四川》①

你见过什么样的中国？是960万平方公里的辽阔？还是300万平方公里的澎湃？是四季轮转的天地？还是冰与火演奏的乐章？像鸟儿一样，离开地面，冲上云霄，结果超乎你的想象。前往平时无法到达的地方，看见专属于高空的奇观，俯瞰这片朝夕相处的大地，再熟悉的景象也变了一副模样。从身边的世界到远方的家园，从自然地理到人文历史，五十分钟的空中旅程，前所未有的极致体验。从现在开始，和我们一起天际遨游，一同飞越！

四川位于中国内陆的西南部，它的西边是雄伟的山脉与高原，中部和东部则是深陷在群山中的盆地，其中的成都平原沃野千里被誉为"天府之国"。

我们的旅程从西北端的高原开始，然后深入高山峡谷，发现举世无双的人间仙境。翻越雪山，随滔滔江水去见识一座奇迹般的古代工城。

松潘高原位于四川西北部，又被称为若尔盖大草原。

清晨，当发源于巴颜喀拉山的黄河来到这里与寒冷的地表空气遭遇时，相对温暖的河面上，就会升腾起大量白雾，它们依着河道紧贴在地面上，形成难

---

① 《航拍中国》第二季《四川》，参见央视网，https://tv.cctv.cn/2019/09/09/VIDEHXGplQfuJwLengaF8u6190909.shtml.

得一见的云水奇观。

若尔盖西部的唐克镇是藏族牧民的聚居地，在藏语中，"若尔盖"的意思就是"牦牛喜欢的地方"。一路向东的黄河就在这里掉头向北，造就出曲折柔美的九曲黄河第一弯。

6500万年前，印度板块与亚欧板块猛烈碰撞，在青藏高原的东部，挤压出了一组大约700公里宽的密集的山脉群。

140年前，受清政府委派，擅长地理测量的黄楙材从成都前往印度，途中他有感于这片横阻断路的山脉，便为它取名为——横断山。

横断山东部，海拔5588米的雪宝顶是中国现代冰川的最东点，雪宝顶的北侧就是著名的世界自然遗产地——黄龙。

这是世界级的钙华景观，从空中俯瞰，长达1300米的天然钙华滩像极了神话中的金色长龙，黄龙之名，名副其实。

钙华是富含碳酸氢钙的地下水，流出蒸发或温度升高，其中的二氧化碳大量溢出，导致碳酸钙过饱和沉积而成。在黄龙，5000多个钙华池，宛如一片片露天的溶洞。

从黄龙向北100公里有一个山沟，闻名全国，九寨沟因坐落在沟内的九个藏族村寨而得名。三条主沟，单程全长49公里。在这里，从色彩缤纷到银装素裹，常常只需转瞬之间。

长达五公里，全靠融雪和降雨补给的长海，又被藏民称为永远装不满、永远漏不干的宝葫芦。

九寨沟最小的海子——五彩池，因为水中生长的水棉、轮藻和小蕨所含的叶绿素颜色深浅不同，随着季节光线和观看角度的变化，会呈现出不同的色调与水韵。

碳酸钙还会附着、包裹在树木上，形成白色的钙化壳，让树木多年不腐。

人们常说，九寨归来不看水。水，正是九寨沟的灵魂。

横断山近乎南北的走向，不仅是印度洋暖湿气流北上的通道，还把东边的太平洋水汽截留于此，为山谷中100多个高山湖泊提供了丰沛的水源。

在岷山西侧，一条条溪流汇集成了长江上游水量最大的支流——岷江，只要跟随岷江一路南下，冲出龙门山就是成都平原。

　　······

接下来我们将飞越龙泉山，从高空窥探天府之国的奥妙，深入闹市，品尝热辣生猛的美味，体会灵魂出窍的快感，再顺道去探究一下老味道里暗藏的玄机。

如果说横断山是耸立在成都平原西侧的高墙，那么龙泉山脉就是横在成都平原东侧的一道围栏，这是成都平原与川中丘陵的自然分界线，由此向西，就是被誉为"天子府库"的丰饶之地天府之国——成都平原。

成都，3000年未改名字，未迁城址。在众多河渠的引导下，来自都江堰的岷江之水不止为成都平原提供了灌溉水源，还奠定了成都市区河道纵横的优越格局。

嵌在高楼之间的锦江，曾是古代成都的护城河，也是水网的一部分。如今，它不仅为成都留下蜿蜒的绿色长廊，更让拥挤的都市放慢脚步，去体味时光留下的涟漪。

闹市中的清代古街宽窄巷子号称是"最成都"的地方。300年前，这里曾是清军军营。后来，旗人后裔、达官贵人、贩夫走卒，纷纷汇聚于此。青砖黛瓦，平行排列的宽巷子、窄巷子和井巷子，共同组成了这片历史文化名城保护街区。

川菜有麻辣、鲜香、咸鲜酸甜三大类，共24种常用味型，其中仅麻辣类就有麻辣味、红油味、胡辣味、酸辣味、椒麻味、家常味、鱼香味、陈皮味和怪味九种，讲究的就是百菜百味，一菜一格。

川剧是中国戏曲中的"川菜"，变脸是川剧里的绝活，喜怒哀乐皆能瞬间切换，喷火靠的是嘴上功夫，正是川剧中的爆点。

市中心的人民公园，以前叫少城公园，已有百年历史。闲谈、唠嗑、侃大山是中国各地"聊天"的同义词，生活在这里的人们却有另一种说法，摆龙门阵。

所谓摆龙门阵，就是轻松地、随意地聊天，在这里只需一杯清茶，一把竹椅，便可家长里短、海阔天空地摆上一整天的龙门阵。

……

训练提示：

解说词承担了补充、整合画面，扩大容量，衔接内容等画面所不能完成的职能，对纪录片画面中视角的转换、历史的阐释、背景的交代、情节的叙述、主题的升华、情感的抒发、意境的烘托和气氛的渲染，都起着至关重要的作用。

这篇稿件选自央视大型纪录片《航拍中国》，节目整片以空中视角俯瞰中国，全方位、立体化展示中国历史人文景观、自然地理风貌及经济社会发展变化。稿件涉及四川不同的山峦，黄龙、龙泉山、四姑娘山等，也涉及九寨沟、若尔盖大草原等景象。学生在表达时就要联想出这座山是巍峨险峻、鬼斧神工，还是清秀俊雅、小家碧玉，这片湖是碧波荡漾还是风平浪静。尤其需注意差别较大的场景转换。

学生在训练时可以想象自己在体验一场真实的空中旅行，想象自己就置身于这些画面之上，想象自己"此时此刻"正在赏景，想象所有的景象都是自己亲眼所见、亲耳所闻、亲身经历的，最大限度地把自己融入稿件内容中，激发出自己内心的情感共鸣，以获取更加真实、生动的现场感。

三、拓展训练

（一）消息一则

一条"机器鱼"遨游万米深海①

本报讯（记者 孙晨 通讯员 陈航 盛汪淼芷）在被喻为"地球第四极"海洋最深处的马里亚纳海沟，狮子鱼虽承受深海近百兆帕压力，仍能灵活游动。由狮子鱼的奇特构造得到启发，之江实验室与浙江大学合作，历时数年研制了一款仿生深海软体机器人，率先实现了软体机器人的万米深海操控以及深海自主游动实验。北京时间 2021 年 3 月 4 日，这个形似一条鱼的神器登上国际顶级期刊《自然》封面。研究团队表示，这款机器人在深海、极地、高冲击性等恶劣及特种环境下，具有良好的发展应用前景。

仿生深海软体机器人研制的想法萌生于 2017 年 5 月末。"马里亚纳海沟狮子鱼的奇特构造带给我们很大启发。如果能将深海的'生命奥秘'化作'机器之力'，我们就可以研发出适应深海极端环境的仿生、软体、小型化智能深海

---

① 《一条"机器鱼"遨游万米深海》，《余杭晨报》2021 年 3 月 5 日。

机器人，既可助力深海探索，又能发展新型机器人与智能装备。"谈及研发初心，作为该论文的第一作者（排名第一）李国瑞仍难掩兴奋之情。

明确了研究方向，2018 年 5 月，之江实验室智能机器人研究中心与浙江大学交叉力学中心李铁风教授团队启动了以狮子鱼为原型的仿生深海软体机器人研究。基于狮子鱼头部骨骼在软组织中的分散融合这一特点，项目组研发的这款机器人形似一条鱼，长 22 厘米，翼展宽度 28 厘米，大约为一张 A4 纸的长宽。

"控制电路、电池等硬质器件被融入集成在凝胶状的软体机身中；通过设计调节器件和软体的材料与结构，实现了机器人无需耐压外壳，便能承受万米级别的深海静水压力。相比于传统的'铠甲式'抗高压深潜装备，我们以全新技术路线研制仿生深海软体机器人，争取大幅降低深海探测的难度和成本。"李国瑞拿着模型向我们解释道。

2018 年 8 月，在上海深渊科学技术研究中心，仿生深海软体机器人在 110 兆帕（11000 米水深所对应静水压力）的压力罐中实现了稳定的游动实验。这次成功来之不易，将近一年时间，李国瑞每半个月就要去上海做一次机器人的压力实验验证。2019 年 12 月，仿生深海软体机器人在马里亚纳海沟坐底，海试影像记录显示，在 10900 米海深处，该机器人实现了稳定扑翼驱动。2020 年 8 月 27 日深夜，该软体机器人在南海 3224 米深海处成功实现了自主游动。

未来，项目组将继续研究，提升仿生深海软体机器人的智能性，同时降低应用成本，并计划将关键技术运用到深潜器上，研制小型化的深海装备，实现深海通讯、深海检测等功能，为深海科考带去更多可能。

（二）通讯一篇

红红的苹果，深深的爱[①]

秋风中，红红的苹果挂满枝头，欢声笑语在山梁上飘荡，欢快的山雀在草丛间跳跃。

10 月 26 日下午，习近平总书记走进安塞区高桥镇南沟村的苹果园。微风

---

① 《红红的苹果，深深的爱》，《延安日报》2022 年 11 月 9 日。

过处,甜甜的香味沁人心脾。"今年苹果收成、苹果种植技术、采摘方法、品种质量、销售价格、村民收入、用水和灌溉问题解决以及发展苹果种植前景……"总书记问得非常细致。与老乡们亲切交流间,总书记还采摘了一个红红的大苹果。

硕果累累的丰收景象,陕北大地上翻天覆地的变化,让当年曾与陕北老乡们一起"面朝黄土背朝天,抢起老镢头干活"的总书记称赞:这就是农业现代化,你们找到了合适的产业发展方向。

什么是农业现代化? 2020年同出席全国两会人大代表、政协委员共商国是时,习近平总书记回忆起当年在陕北插队时,让乡亲们大胆想想幸福生活还有什么更高的境界。

乡亲们的回答是——将来上山干活就挑着"金扁担"。

"这个'金扁担',我就理解为农业现代化。"

农民怎样才能挑上"金扁担"? 习近平总书记语含真情:"我们这一代人有这样一个情结,一定要把我们的老百姓特别是我们的农民扶一把,社会主义道路上一个也不能少,共同富裕、全面小康,大家一起走这条路。"

这样的情结时刻萦绕在总书记的心头。2015年2月13日,习近平总书记回延安时,专程到山上考察苹果产业发展。延川县文安驿镇梁家河村民张卫庞对当时的情景记忆犹新。

张卫庞是总书记插队时的"小伙伴",当年的日子非常恓惶。为了帮补张卫庞,习近平把自己的口粮送给他,与他们一家人一块吃饭。

回到梁家河,见到张卫庞,"生活怎么样,吃些什么?""能吃上大米吗,常有肉吗?"总书记问得非常急切、细致。

"现在光景好了,顿顿大米、白面,肉什么时候想吃就什么时候吃。"

听到张卫庞的回答,总书记舒心地笑了。随即,总书记又问:"退耕还林了,你地里种些什么?"

"坝地种5亩,还有10亩苹果。"

"你还种苹果,收入怎样?"

"初挂果,收入两万多。"

"在哪一块?""木军塬山上。""一会去山上看看苹果……"村民说,去山上看苹果,是习近平总书记临时加的行程。木军塬山上的苹果园,当年一颗汗珠摔八瓣、"种一帽克篓儿，收一鞋克篓儿"（陕北方言，广种薄收之意）的土地，种苹果能给"小伙伴"们丰厚的馈赠，总书记怎能不亲眼去看一看?!

陡峭的山路成了柏油路，运送东西再不用"人肩扛了"。习近平总书记来到山上的果园，深情的话语里饱含急切与期待：这里适宜种苹果吗？一亩收入有多少？村民懂技术吗？打什么品牌……

时隔7年，习近平总书记来到了黄土地上的南沟村。山上红红的大苹果，宛若优美的答卷，回答了总书记2015年的疑问，更诠释着新时代的巨变。如今，苹果已成为延安农民的致富果、幸福果。一个个红红的大苹果，背后连着支撑脱贫攻坚、乡村振兴的"大产业"。目前，延安苹果栽植面积331万亩，年产400万吨，占全国的九分之一，陕西的三分之一，让80多万果农挑上了"金扁担"，生活越来越好。在南沟村苹果洗选车间外，习近平总书记深情地对老乡们说，大力发展苹果种植业可谓天时、地利、人和，这是最好的、最合适的产业，大有前途。

老乡们过上了好日子，但还要继续努力往前走，让生活越来越美好。

共产党当家就是要为老百姓办事，把老百姓的事情办好。

空谈误国，实干兴邦。要认真学习贯彻党的二十大精神，全面推进乡村振兴，把富民政策一项一项落实好，加快推进农业农村现代化，让老乡们生活越来越红火。

红红的苹果，深深的爱。习近平总书记"心里就想着怎么样让大家生活好起来"的殷切话语，激励着延安人民坚定地跟着共产党，踏上新征程，向着新的奋斗目标，出发！

（三）散文两篇

日　出①

刘白羽

登高山看日出，这是从幼小时就对我有魅力的一件事。

落日有落日的妙处，古代诗人在这方面留下不少优美的诗句，如像"大漠

---

① 刘白羽：《刘白羽散文选》，人民文学出版社2009年版。

孤烟直，长河落日圆""落日照大旗，马鸣风萧萧"。可是再好，总不免有萧瑟之感。不如攀上奇峰陡壁，或是站在大海岩头，面对着弥漫的云天，在一瞬时间内，观察那伟大诞生的景象，看火、热、生命、光明怎样一起来到人间。但很长很长时间，我却没有机缘看日出，而只能从书本上去欣赏。

海涅在《哈尔次山游记》中曾记叙从布罗肯高峰看日出的情景：我们一言不语地观看，那绯红的小球在天边升起，一片冬意朦胧的光照扩展开了，群山像是浮在一片白浪的海中，只有山尖分明突出，使人以为是站在一座小山丘上。在洪水泛滥的平原中间，只是这里或那里露出来一块块干的土壤。善于观察大自然风貌的屠格涅夫对于俄罗斯原野上的日出，却作过精辟的描绘：

朝阳初升时，并未卷起一天火云，它的四周是一片浅玫瑰色的晨曦。太阳，并不厉害，不像在令人窒息的干旱的日子里那么炽热，也不是在暴风雨之前的那种暗紫色，却带着一种明亮而柔和的光芒，从一片狭长的云层后面隐隐地浮起来，露了露面，然后就又躲进它周围淡淡的紫雾里去了。在舒展着云层的最高处的两边闪烁得犹如一条条发亮的小蛇：亮得像擦得耀眼的银器。可是，瞧！那跳跃的先柱又向前移动了，带着一种肃穆的欢悦，向上飞似的拥出了一轮朝日……

可是，太阳的初升，正如生活中的新事物一样，在它最初萌芽的瞬息，却不易被人看到。看到它，要登得高，望得远，要有一种敏锐的视觉。从我个人的经历来说，看日出的机会，曾经好几次降临到我的头上，而且眼看就要实现了。

一次是在印度。我们由马德里经孟买、海德拉巴、帮格罗、科钦，到翠泛顿。然后，沿着椰林密布的道路，乘三小时汽车，到了印度最南端的科摩林海角。这是出名的看日出的胜地。因为从这里到南极，就是一望无际的、碧绿的海洋，中间再没有一片陆地。因此，这海角成为迎接太阳的第一位使者。人们不难想象，那雄浑的天空，苍茫的大海，从黎明前的沉沉暗夜里，升起第一线曙光，燃起第一支火炬，这该是何等壮观。我们到这里来，就是为了看日出。可是，听了一夜海涛，凌晨起来，一层灰蒙蒙的云雾却遮住了东方。这时，拂拂的海风吹着我们的衣襟。一卷一卷的浪花拍到我们的脚下，发出柔和的音响，好像在为我们惋惜。

还有一次是登黄山。这里也确实是一个看日出的优胜之地。因为黄山狮子林，峰顶高峻。可惜人们没有那么好的目力，否则从这儿俯瞰江、浙，一直到海上，当是历历可数。这种地势，只要看看黄山泉水，怎样像一条无羁的白龙，直泄新安江、富春江，而经钱塘入海，就很显然了。我到了黄山，开始登山时，鸟语花香，天气晴朗，收听气象广播，也说二三日内无变化。谁知结果却逢到了徐霞客一样的遭遇："浓雾迷漫，抵狮子林，风愈大，雾愈厚……雨大至……"只听了一夜风声雨声，至于日出当然没有看成。

但是，我却看到了一次最雄伟、最瑰丽的日出景象。不过，那既不是在高山之巅，也不是在大海之滨，而是从国外向祖国飞航的飞机飞临的万仞高空上。现在想起，我还不能不为那奇幻的景色而惊异。是在我没有一点准备，一丝预料的时刻，宇宙便把它那无与伦比的光华、丰彩，全部展现在我的眼前了。这就把我的心灵一下吸引住，一下照得通红。那是1958年8月24日，我从莫斯科搭机东飞塔什干。在机场上，黑夜沉沉，满天繁星。三点四十分钟起飞，飞到空中，向下俯视，只见在黑天鹅绒一般的夜幕之下，莫斯科大片灯火，像亿万细小的钻石熠熠放明，它如同一条狭窄的暗红色长带，带子的上面露出一片清冷的淡蓝色晨曦，晨曦上面高悬着一颗明亮的启明星。飞机不断向上飞翔，愈升愈高，也不知穿过多少云层，远远抛开那黑沉沉的地面。飞机好像唯恐惊醒人们的安眠，马达声特别轻柔，两翼非常平稳。这时间，那条红带，却慢慢在扩大，像一片红云了，像一片红海了。暗红色的光发亮了，它向天穹上展开，把夜空愈抬愈远，而且把它们映红了。下面呢？却还像苍莽的大陆一样，黑色无边，这是晨光与黑夜交替的时刻。你乍看上去，黑色还似乎强大无边，可是一转眼，清冷的晨曦变为磁蓝色的光芒。原来的红海上簇拥出一堆堆墨蓝色云霞。一个奇迹就在这时诞生了。突然间从墨蓝色云霞里矗起一道细细的抛物线，这线红得透亮，闪着金光，如同沸腾的溶液一下抛溅上去，然后像一支火箭一直向上冲，这时我才恍然觉得这就是光明的白昼由夜空中迸射出来的一刹那。然后在几条墨蓝色云霞的隙缝里闪出几个更红更亮的小片。开始我很惊奇，不知这是什么？再一看，几个小片冲破云霞，密接起来，溶合起来，飞跃而出，原来是太阳出来了。它晶光耀眼，火一般鲜红，火一般强烈，不知不觉，所有暗影立刻都被它照明了。一眨眼工夫，我看见飞机的翅膀红了，窗玻璃红了，机舱座里每一个酣睡者的面孔红了。这时一切一切都宁静极了，宁静极了。整个宇宙就像刚诞生过婴儿的母亲一样温柔、安静，充满清新、幸福之感。再向下看，云层像灰色急流，在滚滚流开，好把光线投到大地上去，使整个世界大放光明。我靠在软椅上睡熟了。醒来时我们的飞机正平平稳稳，自由自在，向东方航行。黎明时刻的种种红色、灰色、黛色、蓝色，都不见了，只有上下天空，一碧万顷，空中的一些云朵，闪着银光，像小孩子的笑脸。这时，我忘掉了为这一次看到日出奇景而高兴，而喜悦，我却进入一种庄严的思索，在体会着"我们是早上六点钟的太阳"这一句诗那般最优美、最深刻的含意。

风[①]

杨绛

为什么天地这般复杂地把风约束在中间？硬的东西把它挡住，软的东西把它牵绕住。不管它怎样猛烈地吹；吹过遮天的山峰，洒脱缭绕的树林，扫过辽阔的海洋，终逃不到天地以外去。或者为此，风一辈子不能平静，和人的感情一样。

也许最平静的风，还是拂拂微风。果然纹风不动，不是平静，却是酝酿风暴了。蒸闷的暑天，风重重地把天压低了一半，树梢头的小叶子都沉沉垂着，风一丝不动，可是何曾平静呢？风的力量，已经可以预先觉到，好像蹲伏的猛兽，不在睡觉，正要纵身远跳。只有拂拂微风最平静，没有东西去阻挠它：树叶儿由它撩拨，杨柳顺着它弯腰，花儿草儿都随它俯仰，门里窗里任它进出，轻云附着它浮动，水面被它偎着，也柔和地让它搓揉。随着早晚的温凉、四季的寒暖，一阵微风，像那悠远轻淡的情感，使天地浮现出忧喜不同的颜色。有时候一阵风是这般轻快，这般高兴，顽皮似的一路拍打拨弄。有时候淡淡的带些清愁，有时候润润的带些温柔；有时候亢爽，有时候凄凉。谁说天地无情？它只微微的笑，轻轻的叹息，只许抑制着的风拂拂吹动。因为一放松，天地便主持不住。

假如一股流水，嫌两岸缚束太紧，它只要流、流、流，直流到海，便没了边界，便自由了。风呢，除非把它紧紧收束起来，却没法儿解脱它。放松些，让它吹重些吧；树枝儿便拦住不放，脚下一块石子一棵小草都横着身子伸着臂

---

① 杨绛：《杨绛散文》，浙江文艺出版社 1998 年版。

膀来阻挡。窗嫌小，门嫌狭，都挤不过去。墙把它遮住，房子把它罩住。但是风顾得这些么？沙石不妨带着走，树叶儿可以卷个光，墙可以推倒，房子可以掀翻。再吹重些，树木可以拔掉，山石可以吹塌，可以卷起大浪，把大块土地吞没，可以把房屋城堡一股脑儿扫个干净。听它狂嗥狞笑怒吼哀号一般，愈是阻挡它，愈是发狂一般推撞过去。谁还能管它么？地下的泥沙吹在半天，天上的云压近了地，太阳没了光辉，地上没了颜色，直要把天地捣毁，恢复那不分天地的混沌。

不过风究竟不能掀翻一角青天，撞将出去。不管怎样猛烈，毕竟闷在小小一个天地中间。吹吧，只能像海底起伏鼓动着的那股力量，掀起一浪，又被压伏下去。风就是这般压在天底下，吹着吹着，只把地面吹起成一片凌乱，自己照旧是不得自由。末了，像盛怒到极点，不能再怒，化成恢恢的烦闷懊恼；像悲哀到极点，转成绵绵幽恨；狂欢到极点，变为凄凉；失望到极点，成了淡漠。风尽情闹到极点，也乏了。不论是严冷的风，蒸热的风，不论是哀号的风，怒叫的风，到末来，渐渐儿微弱下去，剩几声悠长的叹气，便没了声音，好像风都吹完了。

但是风哪里就会吹完了呢。只要听平静的时候，夜晚黄昏，往往有几声低吁，像安命的老人，无可奈何的叹息。风究竟还不肯驯伏。或者就为此吧，天地把风这般紧紧的约束着。

（四）解说词选段

卵石之上奶桶之内，带皮焖烤的羊肉汁水丰盈，有着独特的炙烤香，极致的味觉体验在羊胸口，刀锋过处，张力十足的油脂迎刃绽开，绵密浓烈，余香满口。

（《风味人间》）

这是盐的味道。山的味道，风的味道，阳光的味道，也是时间的味道，人情的味道。这些味道，已经在漫长的时光中和故土、乡亲、念旧、勤俭、坚忍等等情感和信念混合在一起，才下舌尖，又上心间，让我们几乎分不清哪一个是滋味，哪一种是情怀。

（《舌尖上的中国》）

早上一睁眼，是先躺一会还是立刻起床？一天就这样从选择开始，人生是一场漫长的考试，大大小小的选择题，怎么也做不完。有时候选错了，大不了扣两分，但是在医院里，一旦选错了，就再也没有回头路可走。

（《急诊室故事》）

他的一生，不断地与奇迹相遇。这双眼见证过越王勾践剑出鞘时的锋芒，两千年一遇绝无仅有；这只手温柔地拂去了云梦秦简的尘埃，澄清了历史，将真相揭开；他的双脚一步一步，走过许多震惊世界的考古发现；他的身影伏案桌前，在一个又一个夏秋冬春，不曾停歇。七十八年的漫漫人生，他与湖北考古事业紧紧相连。

（《国家宝藏》）

（五）新闻时评

把好山好水好风光融入城市①

大大小小的公园，点缀成片的绿地，绵延起伏的绿道……如今在城市漫步，处处可见美丽风景。一些地方践行"公园城市"理念，推动城市建设向着更加宜居的目标稳步迈进。

城市发展不仅要追求经济目标，还要追求生态目标、人与自然和谐的目标。习近平总书记指出，"让城市融入大自然，让居民望得见山、看得见水、记得住乡愁"。将环境容量和城市综合承载能力作为确定城市定位和规模的基本依据，建设人与自然和谐共生的美丽城市，是全面推进美丽中国建设的应有之义。

新时代以来，我国把保护城市生态环境摆在突出位置，坚持尊重自然、顺应自然，依托现有山水脉络等独特风光推进城市建设，持续拓展城市生态空间，建设国家园林城市、国家森林城市，推进城市公园体系和绿道网络建设，大力推动城市绿化，让城市再现绿水青山。2012—2021 年，城市建成区绿化覆盖率由 39.22% 提高到 42.06%，人均公园绿地面积由 11.8 平方米提高到 14.78 平方米。

以自然为美，就要坚持把好山好水好风光融入城市。比如，北京持续推进

---

① 《把好山好水好风光融入城市》，《人民日报》2023 年 10 月 27 日。

"留白增绿"和"大尺度绿化"，千余座公园分布在首都的各个区域；广东深圳选取街道边角地或小区闲置绿地，打造出一个个家门口的美丽花园；江苏泗洪培育应用大量乡土树种，凸显城市本土特色。科学谋划、精细落实，就能让城市生态空间更加亮丽，百姓生活空间更加舒适美好。

城市生态空间是城市生命体的有机组成部分，不能随意侵占和破坏。据报道，近期个别城市出现跟风种植网红树种、过度追求景观化、急功近利推动"大树进城"等苗头性、倾向性问题，虽然不是主流，但需要警惕。建设人与自然和谐共生的美丽城市，关系城市生态环境改善，关系人居环境品质和人民生活幸福。充分认识这项工作的重要意义，多措并举、强化落实，才能取得更多实效。

建设美丽城市，必须坚持系统思维，遵循生命共同体的理念。作为城市有生命的基础设施，城市绿化应按照生态系统的整体性、系统性及其内在规律，统筹考虑自然生态各要素，给城市生态系统健康稳定、老百姓品质生活留足生态空间。不妨将整个城市建成一个大公园，通过对山水林田湖草沙生命共同体的构建和生态格局优化，实现人、城、境、业的和谐统一。推窗望绿、行路见荫、街角遇绿，当这样的诗情画意触手可及，人们就能更好畅享城市生活。

建设美丽城市，也要按科学规律办事。比如，城市绿化应科学选树、科学种树，尽量选择乡土树种，审慎使用外来树种草种，坚持适地适树原则。除了满足人的需求，也要给动物留下栖息空间，让树林有鸟声蝉噪、草地有蝶飞虫鸣，不断恢复城市生物多样性和城市生态系统完整性。同时，应坚持节俭务实原则，切忌贪大求洋，不搞脱离实际、铺张浪费、劳民伤财的面子工程、形象工程。

美丽城市，一定少不了蓝天碧水、公园绿地。坚定不移走生态优先、绿色发展之路，努力实现生产空间集约高效、生活空间宜居适度、生态空间山清水秀，一座座"公园中的城市"必将成为人与自然和谐共生的美丽家园。

第五章　内在语与对象感

第一节　内在语的把握

播音的内在语是指那些在文字语言中不便表露、不能表露，或没有完全显露出的语句关系和语句本质。中国自古便有"言有尽而意无穷"的审美文化追求，在中国传统文化的长期浸润下，人们日常口语交际和书面语写作中常常使用"话里有话、潜台词、言外之意、弦外之音"等词，意在追求含蓄、中和的意味。

一、"弦外之音"：内在语的作用

内在语对有声语言的表达起着引发、深化的作用，主要表现在两方面。一是连接语言链条，语言链条指的是语句间的逻辑关系，内在语是语言链条的连接点。二是揭示语句本质，语句本质指通过结合语言环境和上下文来确定语句深层的内在含义和态度情感。内在语是语句目的的集中体现，是确定语句重音的重要依据。内在语是态度倾向的真实体现，是确定语气的重要依据。

苏联戏剧家斯坦尼斯拉夫斯基认为戏剧表演中的"潜台词"是"角色明显的、内心感觉得到的'人的精神生活'，它在台词底下不断地流动着，随时都在给予台词以根基，赋予台词以生命"。这里我们可以将戏剧表演中演员处理"潜台词"的方式借鉴到有声语言创作中，将"台词"看作播音员、主持人一度创作的稿件或腹稿，其主要功能为完善逻辑关系、确定主次关系及感情色彩。

二、内在语的分类

（一）用在开头部分

播音员、主持人在节目、层次、段落等的开始处加上适当的词语，或问候或加强语义，把一些文字稿件没有写明的话在心中默念，以将完整的思想感情带动出来。

1. 在呼号台之间

例（括号内为内在语，下同）：

（听众朋友，这里是）中央广播电视总台！

2. 在节目开头

例：

（听众朋友，俗话说得好：）一年之计在于春……

（听众朋友，您知道吗？）在祖国西南边陲的密林深处，有一座边防哨卡。

（各位观众：）您现在收看的是凤凰卫视中文台！

3. 一篇稿件开头

例：

（听众朋友，您知道吗？）现在我们天津市全市每天产生垃圾 4000 吨，其中市内 6 区和新 4 区每天产垃圾 3000 吨。

（正在求职的朋友们，请注意：）一家公司如果在求职面试过程中，只强调美好前景和发展机会，而回避谈论具体的薪资和福利待遇，可能是一个"危险信号"。求职过程中，求职者可能会遭遇一些看似美好，但实则是陷阱的情况。

4. 在一个语句或是段落开头

例：

（市民朋友们：）让我们携起手来，从自身做起，从现在做起，争做绿色出行的践行者、文明交通的参与者、交通法规的遵守者，让我们的城市多一份文明、多一份绿色、多一份蓝天、多一份畅通、多一份美好！

（司机朋友：）车祸往往出在一瞬间，但它给人留下的痛苦和损失却是深刻而深远的。

（二）用于强化逻辑关系

提示性内在语是用于节目、篇章之前或段落、层次、语句之间的，有利于语言链条的连接，有助于更合理、自然地引发话语，更鲜明、准确地表达语句的逻辑关系，更恰切地转换或衔接上下句的语气，更好地与受众形成交流。

例：

（因为）人们都说"桂林山水甲天下"，（所以）我们乘着木船荡舟漓江，来观赏桂林的山水。

（虽然）你不说，（但是）我理解。

她打了一个寒颤，（虽然）风又掀起她的衣襟，（但是）这次她没有去拉。

（当然）车祸问题是个全社会的问题，需要各个方面配合解决，（然而）在这里，我们谨向司机同志进言。

一次意外丈夫去世了。对于她，这打击更是加倍的，（因为）她失去的，（不仅）是生活上的爱侣，也是艺术上的合作伙伴。

她还是从前的她，沉寂了数年，丝毫（也）没有影响到她的艺术水准，她（依然）是滑冰场上轻盈的精灵。

中国不坚持走社会主义道路不行，（而）不改革开放也不行。（因为）我们不能再耽误了，（所以说）改革开放的胆子要再大一点，步子要再快一点，（从而）使得经济发展的步子更快一些。

（虽然）有些人背上没有包袱，（并且）也有联系群众的长处，但是不善于思考，（也）不愿多动脑筋，结果仍然做不成事业。

望着在寒风中摇曳的梅花，我（不仅）被梅花的色、香、韵的外形美所吸引，（同时也）为梅花那种坚贞高洁、顽强不屈的品质所折服。

这种意境要告诫人们，（无论）在何时何地，（都）要像寒风中梅花一样，不畏艰难，不惧权贵，堂堂正正做人，踏踏实实做事。

后来，牛的主人寻来了，恼羞成怒的主人扬起长鞭狠狠地抽打在瘦骨嶙峋的牛背上，牛被打得皮开肉绽、哀哀叫唤，（但）还是不肯让开。

（当下）我国正处在工业化、城镇化加快发展的阶段，（因而）将有越来越多的农村富余劳动力逐渐转移到非农产业和城镇中来，（所以）大量农民工在城乡之间流动就业在我国将长期存在，（因此）解决好农民工问题，既是关系改革发展稳定全局的迫切任务，也是建设中国特色社会主义的战略任务。

（三）用于表明寓意性内涵

寓意是指蕴含在文字中的没有直接表现的深层含义，也是人们常说的"弦外之音"的意思。要想播出寓意性内在语，需要结合上下文的语境挖掘语句的本质。

例：

但是擦着白粉，颧骨没有这么高，嘴唇也没有这么薄，而且终日坐着，我也没有见过这圆规式的姿势。（"圆规"暗示杨二嫂的尖酸刻薄）

突然，一只老麻雀从一棵树上飞下来，像一块石头似的落在猎狗面

前。它扎煞起全身的羽毛，绝望地尖叫着。（通过麻雀的行动力赞颂母爱的伟大）

孔乙己是站着喝酒而穿长衫的唯一的人。（指明孔乙己身份的同时，又揭示其性格特征："穷困潦倒却又死要面子"）

如今中国正迈入老龄化社会，子女当常思"风树之悲"，在精神、物质各方面及时尽孝，莫等到"树欲静而风不止，子欲养而亲不待"。（寓意当代中国子女在老人在世时不重视孝道）

（四）用于表明提示性作用

内在语用于语句、段落、层次之间，是为了解决上下句语气衔接的问题，目的是替听众提问。

1. 设问呼应
例：

若是单单有阳光，那也算不了出奇。（济南的冬天可不止阳光，还有更加美好的事物，且听我往下说）

大雪整整下了一夜，早晨，天放晴了，太阳出来了。推开门一看，嗬！（可不是嘛！）好大的雪啊！

听众朋友，今天早上在市政府门口发生了一件怪事儿：（什么事儿呢？）一位居民提着一口铁锅要找市长讲理。

最近，有一本书像这几天的天气一样突然热了起来。（热到什么程度？）在北京图书大厦，最多一天卖到了500本，营业员套用书名，开玩笑地说：非正常。（到底什么书呢？）这本热火朝天的书就是《我的非正常生活》，由于是一本近似于自传性质的书籍，所以它的作者洪晃也在一夜之间热了起来。

他打开包裹一看，里面（是什么呀？哦，原来……）是个小纸条。

他风风火火地跑上楼，推开门一看，孩子（怎么了?!）正甜甜地睡着呢，这才松了一口气。

爷爷已经很衰老了。（什么样呢?）他行动迟缓，耳聋眼花，吃起饭来，鼻涕口水一个劲儿地流。可是他的儿子儿媳嫌他脏，不让他同桌吃饭，把爷爷一个人赶到墙角去吃饭。

2. 提示关注
例：

（需要注意的是）光是向会议正式报到的人，带来的小轿车就有 84 部，相当一部分是进口车。

（请注意防暑）我国于今日正式进入大暑节气，一年中最热的时节来到了。

本台消息：根据对全国残疾人抽样调查的结果推算，我国各类残疾人的总数约有 5164 万人。这是一个值得全社会关注的数字。（这么庞大的数字!）

（市民请注意）今年第 9 号台风"威马逊"于 7 月 18 日 5 时加强为超强台风级，其中心位于海南省文昌市东偏南方向大约 235 公里的南海中部海面上，中央气象台继续发布台风红色预警。

3. 表现情态
例：

她微笑着，像一朵含苞欲放的、纯白色的蔷薇花。（她的笑多么美丽呀!）

双腿瘫痪后，我的脾气变得暴怒无常。（暴怒无常的表现有）望着望着天上北归的雁阵，我会突然把面前的玻璃砸碎；听着听着李谷一甜美的歌声，我会猛地把手边的东西摔向四周的墙壁。

2 月 5 日 13 时 50 分左右，正在当班的扳道员谭定德听说变压器旁有个小孩被电击倒了，心里一怔：(不好!) 儿子正在那儿玩，莫不是他？

清晨，我到公园去玩，一进门就闻到了一阵清香，(啊! 荷花!) 我赶紧向荷花池走去。

等我完全清醒过来，看看身边熟睡的妻子和女儿，女儿的脸蛋儿犹如红苹果。(女儿的脸蛋儿多么可爱呀!)

"砰"的一声，张某一脚踢开炊事班的门。(怎么回事儿?) 炊事班战士小梁见这情景，先是一愣，接着上前询问。

4. 展示过程

例：

当他确信无问题时，便全身用力地一收缩，然后猛一伸张，双脚向石壁猛劲一蹬，全身一纵，他就像一粒小弹丸从巨石上射出去了，飞在空中，飞向奶头山的树梢。(速度之快令人难以想象) 战士们顿时全身一惊，还没来得及呼出一口气，小弹丸似的栾超家已挂在奶头山伸过来的树梢上了。

当她拿叉子的时候，手抖得非常厉害，以至于手中的叉子滑落下来。(她真的太饿了!) 饥饿折磨得她竟像老人一般颤巍巍地摇着头。她不得不用手指拿起肉吃，当她把一块马铃薯塞进嘴里时，忽然哽咽地哭泣起来。两行大滴的泪珠顺着面颊流了下来，滴在了面包上。

这个时候，天空中再次飞来了一架直升机。霎时，母亲的脑海里闪过一个可怕的念头，(无论如何要让直升机发现自己的位置) 她抓起身边的一块岩石碎片，放在自己的左手腕上，用力地割了下去!

有一天，老爷爷端着瓷碗在墙角蹲着吃饭。时间长了，他想挪动一下。一个不小心，"啪"瓷碗掉地下了。(这下可坏了) 儿媳见了就破口大骂，"啊呀! 你这老不死的! 你怎么把家里东西全打坏了呢! 你这么大岁数，待在家里边，什么事也不做，有什么用呢？好啦，明天哪，你就拿木盆吃饭吧!"

我接过来一看,(可不是嘛!)横是横,竖是竖,补得就是不错!

她们发现好几架救援直升机从天空掠过,但无论她们如何向直升机示意,始终没有人能发现她们。(就这样)走着走着,体力不支的母亲,一个踉跄,脑袋栽在了石头上,鲜血立即涌了出来。

5. 感叹强调

例:

"这哪是我孙子,是我邻居家的孩子啊!"(你弄错了!)

在抗战中,300万国民党川军出川抗战,64万多人伤亡,其中阵亡263991人,负伤356267人,失踪26025人,有些人被编织到了其他的军队继续进行战争,回到故乡的人不到十分之一!(多么壮烈!)

央企交出亮眼成绩单 单月利润突破2000亿元。(中国了不起,发展快)

当了三年"大侠"的阿宝竟是个妹子,(怎么回事呢?)在美出生的大熊猫阿宝近日因为性别乌龙事件延期回蓉。

中国抗日战争作为世界反法西斯战争的重要组成部分,抗击和牵制了日本陆军总兵力的三分之二以上,中国军民伤亡达3500多万人。(多么伟大!)

百姓信服的"法官姜大姐"——从事审判工作30年,近10年审判案件超5000件,总结出七大工作法,所办案件无一错案……(太不容易了!)

(五)回味性内在语

回味性内在语指用内在语把前句和结尾处的深刻寓意体现出来,并造成一种耐人寻味的氛围，或对前句句尾语势所表现的色彩有引申、指向和强化作用，或营造某种意境和氛围，引人有所思、有所感、有所憧憬、有所遐想。

例：

英子走过院子，看着垂落的夹竹桃花，她想，爸爸的花落了，我也不再是小孩子了。（祥和、安逸的生活停止了，英子的童年也结束了）

这幅画一直挂在我的书桌前，多年来不曾换掉，因为我需要它。（它常常催我向上）

当我翻开尘封的相册时，回忆曾经那些潮来潮往的阴影和停息；我不想让想念打破天窗，让我的阳光换成泪光。（往事不堪回首）

他们是世界闻名的双人花样滑冰运动员，生活中是恩爱夫妻，一次意外丈夫去世了。这对于常人无疑是一次巨大的打击。对于她，这打击更是加倍的，从此，她远离了滑冰场。（滑冰场是她内心永久的痛）

由此看来，这曲子实在有弹奏的必要，这种呼唤、追忆、感伤、幻想都是赤裸裸地看到我们身处现实的孤独与伪善，所以琴声一响，举目凄凉……（茫然无措）

少儿节目较多的用反问式回味。
例：

朋友之间一定要好好相处，小朋友，你们说对吗？（当然是对的！）

或是用反问语气讲道理。
例：

开着小轿车到北京要扶贫款，要来了钱，但是丢失的是什么呢？（丢失的是人心）

如果下一代青年才俊，或沉迷于题海之中不能自拔，或被父母、社会捧托于手心呵护备至，或连一场考试都不能忍受窗外偶尔的汽车鸣笛而需要父母以人墙拦路相护，那么，他们还会有多少勇气和智慧、理性和激情去创造一个崭新的中国呢？（他们是没有勇气、智慧创造一个崭新的中国的！）

虽说现在生活好了，可离"小康水平"还差得远呢。咱们能只顾眼前乐，忘了大目标吗？（您说是不是呢，听众朋友？）

超市散装食品是公开销售，所有不符合法律规定的销售行为，都看得清清楚楚。如：一些食品没有明确生产日期，一些食品裸露在外面。这些显而易见的现象，绝非短期存在，既如此，为何笔者能看到，监管部门却"看不到"？（讽刺相关执法部门不作为）

又例：

床前明月光，疑是地上霜。举头望明月，低头思故乡。（思乡的意境）

古道西风瘦马，夕阳西下，断肠人在天涯（孤独的意境）。

没有一个冬天不可逾越，没有一个春天不会来临。（任何时候，即使深陷泥潭，即使内心纠结、焦虑，也要努力变成更好的独一无二的自己，通过自己的努力，走出人生的冬天）

泪水洒在那张还没有填写志愿的报名单上。她掏出手绢儿，轻轻拭去泪痕，珍惜地把那张纸夹在英语课本里，两肘支在书桌上，对着一盏孤灯，思绪茫然……（那是多么艰难的抉择啊！）

天上，新月朦胧；地上，琴声缥缈；天地之间，久久回荡着这琴声，如清泉淙淙，如絮语呢喃，如春蚕吐丝，如孤雁盘旋……（真美啊！）

梁上挂着一尺白绫，风丝丝缕缕地挤入，那白绫便有了神采，有了类似飞翔的美感。（无限悲凉）

（六）提供线索

有些文章中，在一些段落、层次和全文结尾处会重复出现相同的句子对这种线索式出现的句子，应结合上下文和主题，设计相应的回味性内在语，找到恰当的语气，从而达到调动受众想象、深化主题、加深印象的目的。

例：

红酥手，黄縢酒。满城春色宫墙柳。东风恶，欢情薄。一怀愁绪，几年离索。错、错、错。

春如旧，人空瘦。泪痕红浥鲛绡透。桃花落，闲池阁。山盟虽在，锦书难托。莫、莫、莫。

开头：轻轻的我走了，正如我轻轻的来。

结尾：悄悄的我走了，正如我悄悄的来。

美丽的电话号码①

一天，正走在路上，手机响了，（会是谁呢？）话筒里是个稚嫩的小女孩的声音："爸爸，你快回来吧，我好想你啊！"凭直觉，我知道又是个打错的电话，因为我没有女儿，只有一个6岁的儿子，这年头发生这样的事情实在不足为奇。我没好气地说了声："打错了！"便挂断了电话。

接下来的几天里，那个电话便时不时地打过来，（还有完没完?!）搅得心烦，我有时态度粗暴地回绝，有时干脆不接。

那天，电话又一次打来，（真讨厌！）与往常不同的是，在我始终未接的情况下，那边一直坚持不懈地打着。我终于耐住性子开始接听，还是那个女孩有气无力的声音："爸爸，爸爸，你快回来吧，我好想你啊！妈妈说这个电话没打错，是你的手机号码，爸爸，我好疼啊！妈妈说你工作忙，天天都是她一个人照顾我，都累坏了。爸爸，我知道你很辛苦，如果来不了，你就在电话里再吻妞妞一次，好吗?"孩子天真的要求不容我拒绝，我对着话筒很响地吻了几下，就听到孩子那边断断续续的声音："谢

---

① 《美丽的电话号码》，参见 https://www.chazidian.com/gushi596141.

谢……爸爸，我好……好高兴，好……幸福……"

就在我逐渐对那个错打的电话产生兴趣的时候，以后的几天里，电话却莫名其妙地消失了。（为什么呢？）

终于，我忍不住照着号码打了过去，（我想找到答案）接电话的不再是女孩，而是一个低沉的女人声音："对不起，先生，这些日子一定给你添了不少麻烦，我本想处理完事情就给你打电话道歉的。这孩子命很苦，生下来就得了骨癌，她爸爸不久前又被一场车祸夺去了生命。我实在不敢把这个消息告诉她，每天化疗时的疼痛，已经折磨得孩子够可怜了。当疼痛难以忍受的时候，她嘴里总是呼喊着爸爸，我实在不忍心看孩子这样，就随便编了个电话号码，没想到竟打给了你……""孩子现在怎么样了？"我迫不及待地问。"妞妞已经走了，你当时一定是在电话里吻了她，因为她是微笑着走的，临走时小手里还紧紧地攥着那个能听到爸爸声音的手机……"

不知什么时候，我眼前已模糊一片……

（七）起反语作用

有的内在语直接体现了语句表层意义与深刻内在含义的对立关系或对比关系。

1. 对立型反语内在语

语句深层内在含义与文字表层意义相对立，比如一种是表现讽刺或是鞭挞，另一种是表达亲密关系。

例：

几个女人有点失望，也有些伤心，各人在心里骂着自己的狠心贼。（"狠心贼"指女人们的丈夫，"骂"背后隐藏着想念）

明明不小心打碎了书架上的花瓶，爸爸回来看到后说："你，真好啊！"（"真好啊"其实指的是"看看你干的坏事"）

你们这些人民的好公仆（此处指令人憎恶的贪官污吏）呀，你们干得那些贪污腐败的事，真是件件都是在为人民服务呐。

不就是天空晴朗了一些，空气清新了一些，晚霞漂亮了一些吗，这不都是自然现象吗，有什么好稀奇的？但是仔细想想，久居城市的我们，有多久没有见过这么晴朗的天空，呼吸过这么清新的空气，欣赏过这么美丽的晚霞了？（谁不重视环保问题都不行）

连动物试验还没过，也没谈"剂量"，就抛出大而化之的"茶水能抑制病毒"这一结论，显然有失妥当。（提出科研结论宜更审慎）

小明刚刚学会拉小提琴，很有兴趣，常常拉琴至半夜。张大爷一早看见他就说："小明，你学琴太刻苦了。"（一方面，说明小明用功；另一方面，说明小明的练琴声已经打扰到张大爷休息了）

2. 非对立型反语内在语

语句本质与表层意思同向同质，但在表达的语气中需渗入一定的与语句意义有别的甚至是相对的色彩。

例：

正因为这样，所以马克思是当代最糟嫉恨和最受污蔑的人。各国政府——无论专制政府或共和政府——都驱逐他；资产者无论保守派或极端民主派——都纷纷争先恐后地诽谤他、诅咒他。

当一个人专注于他所热爱的事物的时候，纵使有再多的人诋毁他、污蔑他、打击他、排斥他、诽谤他，他仍会置之不理。（"诋毁"等带有否定色彩的贬义词，是为了突出此人的执着、坚持）

很多人难以理解，一些贪官官至部级甚至更高位置，还缺什么啊？归根结底，问题出在他们思想防线的失守，一旦缺了信念，没了底线，打开了贪婪的闸门，就像吸食了"精神鸦片"一样不能自拔。（为官者思想战线不能失守啊！）

一代人有一代人的历史使命和责任担当。"逃兵"故事在提醒中国教育，提醒更多父母，该放手时则放手。（父母庇护式的关爱只能导致孩子

临阵脱逃）

　　然而，城管有"秘籍"，摊贩有"绝招"，双方势同水火，政府形象因此受到影响，各地摊贩与城管之间发生的数起命案，更为社会稳定埋下隐患。（应想办法解决矛盾）

3. 双关型反语内在语
利用语音或语意的关系，使语句同时兼顾两种事物的内在语。
例：

　　此前在人们的印象中，环保局相对而言是个"清水衙门"。近年来，腐败为何迅速向环保部门蔓延，甚至使之成为"重灾区"之一？（辛辣讽刺，再不制止，将是国之不幸！）

　　然而，真正的问题，似乎也应该从那些习惯于送礼、有权力送礼、有资源送礼的群体入手，约束那些习惯了"不送礼、无生活"的特权人士，教师群体才可能会失去收礼的机会。否则，禁止教师收礼就会变成一个"今年过节不收礼，收礼只收……"的命题。（归根结底还是不能禁止教师收礼啊！）

　　"雅"要地位，也要钱。古今并不两样，但古代的买雅，自然比现在便宜；办法也并不两样，书要摆在书架上。或者抛几本在地板上，酒杯要摆在桌子上，但算盘却要放在抽屉里，或者最好放在肚里。（讽刺附庸风雅之人的种种可笑行为！）

4. 反问型反语内在语
通过反问来表达确定意思的内在语。
例：

　　"这种现象一再发生，难道失去的就仅仅是土地吗？"（失去的当然不止土地！）

"我们怎么能忘记你和我们的深厚友谊呢？"（不能忘记！）

中国人死都不怕，还怕困难吗？（显然，也不怕！）

难道警方选择性忘记《刑法》总则中正当防卫免责了吗？"踢人"行为对制止深夜猥亵女子的行为来说，难道过分吗？（一点儿都不过分！）

长而空不好，（难道）短而空就好吗？（其实也不好！）

如果本来一个科员主要的工作就是坐办公室，用不着车，那现在按级别每个月还发500块钱，多花这个钱干什么？（多花这个钱没用！）

深夜之中出手相救本来就需要莫大的勇气和正义感，即便是对犯罪嫌疑人造成一定伤害，也是救助者意料之外和犯罪嫌疑人咎由自取，何来负刑事责任一说？（本来就不用负刑事责任。）

如果官员可以用肖像权作为报道抗辩的话，那么，"表哥""微笑哥""房叔"等不良官员是不是也可用肖像权、隐私权来主张媒体责任呢？（当然不能！）

第二节　对象感的把握

一、对象感的含义和作用

所谓"对象感"，是指有声语言创作主体在话筒前和镜头前播讲时对播讲对象的设计和把握。播讲主体只有感受到了真实的传播对象的存在，才能持续拥有稳定的播讲心理状态，进而调动恰切的思想感情进行有声语言创作。

例（1）：

仿佛一个暮春的早晨，霏霏的毛雨默然洒在我脸上，引起润泽，轻松的感觉。新鲜的微风吹动我的衣袂，像爱人的鼻息吹着我的手一样。我立的一条白矾石的甬道上，经了那细雨，正如涂了一层薄薄的乳油，踏着只觉越发滑腻可爱了。

　　这是在花园里。群花都还做她们的清梦。那微雨偷偷洗去她们的尘垢，她们的甜软的光泽便自焕发了。在那被洗去的浮艳下，我能看到她们在有日光时所深藏着的恬静的红，冷落的紫，和苦笑的白与绿。以前锦绣般在我眼前的，现有都带了黯淡的颜色。——是愁着芳春的销歇么？是感着芳春的困倦么？①

　　在朱自清细腻的笔下，毛毛雨、微风、群花等大自然的意象通过触觉和视觉等感官联动，读之使人心旷神怡，仿佛进入了一个纯净的世外桃源。

　　例（2）：

　　秦淮河的水是碧阴阴的；看起来厚而不腻，或者是六朝金粉所凝么？我们初上船的时候，天色还未断黑，那漾漾的柔波是这样的恬静，委婉，使我们一面有水阔天空之想，一面又憧憬着纸醉金迷之境了。等到灯火明时，阴阴的变为沉沉了：黯淡的水光，像梦一般；那偶然闪烁着的光芒，就是梦的眼睛了。②

　　这篇游记散文是朱自清在五四运动陷入低谷时为排解胸中苦闷，与好友俞平伯相遇同游秦淮河而作。在这段文字中，他描写了秦淮河的水、灯火等意象，也可从侧面看出其心境。

二、对象感的获取与运用

　　关于获取对象感，可以参考日常生活中交流时视觉信息不足的场景，如给外地的朋友打电话或在黑暗的环境下交谈等。在这样的口语传播场景下，人们往往通过想法来弥补视觉的暂时退场所带来的交谈对象副语言形象的缺位。

---

　　① 朱自清：《中国现当代文学名家经典——荷塘月色·朱自清散文集》，新疆人民出版社 2001 年版，第 5 页。

　　② 朱自清：《中国现当代文学名家经典——荷塘月色·朱自清散文集》，新疆人民出版社 2001 年版，第 10 页。

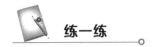 **练一练**

大熊猫①

大熊猫生性顽皮，喜欢爬树，年幼时玩耍爬树，成年后为了享受阳光，躲避敌害上树，甚至求偶追逐交配有时也上树。三岁以下的少年熊猫特别活跃，除爬树外，它们常在地上打滚，与母亲或同胞抓咬、摔跤、嬉戏。野外大熊猫有时会窜入村寨人家住宅，把锅炊用具当作玩具，甚至把铁锅铝盆咬碎吞下，难怪自古有"食铁兽"的雅号。

四川小吃②

四川小吃以成都为中心，能发展到今天的知名度，凝聚着许多创制者和厨师的聪明智慧。同样的水饺，川厨将钟水饺做得精致小巧，50克面粉做成10来个水饺，皮薄馅嫩，成品浇上红油、蒜泥、复制酱油等调料，风味迥然不同。同样的面条，四川的担担面，在勾兑10余种调料的基础上，配以特产的叙府芽菜粒，炒得酥香的肉臊，入口鲜香，诱人食欲。其他如蛋烘糕、赖汤圆、卤肉夹锅盔等数十种四川小吃，也是脍炙人口，深受喜爱。

宫保鸡丁：此菜名与清光绪年间四川总督丁宝桢有关。辣子炒鸡肉丁，外加酥脆花生米，香鲜嫩脆美聚于一盘菜中，与其甜甜酸酸的荔枝味相配伍，深受总督大人喜爱，后因官封太子少保（一般称宫保），故曰宫保鸡丁。该菜作为川菜的招牌菜，早已流传到省外、国外，大凡经营川菜的餐馆，一般都要推出宫保鸡丁。

毛肚火锅：川菜中最为人们推崇和喜爱的麻辣味红汤火锅。它的汤汁麻辣鲜香，引人食欲。汤汁选用牛肉原汤加牛油、辣椒、花椒、冰糖、香料等十多种原料熬制而成，色红味浓。一锅热气腾腾红汁翻滚的鲜汤，实在诱人胃口大开；上百种荤素食原料由自己选择，自烫自食，围着锅边享受自助餐。又麻又辣又烫，吃得你挥汗如雨，刺激得你张嘴咋舌，却又回味无穷。

---

① 四川省旅游局四川省旅游协会编：《四川导游词精选》，中国旅游出版社2023年版，第24页。

② 四川省旅游局四川省旅游协会编：《四川导游词精选》，中国旅游出版社2023年版，第46、49、50页。

川剧的声腔①

"声腔"是戏曲中的一个专用名词。一般是把戏曲中某些音乐和演唱相类似的强调称为一种声腔，或归为一个声腔系统。我国古典戏分为北杂剧和南戏两派，由于流传地域不同，逐渐形成昆山腔、弋阳腔、皮黄和秦腔等四大声腔。一种声腔流传各地，同当地剧种结合，或同各地的语言、音乐相结合，又产生出支派，如昆腔就发展出北昆、川昆、湘昆等，共称昆腔系统。川剧的五种声腔形式，以高腔最有代表性，现在全国几十个剧种中，唯有川剧很好地把高腔保留了下来，成为川剧独具特色的一种声腔。

母亲对孩子的嘱托——带上三句话上路②

你将要远行，孩子，将有一生的岁月等你去走，妈妈我送你三句话带在身边。

第一句话——快乐是一种美德。

孩子，要保持快乐，这是我们穷人最后的奢侈。不要轻易丢掉快乐的习惯，否则我们将更加一无所有。

你要快乐，在每一个清晨或傍晚。你要学会倾听万物的语言，你要试着与你身边的河流、山川、大地交谈。在你经过的每一个村庄，你要留下你的笑声作纪念。在你经过的每一个村庄，你要留下你的笑声作为纪念。这样当多年以后人们再谈起你时，他们会记得当年曾有一个多么快乐的小伙子从这里经过。

快乐是一种美德。无论你背着多少行李，你也不要把它扔到路边的沟里。即使你的鞋子掉了，脚上磨出了血，你也要紧紧地攥着快乐，不和它离开半天。

快乐是一种美德，孩子，这是因为快乐能够传染。你要把你的快乐传染给你身边的每个人，无论他是劳累的农夫还是生病的旅人，无论他是赤脚的孩子还是为米发愁的母亲，你都要把快乐传染给他们，让他们像鲜花一样绽开笑脸。

---

① 四川省旅游局四川省旅游协会编：《四川导游词精选》，中国旅游出版社 2003 年版，第 61 页。
② 李小刀：《母亲对孩子的嘱托——带上三句话上路》，天津人民广播电台《枫叶正红》节目播出稿，2002 年 5 月 12 日播出。

第二句话——不要为一朵花停留太久。

孩子，在你的旅途上，会有许多你没有见过的鲜花开在路边。它们守在溪流的旁边，在风中唱歌跳舞。

孩子，不要忽略它们，我们的眼睛永远不要忽略掉美。你要欣赏它们的身姿和歌声，你要因为它们而感到生活的美好。不管你的旅途多么遥远，不管你的道路如何艰险，你都要和鲜花交谈，哪怕只用你喝点水、洗把脸的时间。

不要看不见满径的鲜花。但我要告诉你，当你沉浸在花香中的时候，不要忘记赶路，不要为一朵花停留太久的时间。

第三句话——为帮过自己的人准备一份礼物。

你会在某一天踩着满地阳光到达。孩子，只要你的身体里流着奔腾的热血，只要你举着火把吓退野兽，你就早晚会抵达那个你想要去的地方。那是远方，那是幸福之乡。就在你打点行装，准备返回的时候，我要对你说，孩子，别忘了为那些帮过自己的人准备一份礼物。

你要记得在你的旅途上你喝过别人给你舀来的泉水，你吃过别人给你送上的食物，你听过一位姑娘的歌声，你向一个孩子问过路，你在一间猎人的小屋中度过一个漫漫黑夜。要记住他们，孩子，你要记住这些人的声音、容颜。在你返回的前一天晚上，你要为他们准备好礼物。

你要把几块丝绸、几块好看的石头细心地包好。你要给姑娘准备好鲜花，你要给老人准备好烟丝，你要想着那些调皮的孩子，他们的礼物最好找也最难找。

这些就足够足够了。再带上你在路上看过的风景、听过的故事，再带上你的经历和感触，在燃着火的炉边，讲给他们听。

告诉缺水的人们前头哪里有水，告诉生病的人们哪种草药可以治病，把你这一路的经验告诉他们，把前方哪里有弯路告诉他们。

三、全媒体视听产品的受众把握

首先，全媒体时代，受众的媒介使用习惯相较传统媒体时期发生了较大变化。其中，"点播"和"碎片化"是最突出的特征。中国人民大学彭兰教授认为，在 Web 2.0 技术的推动下，由无数用户（网络节点）及其多元链接共同构成的关系网络形成了新的"个人门户"传播模式。其特点是首先每一个节点都扮演着信息的生产者、传播者和接收者的多重角色，都是一个传播中心。其次，"以人为媒"的传播渠道的重要性日益凸显。再次，融媒体时代的受众基于社会交往需要在各大平台发布个性化的音视频以期获得关注。最后，个人化传播的新型模式带来了"去中心化"和"再中心化"的新机遇。这也对播音主持艺术专业的同学提出了新的要求，不仅要创作出质量上乘的作品，而且还要思考如何经营网络关系渠道，扩大影响力，从而实现"再中心化"的目标，变"我要你看"为"你要看我"。

例：

> 1947 年，肖自军的父亲肖忠福参加革命，1948 年 12 月，23 岁的肖忠福加入中国共产党，并跟随部队先后参加了辽沈战役、平津战役。在新中国成立后，肖忠福又跟随部队一路南下，参加广西剿匪作战。从小到大，一直跟着父亲在部队长大，跑遍广西的肖自军，从未在意过身上的一身军装对于父亲的意义，甚至他从未详细了解过父亲的故事。2010 年 1 月 3 号，父亲因病去世。忙于工作的孩子们甚至都没能第一时间整理父亲的遗物，直到 2015 年，已经退休的肖家兄弟才开始整理父亲的遗物。很快，一本父亲写下的自传手稿引起了肖自军的注意。[①]

本期节目主要内容：1951 年，在广西龙那山区发生了一场激烈的剿匪战斗，当时有七位解放军战士英勇牺牲。七十多年过去了，七英烈的故事被当地村民牢记在心、口口相传。2021 年《等着我》播出了一期节目，介绍过当年的战斗经过。那期节目播出之后，寻亲平台上收到了一个求助信息，有一位名叫李长树的老人，他的父亲名叫李公田，当年就牺牲在了广西剿匪作战中，但是父亲具体牺牲在哪次战斗，又被安葬在哪里，后人不得而知。七十多年过去了，家人们一直都在苦苦寻找这些答案。

在出镜主持时，主持人要注重和镜头的交流感，语言要精练、庄重。在进行画面配音时，主持人要注重故事的讲述感，并保持庄严肃穆及缅怀革命先辈的悲怆语气。

---

① 选自 CCTV1《等着我》，2022 年 12 月 21 日播出。

第六章　停连与重音

第一节　停连

一、停连的含义

停连是停顿和连接的统称。为什么有声语言表达需要停顿和连接呢？首先是生理上需要适当地换气。在进行有稿播读时有些段落和句子少有或没有标点符号，如果按照文本进行播读，气息就不够用。其次是出于内容表现和情感表达的需要。停连具有发挥有声语言对内容传播的组织、区分、转折、呼应、回味、想象等作用。① 张颂先生认为在播音中，语言的部分之间、层次之间、段落之间、小层次之间、语句之间、词组或词之间，有声语言总有休止、中断的地方，时间有长有短，都属于停顿的范围。那些不休止、不中断的地方，特别是文字稿件中有标点符号而不休止、不中断的地方，就是连接。② 播音创作表达需要一些技巧来表现思想感情的变化，从而使表情达意的有声语言形式更加丰富，内容更加准确。停连是表达思想感情的重要方法，对思想感情的表达有能动的作用。③

---

① 中国传媒大学播音主持艺术学院编著：《播音主持创作基础》，中国传媒大学出版社 2015 年版，第 126 页。

② 张颂：《播音创作基础》，中国传媒大学出版社 2011 年版，第 87 页。

③ 张永洁、刘春蕾、李雅林：《播音创作基础实训教程》，中国广播影视出版社 2020 年版。

二、停连的作用

停顿和连接就像呼吸，有呼就有吸，有停顿就必然有连接，停顿和连接永远是如影随形的。停连存在于有声语言之中，既是生理需要，也是心理需要。

从生理上说，我们不可能一口气说完一大段话，或者一口气读完一大篇作品，必须有不断补充、调整气息和调节声音的生理过程。从心理上说，我们说话是为了表达思想感情，要使自己的意思表达得更清楚，感情抒发得更充分，就不能不将词语进行适当的组织，那些区分、转折、承上启下的地方，就需要运用停顿；而那些意思连贯、感情奔流、一气呵成的地方，就需要运用连接。无论停或连，都是思想感情发展变化的需要，而不是随意的。

停顿就是话语过程中的声音间歇，是有声语言表情达意必不可少的一种重要的修辞手段，它在口语中有调节气息、显示语脉、突出话题等作用。合理停顿，可使话语表意显豁，增加语言节奏感。同时，它还能给观众留出思索、消化、回味的时间，以更好地理解语义。

停连的作用可以表现在许多方面：有的组织区分，使语意明晰；有的转折呼应，使目的鲜明；有的表现思考判断，使表达生动；有的令人回味想象，创造出意境。与其他语言技巧相比，停连最主要的作用是使语意更清楚、更明白。也就是说，它可以帮助说话人组织语言、明确语意，同时又能使听话人便于理解、思考和接受。

三、停连的位置和类型

正确运用停连也是有法可循的。首先，要准确理解语句，确定停连位置。只有在深入理解语句含义、了解内容所蕴含的情感态度的基础之上，才能恰当地确定停连的位置。同时，只有在恰当确定停连位置的基础之上，才能够把感受深切真实地体现出来。

例：

我们找了一个铁笼子，把它扣在煤棚的角落里，每天都跑去看它很多次/，它总是安安静静地待在那儿，永远都在慢慢地/啃那半个给冻得硬了的胡萝卜头。我外婆跑得更勤/，有时候还会把货架上卖的爆米花偷去拿给它吃，还悄悄地对它说："兔子兔子，你一个人好可怜啊……"①

选段中在"每天都跑去看它很多次"后进行一次停连，表示看的动作，给受众营造出想象的空间，猜想"我们"会看见什么。在"慢慢地"后进行一次停连，吸引受众思考，"它"在慢慢地做什么，在"我外婆跑得更勤"后进行停连，和前面的人物"我们"区别开来，猜想"外婆"跑得更勤做了哪些事。

其次，要分析语句结构，确定停连位置。要从语法入手，有正确划分句子成分的能力，这是做到正确停连的基础。在正确理解书面语言意思的情况下，对一些容易产生歧义的长句子，进行语法结构分析，确定停连位置。从语言本质上说，语言是思想行为，也是一种情感行为。语言建立在语法结构和基本词汇上，不管是文字语言还是口头语言，都是如此，我们要把有声语言表达中呈现出的激情和正确的语法结构紧密联结起来。

例：

天/又黑又冷，下着雪。大年夜，一个光头赤脚的小女孩在街上走着，她的脚/冻得又红又青。她又冷又饿，在一个墙角里坐下来，缩成一团，她家和街上一样冷。她的手/几乎冻僵了。她抽出一根火柴，在墙上擦燃。小女孩/像坐在一个暖烘烘的大火炉前面。②

选段中可以在主语和谓语之间进行停连来满足人们在听觉上的习惯，天气怎么样了？她怎么样了？脚怎么样了？手怎么样了？通过主语和谓语之间的停顿连接，展现小女孩的孤苦和环境的寒冷恶劣。

最后，要摆脱以标点符号作为唯一停连依据的习惯。语言文字的标点符号不能够完全满足有声语言表达停连的需要，有些时候文字语言需要停顿的地方，有声语言却不需要停顿，而文字语言不需要停顿的地方，有声语言却需要停顿。播音语言停连需要摆脱标点符号的束缚，在对语句内容进行充分理解的基础之上确定停连位置，要准确理解语言表达语意，确定句子中词或词组之间

---

① 李娟：《离春天只有二十公分的雪兔》，《文学少年（中学）》2009 年第 5 期。
② 万有图书编绘：《安徒生》，天地出版社 2015 年版，第 107—109 页。

的关系，才能够避免产生歧义。

例：

> 秦淮河里的船/，比北京万牲园，颐和园的船好/，比西湖的船好，比
> 扬州瘦西湖的船/也好。这几处的船不是觉着笨，就是觉着简陋、局促/；
> 都不能引起乘客们的情韵，如秦淮河的船一样。①

这一选段如果完全按照标点符号进行停连的话，会显得语意零乱、语句分散；如果我们按照播音语言的停连模式重新分析，打破书面句读，就会感觉好很多，语句也会更加连贯流畅，文字所描绘的画面也更加栩栩如生。

在有声语言表达中要讲究停连方式的多样丰富、协调行进。有声语言表达中停连呈现时语流、语势要有变化、形式多样，不能整齐划一、凝滞呆板，不要逢连必升、遇顿必降。有声语言表达要从内容出发，要讲究形式的韵律，停连不仅可以准确地组织语句，而且是整篇作品思想感情的有机组成部分。

（一）语句意义需要区分、强调之处

1. 区分性停连

区分语意、顺畅语气，以求听众一听就懂，不造成歧义，不产生误会。在稿件中词与词之间，短语与短语之间，句与句、层与层、部分与部分之间都有区分性停连。

例（1）：

> 亲爱的老师同学欢迎您！

这句话是想表达："亲爱的老师和同学们，欢迎您的到来！"要想使人明白这句话的意思，就需要在"同学"后稍加停顿，否则一口气连着说下来或是停顿不当，就有可能造成语义模糊。如果在"老师"后面稍停，就会使人听成另外一个意思——"亲爱的老师，同学欢迎您。"

---

① 朱自清：《桨声灯影里的秦淮河》，长江文艺出版社 2008 年版。

例（2）：

    闲杂人等不得入内。

这句话是想表达："闲杂人等，不得入内。"要想表达清楚语义，就要在"人等"后面稍作停顿。如若停顿不当，在"闲杂人"后稍作停顿，则会使句子语义转变为："闲杂人，等不得入内。"

2. 强调性停连

强调性停连有时候会反映一定的观点倾向和感情色彩，与重音有密切的关系，是用得最多的一种。

例（1）：

    在无数/白色的皮肤/和黑色的皮肤之中，我有着大地般/黄色的皮肤，我骄傲，我是/中国人！[①]

在这段诗歌片段中，"白色""黑色""大地般""黄色""中国人"都是需要重点强调的词语，在所要强调的词的前边或后边，或前后两边都安排一个停顿，同时合理安排将不需要强调的词语连接起来。

例（2）：

    阿拉法特/指责以色列/企图破坏中东和谈基础。

在这句话中，"指责"是本句话强调的重点，不是表扬，也不算批评。本句的处理应该在"指责"前边或后边适当进行停顿。

例（3）：

    现在是个闲人了/，还要人家打扫卫生、料理生活/，那真是/岂有

---

① 《红色经典诵读优秀作品展播——〈我骄傲，我是中国人〉》，澎湃新闻，2021年10月7日。

此理！①

这句话体现了说话人高风亮节、不居功自傲的高贵品质，以及对现实生活状态的强烈不满。"那真是"后面使用的是强调性停连，表示强调"岂有此理"不可理喻。

（二）逻辑关系需要显示、明确之处

1. 呼应性停连

播音员、主持人在分析理解语句后，需要用停连表达出语言前后的对应关系，这就是呼应性停连。呼应性停连需要注意呼与应的关系，是一呼一应、多呼一应还是一呼多应，其中一呼多应要理清"多应"之间的关系。

例（1）：

我们必须强调/学习马克思主义理论的极端重要性。

句中"强调"为呼，"学习马克思主义理论的极端重要性"为应。

例（2）：

不光有大如羊奶子的/，还有小如红豆的/，这就是光华夺目、熠熠生辉的/南洋珍珠。②

句中"大如羊奶子""小如红豆""光华夺目、熠熠生辉"为呼，"南洋珍珠"为应，这句话为多呼一应的停连模式。

例（3）：

他的这身棉衣/，是在抗美援朝期间，有次回国来，为了外出方便买

① 朱光潜：《谈读书（节选）》，《新语文学习：高中》2005 年第 3 期。

② 参见谢乐军、谢然子：《永远的珍珠赋——谢璞先生纪念文集》，湖南少年儿童出版社 2022 年版。

来穿上"打掩护的"。①

句中"他的这身棉衣"是呼，后面的分别是应，说了棉衣的购买时间、地点、原因及目的，多应又是以并列的形式出现的。这是一个典型的一呼多应的停连模式。

2. 转换性停连

转换性停连模式是指语言表达时需要在感情、语意转折转换处进行的停顿与连接，要先在心里实现转换，再通过有声语言进行表达。

例（1）：

由大姐与二姐所嫁人的家庭来推断，在我生下之前，我的家里/大概还马马虎虎地过得去。那时候订婚讲究门当户对，而大姐丈/是做小官的，二姐丈/也开过一间酒馆，他们都是相当体面的人。可是/我，我给家庭/带来了不幸。②

选段描写了"我"未出生之前家中的生活情况，随着"我"的出现，家中的生活出现了翻天覆地的变化。

例（2）：

在它看来，猎狗是一个多么庞大的怪物啊！可是/它不能安然地/站在高高的/没有危险的树枝上，一种强大的力量/使它飞了下来。③

选段讲述了面对这样一个庞大的怪物，一只小小的麻雀却体现了母爱的强大，在"可是"的前面或后面停顿，用转折突出伟大的母爱。

3. 并列性停连

并列性停连模式主要是表现语句中的同位关系。当句子中有"和、与、

---

① 朱光潜：《谈读书（节选）》，《新语文学习：高中》2005 年第 3 期。

② 傅光明选编：《抬头见喜——老舍散文》，浙江文艺出版社 2007 年版，第 103—107 页。

③ 张菱儿：《向崇高的母爱致敬——屠格涅夫〈麻雀〉赏析》，《东方少年：阅读与作文》2019 年第 11 期。

跟、同、及"或者顿号时，一般为并列关系。如，同等的位置、时间、形式的停顿及连接。并列性停连可以凸显语句中的并列关系，使语意更加清晰、流畅。

例（1）：

　　盼望着，盼望着，东风/来了，春天的脚步/近了。一切都像刚睡醒的样子，欣欣然/张开了眼。山/朗润起来了，水/涨起来了，太阳的脸/红起来了。小草/偷偷地从土里钻出来，嫩嫩的，绿绿的。园子里，田野里，瞧去，一大片一大片满是的。坐着，躺着，打两个滚，踢几脚球，赛几趟跑，捉几回迷藏。风/轻悄悄的，草/软绵绵的。①

选段中通过"东风""山""水""太阳""小草""风"描述初春的场景，所以应在相应内容后进行适当停顿，突出初春的环境。

例（2）：

　　北方的果树，到秋天/也是一种奇景。第一是枣子树/，屋角，墙头，茅房边上，灶房门口，它都会一株株地长大起来。像橄榄/又像鸽蛋似的这枣子颗儿，在小椭圆形的细叶中间，显出/淡绿微黄的颜色的时候，正是秋的全盛时期，等枣树叶落，枣子红完，西北风/就要起来了，北方便是沙尘灰土的世界，只有这枣子、柿子、葡萄，成熟到八九分的七八月之交，是北国的清秋的佳日，是一年之中/最好也没有的/Golden Days。②

选段通过"枣子树""西北风"等内容描写北方的秋天，因而可以在相应内容的前边或后边进行适当停顿，突出北国的清秋佳日。

4. 分合性停连

分合性停连一般用在分合句式上，这种句式一般都有领起句、分说句和总

---

① 王立英：《贮满诗意的春之歌——读朱自清的散文〈春〉》，《时代文学》2009 年第 3 期。

② 梁平：《两种生命形态的对比与选择——郁达夫〈故都的秋〉主题新探》，《名作欣赏：学术版（下旬）》2010 年第 6 期。

括句，停连的位置一般在分合的交叉点上。需要注意的是，在领起性词语之后或总括性的词语之前都需要有一定的停顿，而且这种停顿比并列关系之间的停顿时间要长。

例（1）：

> 又一群敌人扑上来了。马宝玉"嗖"的一声拔出手榴弹，拧开盖子，用尽全身气力扔向敌人。随着一声巨响，手榴弹在敌群中开了花。五位壮士/屹立在狼牙山顶峰，眺望着群众和部队主力远去的方向/。他们回头望望还在向上爬的敌人，脸上露出了胜利的喜悦。①

选段在总括句"又一群敌人扑上来了"之后停顿，在领起句"马宝玉'嗖'的一声拔出手榴弹"后不宜安排停连，如果多处停顿，会使得语句表达零碎；在总括句"他们回头望望还在向上爬的敌人，脸上露出了胜利的喜悦"前面进行适当停顿，表达壮士们的英勇无畏、舍生忘死。

例（2）：

> 看，像牛毛，像花针，像细丝，密密地斜织着，人家屋顶上全笼着一层薄烟。树叶儿却绿得发亮，小草也青得逼你的眼/。傍晚时候，上灯了，一点点黄晕的光，烘托出一片安静而和平的夜/。乡下去，小路上，石桥边，有撑起伞慢慢走着的人；还有地里工作的农夫，披着蓑，戴着笠的/。他们的草屋，稀稀疏疏的，在雨里静默着。②

选段也是一个分合性的停连模式，停连的位置在分合的交叉点上，这样表达，句意就清晰明了。

---

① 马利琴：《每天10分钟高效提升孩子阅读力》，北京理工大学出版社2014年版，第160-161页。

② 王立英：《贮满诗意的春之歌——读朱自清的散文〈春〉》，《时代文学》2009年第3期。

（三）情景神态需要描绘、表现之处

1. 生理性停连

生理性停连指稿件中人物因生理上的需要产生的异态语气，比如激动、哽咽、气喘吁吁、口吃等语流不畅、断断续续的语言表达状况。这种停连模式的运用需要播音员、主持人模仿日常生活中出现的这种异常语态而表达出相应的语言状态，要注意把握好分寸，能够提点传神即可，以免打断稿件语气的脉络。

例（1）：

"同志，你看着……"那同志向卢进勇招招手，等他凑近了，便伸开一个僵直的手指，小心翼翼地一根根拨弄着火柴，口里小声数着："一/，二/，三/，四……""记住/，这/，这是/，大家的！"他蓦地抽回手去，深深地吸了一口气，用尽所有的力气举起手来，直指着正北方向："好/，好同志/……你/……你把它带给……"①

选段展现了革命战士生命垂危但英勇无畏的崇高精神品质，除了要表现出气息微弱的状态，还要突出革命烈士的精神实质，做到生动感人、真情实感。

例（2）：

她已经吓得发了慌，转身对丈夫说："我/……我/……我把佛来思节夫人的项链丢了。"他惊慌失措地站起来："什么！/……怎么！/……这不可能！"/他们在晚会服装的褶皱里找，在披的旧衣服的褶层里找，在口袋里、在每一处地方来回搜查好几遍，但什么也没找到。丈夫问："你确定在离开舞会时，项链还在吗？"/"确定，我在教育部的门厅里还摸过它。"/"可是/如果掉在路上，我们应该能听见掉落的声音。它应该还在车子里。""对。有可能。你记得车号吗？"/"不记得/。你呢/，你也没注

---

① 王国强：《浅谈〈七根火柴〉人物描写的特色——刻画人物的眼睛》，《泉州师范学院学报》1994年第2期。

意过?""没有。"/他们俩你看看我，我看看你，吓得呆住了。[1]

选段应着重突出人物的害怕、着急的心理，呈现出真实的生理反应，可以在省略号处进行适当停连，突出人物为了找回"项链"的急迫心情，以及害怕赔"项链"的恐惧心理。

2. 判断性停连

判断性停连指的是人们在思索和判断的过程中的一种停顿方式。清楚表达思维过程的脉络和思维过程中的感受，主要是在判断和思索的地方进行停连。这种停顿并不表示思想感情的空白，而是"明其意、成于思"的思维过程。

例（1）：

> 从未见过/开得这样盛的/藤萝，只见一片/辉煌的淡紫色，像一条瀑布，从空中垂下，不见其发端，也不见其终极。只是深深浅浅的/紫，仿佛在流动，在欢笑，在不停地/生长。紫色的/大条幅上，泛着/点点银光，就像/迸溅的水花。仔细看时，才知道/那是每一朵紫花中的最浅淡的部分，在和阳光/互相挑逗。[2]

选段描写了紫藤萝中"泛着点点银光""迸溅的水花"的部分，在"最浅淡的部分"前面进行停连，以及在"阳光"后面进行停顿，表现出观察紫藤萝"泛着点点银光"的原因及其观察的过程。

例（2）：

> 海燕叫喊着，飞翔着，像黑色的闪电，箭一般地穿过乌云，翅膀掠起波浪的飞沫。看吧，它飞舞着，像个精灵，高傲的、黑色的暴风雨的精灵，它在大笑，它又在号叫……它笑那些乌云，它因为欢乐而号叫！这个敏感的精灵，它从雷声的震怒里，早就听出了困乏，它深信/乌云遮不住

---

[1] 于良红：《莫泊桑〈项链〉主题新探》，《社科纵横》2006年第7期。
[2] 徐家昌：《形神兼备　意蕴含婉——读宗璞〈紫藤萝瀑布〉》，《名作欣赏》1992年第5期。

太阳／，是的，遮不住的！①

选段通过暴风雨即将来临前的场景，刻画了象征着大智大勇的革命先驱"海燕"的形象，海燕早已按捺不住对暴风雨的渴望和欢乐，冲击于阴云和海浪之间，勇猛地叫喊。它预示着革命风暴即将来临，鼓舞人们积极行动起来，去迎接伟大的战斗，表现了一种坚强无畏的革命理想主义精神，豪情万丈，激荡人心。在"精灵""号叫""困乏""太阳"后面进行停顿，表达出思索的过程、判断的意味。

3. 回味性停连

回味性停连是指在作品的发人深思之处，为了加深听者的印象、引发其思考和回味而安排的停连方式。

例：

我北来后，他写了一信给我，信中说道："我身体平安，惟膀子疼痛厉害，举箸提笔，诸多不便，大约大去之期不远矣。"我读到此处，在晶莹的泪光中，又看见那肥胖的、青布棉袍黑布马褂的背影。唉！我不知何时／再能与他相见！②

选段中，父亲在"举箸提笔，诸多不便"的情况下，仍旧写了信来，并在信中写道"大约大去之期不远矣"，哀矜之中流露出孤寂、颓唐的况味。它使"我"震悚，使"我"苦痛，使"我"想起父亲待"我"的种种好处，使"我"透过晶莹的泪光，又看见了父亲那凄楚的背影。随着时间的推移，父亲的身体已大不如从前了，父亲现在究竟怎样了，"唉！我不知何时再能与他相见"，"我"非常盼望回家看看父亲的身体怎么样了，盼望之中蕴蓄着热切的思念。在"我不知何时"后进行停顿，给听众留下回味的空间。

---

① 高尔基、巴金：《海燕：高尔基中短篇作品精编》，漓江出版社 2003 年版。
② 陈民：《东方版父子冲突——重读朱自清〈背影〉》，《名作欣赏：鉴赏版（上旬）》2003 年第10 期。

4. 灵活性停连

灵活性停连是指从稿件内容出发，在允许的范围里，停连处理应具有较大灵活性，诸多停连模式可以相互渗透、相互交叉。因文化修养等因素的差异，对稿件的理解是因人而异的，受语感、声音条件等具体因素的影响，每个人对停连的处理可能也不尽相同。这就要求播音员、主持人在表达实践中不能套用以上几种固定的播音语言停连模式，而是要根据栏目、作品的实际需要，创造性地运用思想感情，灵活处理停连，应该在停顿处理上做到活而不乱、出奇制胜、灵活多样。

例：

在西北，这桔子/是不大容易吃到，如今见了，馋得直吐口水，一把分币/便买得一大杯，掰开来，粉粉的，肉肉的，用牙一咬，汁水儿便口里溅出，不禁心灵神清，两腋下津津生风。惊喜之间，蓦地悟出一个谜来：这四川，不正是一个金桔吗？一层苦涩涩的桔皮，包裹着一团妙物仙品。外地来客，一到此地，一身征尘，吃到鲜桔，是在告诉着/愈是好的/愈是不易得到的道理啊！①

选段中需要灵活运用多种停连模式。各种停连模式的组合，能够更加生动鲜明地表现出"金桔"的美味，突出"愈是好的愈是不易得到的道理"。同时，段落中标点符号较多，灵活地进行停连，能够使内容从听感上更加引人入胜、栩栩如生。

四、停顿的方式

停顿的方式指根据具体情况，设计停顿时间的长和短、停顿前声音的抑和扬、气息状态的弱和强等。常见的停连方式有落停、扬停两种，详情如下：

（一）落停

这种方式一般用于一个完整的意思讲完之后（除带回味性的意思外）。它

---

① 贾平凹、周彦文：《世界华文散文精品：贾平凹卷》，广州出版社 2000 年版。

的特点是：第一，停顿的时间较长；第二，停时声止，气也尽①；第三，句尾声音顺势而落，停住。落停缓收，多用在一句话、一个层次或一篇文章结束时。句尾声音顺势而落，或急收或缓收，或强收或弱收，都要停住，不能失去控制。要求表达者声音要随着内容的需要而落停。

例（1）：

> 央广网北京 8 月 26 日消息，据中央广播电视总台/中国之声《新闻和报纸摘要》报道，国务院总理李强/8 月 25 日主持召开国务院常务会议，审议通过/《医药工业高质量发展行动计划（2023—2025 年)》/《医疗装备产业高质量发展行动计划（2023—2025 年)》和/《关于规划建设保障性住房的指导意见》。②

新闻选段中以陈述事实为主，播读时应做到节奏平稳、重点突出、端正严肃，在段落结尾时语句应自然落收。

例（2）：

> 不同寻常的一次相遇，绽放半个世纪/最美的恋情。一个远离尘嚣的男人，执着守望在宁静小镇，只为等待，再次心动的邂逅。一个才华横溢的台湾女子，被他深深吸引，从此把彼岸/当作心灵的故乡。一个邻家女孩，悄然体验，初恋的欢乐/与忧伤。黄磊、刘若英、李心洁、朱旭精彩联袂。苏慧伦、黄舒骏/倾情加盟。演绎二十集电视连续剧/《似水年华》。中央电视台电视剧频道/黄金强档，七月播出。③

解说词选段中，整个稿件节奏都较为舒缓，前半段讲述电视剧的大概情节，后半段介绍电视剧的主演。在进行稿件训练时，要注意运用相应的停连技

---

① "气也尽"是指声音停止的时候，感觉气也正好用完，没有过多余存，并不是指生理上的停止呼吸。

② 《李强主持召开国务院常务会议》，央广网，2023 年 8 月 26 日，参见 https://china.cnr.cn/news/sz/20230826/t20230826 _ 526396371. shtml.

③ 摘自电视剧《似水年华》宣传片配音稿，2003 年。

巧传达确切的感情，要注意在段尾处落停。

（二）扬停

这种方式一般用在句中无标点符号之处，或一个意思还没有说完而中间又需要停顿的地方。它的特点是停顿时间较短，停时声停、气未尽，停之前的声音稍上扬或平拉，停之后的声音缓起或突起。正确运用扬停，能使语意凝聚、语势连贯、节奏明快，在促使受众形成收听期待感的同时将内容整体推进。

例（1）：

> 这既是一次亲切友好的双边访问，也是一次举世瞩目的多边之旅/↑。此访/立足/南非和金砖，放眼/非洲和世界↑，传承/中非/传统友好↑，汇聚/南南合作/新共识↑，增添/和平发展/正能量。

新闻选段中透露出此次访问的关键指向，在播报这些文字时需注意内容的整体性和完整性，使语句更为流畅。

例（2）：

> 在建军 96 周年来临之际↑，中国人民革命军事博物馆举行了↑"铭记光辉历史　开创强军伟业↑——庆祝中国人民解放军建军 96 周年主题展览"↑，全景式展现了 96 年来↑，党领导人民军队走过的不平凡历程和辉煌成就↑。今天↑，我们就跟随展览的开篇↑，去了解在土地革命战争中诞生成长的人民军队。

新闻选段中要注意避免语句过碎，要使整段内容完整连贯，在播报这些文字时需要抱团儿，否则就会显得语义凌乱。

五、连接的方式

连接的方式指涉及连接时语流的急和缓、曲和直等。

（一）直连

这种方式一般用于有标点符号而内容又联系紧密的地方。它的特点是顺势连带，不露接点，有时甚至不用换气，给人一种中间没有接点的感觉。直连多用于一些内容联系比较紧密，并且需要持续抒发感情的地方，一般与扬停配合使用。

例（1）（连接用"⌒"表示）：

当我的竿头触到蜂窝的一刹那，好像听到爷爷在屋内呼叫，但我已经顾不得别的，一些受惊的马蜂"轰"地飞起来。⌒我赶紧用竿头顶住蜂窝使劲摇撼两下，⌒只听"嘡"一声，⌒一个沉甸甸的东西掉下来，⌒跟着/一团黄色的飞虫腾空而起，⌒我扔掉竿子往小门那边跑，⌒谁料到妹妹害怕，⌒把门在里边插上，她跑了，将我关在门外。①

选段中节奏为紧连快带，动作感很强，情节发展线也很清楚，主要描写"我"被马蜂追的急迫感，所以在处理时需要连接的比较紧密，以突出动作的紧凑感和"我"即将要被马蜂蜇的慌张。

例（2）：

博尔特百米潇洒飞跃，⌒菲尔普斯泳池狂揽八金，⌒刘春红举重力拔山兮……奥运会上不断刷新的记录，书写着人类/超越自我、挑战极限的梦想。

播读选段中的内容时要注意语言的连贯，突出每个精彩瞬间，要将人类"超越自我、挑战极限"的自豪和激动之情用声情并茂的方式展现出来。

（二）曲连

曲连是指在一句话或一段话中将每个词语连贯起来，不断地变换声调，抑

---

① 冯骥才：《捅马蜂窝（节选）》，《小读者》2018 年第 8 期。

扬顿挫，形成一种优美、流畅的语音节奏。这种方式一般用于标点符号两边既需要连接又需要有所区分的地方，特别是一连串的顿号相间，或者是排比句式之类的连接点。它的特点是连环相接，连而不断，悠荡向前，给人似停非停之感。曲连可以帮助朗读者更好地表达情感、塑造角色，让听众感受到更加生动的语言艺术。

例（1）：

> 我仿佛曾经上溯历史的河流，看见了古代的诗人、—农民、—思想家、—志士，看他们的举动，—听他们的声音，然后又穿过历史的隧洞，—回到/阳光灿烂的现实。[①]

选段中这句话中的顿号之处理应连接一下，但因为都停则会显得语意零碎，但如果直连又会显得没有区分，所以采用曲连的方式则可以得到恰当表达。

例（2）：

> 要着力提高/医药工业和医疗装备产业韧性和现代化水平，增强高端药品、—关键技术和原辅料等供给能力，加快补齐我国高端医疗装备短板。要着眼医药研发/创新难度大、—周期长、—投入高的特点，给予全链条支持，鼓励和引导龙头医药企业发展壮大，提高产业集中度和市场竞争力。[②]

新闻选段中曲连的使用使每个小分句间既有区别又有机地构成了一个整体，若要表达出语势的连贯和文字的重点指向，则需要对此选段进行整体把握、全面观照。

---

① 秦牧：《社稷坛抒情（节选）》，《同学少年》2013 年第 6 期。
② 《李强主持召开国务院常务会议》，央广网，2023 年 8 月 26 日，参见 https://china.cnr.cn/news/sz/20230826/t20230826 _ 526396371. shtml.

六、实例分析与训练

(一) 基础训练

通过以下材料的训练，在恰当位置运用相应的停连技巧，以达到对停连技巧的熟练掌握。

（一）

正月里，正月正，姐俩商量去逛灯。大姑娘/名叫粉红女，二姑娘/名叫女粉红。粉红女穿一件粉红袄，女粉红穿一件袄粉红。粉红女/抱着一瓶粉红酒，女粉红/抱着一瓶酒粉红。姐俩找到无人处，推杯换盏猜酒令。女粉红/喝了粉红女的粉红酒，粉红女/喝了女粉红的酒粉红。粉红女喝得酩酊醉，女粉红喝得醉酩酊。粉红女/追着女粉红就打，女粉红/见着粉红女就拧。女粉红撕了粉红女的粉红袄，粉红女撕了女粉红的袄粉红。姐俩打架停了手，自己买线自己缝。粉红女买了一条粉红线，女粉红买了一条线粉红。粉红女/反缝粉红袄，女粉红/反缝袄粉红。

（二）

我在十八九岁的时候，遇见一位国文先生，他给我的印象最深，使我受益也最多，我至今/不能忘记他。先生姓徐，名锦澄，我们给他取的绰号是/"徐老虎"，因为他凶，他的相貌很古怪，他的脑袋的轮廓是有棱有角的，很容易成为漫画的对象。头很尖，秃秃的，亮亮的，脸形却是方方的，扁扁的，有些像《聊斋志异》绘图中的夜叉的模样。他的鼻子眼睛嘴/好像是过分地集中在脸上很小的一块区域里。他戴一副墨晶眼镜，银丝小镜框，这两块黑色便成了他脸上/最显著的特征。我常给他画漫画，勾一个轮廓，中间点上两块椭圆形的黑块，便惟妙惟肖。他的身材高大，但是两肩/总是耸得高高的。鼻尖有一些红，像酒糟的，鼻孔里藏着两筒清水鼻涕，不时地吸溜着，说一两句话/就要用力的吸溜一声，有板有眼有节奏，也有时忘了吸溜，走了板眼，上唇上便亮晶晶地吊出两根玉箸，他用手背一抹。他常穿的/是一件灰布长袍，好像是在给谁穿孝，袍子在整洁的阶段时我没有赶得上看见，我看见那袍子的时候／即是油渍斑烂。我很难得看见他笑，如果笑起来，是狞笑，样子更凶。[①]

（二）新闻训练

练习以下训练材料时，需要注意停连的综合运用，要求在熟练掌握停连技巧的基础上，灵活转换层次，做到心中有数、语义区分明确。

日本启动核污染水排海／导致核辐射检测仪／在线上平台销售火爆，这个仪器是否可以检测日常的核辐射量？

记者打开线上销售平台页面，搜索／"核辐射检测仪"，词条中的数据显示，该产品／"本周增速"232％。产品界面显示，仪器可以测含 X 射线、贝塔射线等辐射，可测日本食品、化妆品、海鲜、矿石、大理石等。记者咨询多家客服，有些表示没有现货，有些则表示近期订单量较大，发货比较慢。

对此，专家认为，放射性测量／光有仪器做检测／是远远不够的，还有样品的采集，样品的前处理，以及相应方法的建立。测量过程当中，对于样品里面的不一样的物质，方法也不同。因此，对普通的民众来说，没有专业的知识，用普通仪器／是很难发现的。

华南理工大学／环境与能源学院教授张永清：目前来看，普通百姓购买放射性检测仪／必要性不强。因为放射性测量过程中，只有一个仪器还是不够的，还要有相应适合的方法，不同的核素／有不同的方法来进行测量，而且不同的样品／有不同的前处理方法。如果说一般普通老百姓／只是买一个仪器来测，他们还不具备专业的方法。

此外专家也表示，就日本核污染水排海／既要关注，但不要过于惊慌。[②]

（三）综合训练

在训练时要注意从通篇的角度综合运用停连，特别注意扬停、落停、直

---

① 梁实秋：《我的一位国文老师》，《中学生阅读（高中版·上半月）》2022 年第 10 期。

② 《核辐射检测仪热卖，真的有用吗？专家提醒》，大河网，2023 年 8 月 30 日，参见 https://baijiahao.baidu.com/s?id=1775627146529390245&wfr=spider&for=pc。

连、曲连的运用，避免习惯性停连，要恰到好处地把握感情的推进，并体现出人物的精神实质。

（一）

秋天，无论在什么地方的秋天，总是好的；可是啊，北国的秋，却特别地来得清，来得静，来得悲凉。我的不远千里，要从杭州赶上青岛，更要从青岛赶上北平来的理由，也不过/想饱尝一尝/这"秋"，这故都的秋味。

江南，秋/当然也是有的，但/草木凋得慢，空气来得润，天的颜色显得淡，并且/又时常多雨而少风；一个人夹在苏州、上海、杭州，或厦门、香港、广州的市民中间，混混沌沌地过去，只能感到/一点点清凉，秋的味，秋的色，秋的意境与姿态，总看不饱，尝不透，赏玩不到十足。秋/并不是名花，也并不是美酒，那一种半开、半醉的状态，在领略秋的过程上，是不合适的。

不逢北国之秋，已将近十余年了。在南方/每年到了秋天，总要想起/陶然亭的芦花，钓鱼台的柳影，西山的虫唱，玉泉的夜月，潭柘寺的钟声。在北平/即使不出门去吧，就是在皇城人海之中，租人家一椽破屋来住着，早晨起来，泡一碗浓茶，向院子一坐，你也能看得到/很高很高的/碧绿的天色，听得到青天下/驯鸽的飞声。从槐树叶底，朝东/细数着/一丝一丝漏下来的日光，或在破壁腰中，静对着/像喇叭似的牵牛花（朝荣）的蓝朵，自然而然地/也能够感觉到/十分的秋意。说到了牵牛花，我以为以蓝色或白色者为佳，紫黑色次之，淡红色最下。最好，还要在牵牛花底，教长着几根疏疏落落的/尖细且长的秋草，使作陪衬。[①]

（二）

习近平指出，铸牢中华民族共同体意识/是新时代党的民族工作的主线，也是民族地区各项工作的主线。要把铸牢中华民族共同体意识工作抓。无论是出台法律法规/还是政策措施，都要把/是否有利于强化中华民族的共同性、增

---

① 郁达夫：《故都的秋》，中国画报出版社 2016 年版。

强中华民族共同体意识/作为首要考虑。要坚定推行国家通用语言文字教育，逐步提高群众/使用国家通用语言文字的意识和能力。要加强/文物和文化遗产保护利用，引导干部群众/树立正确的国家观、民族观、历史观、宗教观。要加强对青少年的/现代文明教育、科普教育，引导他们积极融入现代文明生活。要积极推进/以人为核心的/新型城镇化，提高人口和产业聚集度，加快建设/互嵌式社会结构和社区环境，促进各族群众/交往交流交融。

习近平强调，构建新发展格局、推动高质量发展、推进中国式现代化，新疆/面临新机遇，要有新作为。要立足/资源禀赋、区位优势和产业基础，大力推进科技创新，培育壮大/特色优势产业，积极发展/新兴产业，加快构建/体现新疆特色和优势的/现代化产业体系，推动新疆/迈上高质量发展的轨道，同全国一道/全面建设社会主义现代化国家。实现新疆社会稳定和高质量发展，最艰巨的任务/在农村。要把巩固拓展脱贫攻坚成果、推进乡村振兴/作为发展的重要抓手，加大经济发展/和民生改善工作力度，加强水利设施建设/和水资源优化配置，积极发展现代农业和光伏/等产业园区，根据资源禀赋，培育发展新增长极。要做好对口支援工作，加强新疆与内地产业合作、人员往来，鼓励和引导新疆群众/到内地就业，鼓励和支持内地人口/到新疆创业、居住。要发挥新疆独特的区位优势，积极服务和融入新发展格局，从实际出发/抓好对外开放工作，加快"一带一路"核心区建设，使新疆成为我国/向西开放的桥头堡。①

第二节　重音

被誉为中国现代语言学之父的赵元任于1924年提出了"轻音"（轻声）的概念，开启了我国汉语的轻重音及词语轻重格式的研究。20世纪80年代前后徐世荣、周殿福等学者先后提出普通话轻重格式的概念，并用声学实验的方式

---

① 《习近平在听取新疆维吾尔自治区党委和政府　新疆生产建设兵团工作汇报时强调　牢牢把握新疆在国家全局中的战略定位　在中国式现代化进程中更好建设美丽新疆　蔡奇出席汇报会》，央广网，2023年8月27日，https://china.cnr.cn/news/sz/20230827/t20230827_526397710.shtml.

进行了音长、音高和音强等多方面研究探索。赵元任认为汉语重音首先是扩大音域和延长时间，其次才是增加强度。① 这些观点为播音主持艺术有声语言表达技巧提供了理论支持。

对于重音的理解有两点尤为重要：第一，重音是在语句中体现主次关系，而不是在词语中表现轻重格式，因而音强只是重音的一种表现形式，绝不是唯一的；第二，重音不仅仅是音量的简单放大，而是综合运用强弱、高低、大小、虚实等变化突出其重要内容。

一、重音的概念和作用

我们通常用一句话、几句话或一个句群来表达一个相对完整的意思，在一个总的意图和目的的引导下，用几个句子、几个句群或者几个段落组成一个内容复杂、层次丰富的完整的篇章，有组织、有系统地表达一个中心思想。

句子是由词和词组按照一定的意思和语法规则排列而成的，但词或词组在句子中的作用是不同的，地位是不平等的。那些承载重点意思的词或词组，那些最能表明说话目的的主要词语就是重音，其他词或词组则是次重音或非重音。

在播音创作表达中，重音具有很重要的作用，它使语意清楚、准确，使语句目的突出，使逻辑关系严密，使感情色彩鲜明。

同样一句话，由于把不同的词或短语确定为重音，整个句子的意思也就发生了变化。

例：

四川人都爱吃辣（主角是"四川人"爱吃辣）

四川人都爱吃辣（意思是所有的四川人都爱吃辣）

四川人都爱吃辣（说明四川人爱吃"辣"的食物）

四川人都爱吃辣（表明四川人对吃"辣"的喜爱程度）

---

① 参见赵元任：《国语留声片课本（甲种）》，商务印书馆 1922 年版。

二、重音的运用原则

重音的运用要以突出语言目的为首要标准，并且要符合语流变化的需要，综合考虑思想感情和逻辑关系表达的需要进行取舍。具体运用时，应从内容着眼，分析语句实质，联系上下文，明确语句目的，然后根据遣词造句的具体情况来确定重音的位置，做到主次分明，又符合听和说的正常习惯，表达时自然会流畅、不生硬。

（一）少而精

重音是指最能突出和表达句子意思的字词，包括重音、次要重音和非重音等。重音的运用得当，对表达语句目的有非常重要的作用；重音过多会影响语速，给人拖沓之感。在寻找重音时要准确无误地把能突出语义的字词找出来。

例：

> 燕子去了，有再来的时候；杨柳枯了，有再青的时候；桃花谢了，有再开的时候。但是，聪明的，你告诉我，我们的日子为什么一去不复返呢？——是有人偷了他们罢：那是谁？又藏在何处呢？是他们自己逃走了罢：如今又到了哪里呢？①

朱自清先生的《匆匆》一文以一串排比开头，接之以四个问句，形成一种急切之势，表达出他迷茫、困惑和苦恼的心理状态。选段要表现出"去""来""枯""青""谢""开"的对比。

（二）有对比

在重音的处理上需要做到协调配合，既有轻有重，又有强有弱，还能有高有低，以营造较为强烈的对比氛围。一般情况下，一个语句中最主要的重音只有一个（并列成分和对比成分除外），次要重音可根据不同情况有一个至数个。强调重音都是在对比之中实现的，任何时候都是有强有弱，有快有慢，有虚有

---

① 朱自清：《朱自清经典　学生导读本》，江苏文艺出版社 2018 年版，第 37 页。

实。只有在加强对比的过程中，才能突出重要的内容，明确语句的真正目的。

例：

> 许多观众是第一次体验"博物馆里的中秋"，除了看节目，现场设置了非物质文化遗产市集，将汉州剪纸、广汉蜀绣双面绣等收纳其中；三星堆博物馆入口处，火光四射的中江火龙激荡人心。①

我们可以采用在播读到"博物馆里的中秋"时语势稍上扬，或在其前面稍做停顿，或用重读的方式来突出它，以强调重音。但在表达过程中，更关键的还是要处理好其他句段，不要每处都着力强调，尤其是对那些次要重音的处理，不能喧宾夺主，把意思讲清楚、读流畅就可以了，只有这样才能真正突出主要重音，明确话语目的。

（三）讲分寸

在重音的处理过程中还要讲究分寸，不能一味地为了加强对比而强调某个字词或弱化某个字词，虽然造成了听感上的强弱起落变化，但会显得刻意而不自然。在表达语意的时候，还要注意强调的分寸，有的时候如果处理不当，就会使句子本来的意思出现偏差，从而产生不必要的问题。

例：

> 今年厦门月饼市场的主旋律也是创新。小龙虾鲜肉馅月饼，榨菜鲜肉馅月饼……在厦门 SM 城市广场一家"网红"中式糕点柜台，各种创意馅料的月饼吸引了不少消费者尝鲜。价格方面也比较亲民。小龙虾鲜肉馅月饼 4.9 元一个，榨菜鲜肉馅月饼 3.9 元一个，"天价月饼"几乎销声匿迹。②

---

① 《各地喜迎中秋国庆　节日气氛渐浓》，央广网，2023 年 9 月 28 日，参见 https://china.cnr.cn/news/20230928/t20230928_526435748.shtml。

② 《月饼轻装上市　平价更受欢迎》，《经济日报》，2023 年 9 月 27 日，https://m.yunnan.cn/system/2023/09/27/032774253.shtml。

选段中"小龙虾鲜肉馅月饼"和"榨菜鲜肉馅月饼"这两个词在句中出现了两次。如果过分强调这两个词，容易使听众过多地关注它，从而忽略新闻主要想表达的问题——"天价月饼几乎销声匿迹"。

（四）多变化

这里讲的多变化，首先，是指文章中不是每个字都是重音，我们需要依据目的将主次区分出来。其次，确定了重音之后，轻重的表达方式也要有所区别，这样语流才会灵动且富于变化。重音依据稿件内容而存在，内容表达的需要是确定重音的基础，不突出稿件内容的重音不应该出现。由于稿件内容千变万化，重音的处理也要随之而变，不能机械地、一成不变地按照某种习惯来突出某些词语，形成习惯性重音。

例：

贾母问宝钗过生日时喜欢什么酒戏，宝钗依贾母往日素喜者说了出来，这方面黛玉就做不到，她总是自己怎么想，就怎么说，不太考虑别人的感受。黛玉来了几年，贾母从没为她做过生日，现宝钗刚来不久，就替宝钗专设生日酒，黛玉心中有了不自在，所以一天都不开心，加上凤姐又拿戏子来取笑，心情糟透了。宝玉后又进来，真是撞在枪口上。[1]

选段中的重音处理应跟随内容和情感的起伏而变化，做到自然、真诚、不刻意、不做作。选段中黛玉因为贾母为宝钗专设生日酒而不开心，要着重突出黛玉心中的不满。

三、重音的表达方法

在朗读中使用重音是为了更好地表现作品的思想感情。确定重音以后要想恰当地表达出语句目的，还需要掌握重音的表达方法。方法运用不恰当，也会影响表情达意的准确性，影响传播的效果。需要注意的是，重音并不是单纯地

---

① 顾宇、温庆新：《移情式"题咏"与清代〈红楼梦〉的日常化品评》，《齐鲁学刊》2023 年第 1 期。

加重、加强声音，这样只会显得单调、生硬。要想表达得灵动，有些音节要轻读，有些音节要重读，这样才能传达出生动、活泼的语气，突出文章的重点。下面介绍几种重音的处理方法。

（一）高低强弱法

在语言表达过程中用声音的轻重、高低变化来强调重音，"欲高先低，欲强先弱"或"低后渐高，弱中渐强"，这就是高低法和强弱法。

1. 高低法

非重音词语使用较低的声音，而重音词语要提高声音，显出重音与非重音的高低对比。

例：

> 要认真贯彻新时代党的组织路线，加强领导班子建设、干部人才队伍建设和基层党组织建设。要综合用好巡视成果，深化改革、完善制度，推进源头治理，促进标本兼治。[①]

"深化改革"和"完善制度"作为递进性重音，既要表现建设的决心，又要表现贯彻的信心。因此，我们可以采用提高声音的方法加以表达，使之起到振聋发聩、鼓舞人心的作用。

2. 强弱法

例：

> 可是长期以来，他对于那牧师是这样的崇敬，他对这人的感恩、崇拜和爱慕，已经深深印到心里。疑惑、失望、痛心，种种感情纠结在了一起。正在此时，他发现了克洛德的身影，于是尾随他来到塔顶，亲眼看见埃斯梅拉达被绞死。伤心欲绝的卡西莫多明白了一切，他无比愤怒，从背后用力将这位虚伪、邪恶的副主教从圣母院的塔顶推了下去。[②]

---

① 《审议〈关于二十届中央第二轮巡视情况的综合报告〉》，央广网，2023年9月28日。
② 郭红梅：《浅析〈巴黎圣母院〉中的经典人物形象》，《海外英语》2013年第20期。

选段中将"愤怒"和"用力""推了下去"相比较，后两者语气稍重些，可以使故事的剧情发展得更加清晰明了。

（二）快慢停连法

在语言表达过程中，把次重音或非重音快速带过去，这就是"快"；强调重音时，用延长音节来处理，这就是"慢"。在强调重音时还可以在重音的前后运用停顿或连接来进行表达，可表现浓重的感情色彩。这种用声音的急缓、长短、停连等变化来强调重音的方法就是"快慢停连法"。

例：

> 三个月后，那一团越发繁茂的绿蔓里边，发出一种尖细/又娇嫩的鸣叫。我猜到，是它们有了雏儿。我呢，决不掀开叶片往里看，连添食加水时也不睁大好奇的眼睛/去惊动它们。过不多久，忽然有一个更小的脑袋从叶间探出来。哟，雏儿！正是这小家伙！[①]

为了更形象地描述"我"的惊喜，"尖细又娇嫩"这个重音在"尖细"后稍作停顿加以强调，在"决不掀开叶片往里看，连添食加水时也不睁大好奇的眼睛去惊动它们"可以放慢语速，并这一慢一顿为后面的动作做了铺垫。在强调"忽然"和"探出来"的动作时，声音加重、语速加快、衔接更紧，使"雏儿"的形象更加生动鲜活。

（三）虚实变化法

这是一种通过声音的虚实变化来强调重音的方法。突出重音一般应用响亮、实在的声音，但在有些语句中也可以用声轻气多的虚声加以表达。

例：

> 黄河的浪涛塞外的风，此来关山千万重。马鞍上梦见沙盘上画："桂林山水甲天下"……呵！是梦境呵，是仙境？此时身在独秀峰！心是醉

---

① 范昌灼：《冯骥才散文〈珍珠鸟〉赏析》，《高中生·高考》2009 年第 1 期。

呵，还是醒？水迎山接入画屏！画中画——漓江照我身千影，歌中歌——山山应我响回声……

这句话中"浪涛""风"都是重音，但强调的方法不一样。桂林山水奇特秀美，身在其中犹如置身仙境，因此"风"可以采用偏虚一点的声音朗读，营造出一种意境美；而"浪涛"写到了实实在在的山水，因此声音可偏实一些，表现出山的奇丽。这样虚实结合，既准确地传达了文字内容，又可以使表达更加形象且富于变化。

重音表达时容易出现三种误区：

第一，重音就是加重声音。加重声音是表示重音的一种方式，但是如果把稿件中的重音都处理成重读，听起来就会单调、乏味，不够自然，也不能够体现有声语言表达的灵动性和丰富性。表现重音的方式有很多种，采用高低、快慢、实虚、疏密、停连等对比的手法，可以多样化地展现重音。

第二，重音数量过多。作为重音的词或词组相对集中重复出现时不要一一强调。一个词或词组在这一句中是重音，在另一句重复出现时，只要不体现这句话的中心目的，就不再是重音了，若都是重音等于都没强调。

第三，习惯性重音。习惯性重音是指在表达时重音总是习惯性地、规律性地出现在语句固定的位置上，并且声音形式极其相似。通常表现为重音位置不准，表达方式单调，比如习惯性地把动词、形容词作为重音处理，但是如果动词、形容词跟语句表达目的没关系，就不要轻易作为重音处理。[①]

四、重音的选择及种类

（一）重音的选择

1. 陈述事实的核心词语

在话语中占据主导的核心词语最能揭示语句的本质和意义，可以准确、鲜明地传达语句的含义，主要考虑以下两个方面：突出主要信息点的词语、展现态度和判断的词语。

---

① 张永洁、刘春蕾、李雅林：《播音创作基础实训教程》，中国广播影视出版社 2020 年版。

例：

二十四节气那些事儿：大寒除夕喜相逢①

大寒已至，明日除夕，大寒是二十四节气的最后一个节气；"寒气之逆极，故谓大寒。"大寒节气，寒潮频繁，此时应该注意防寒保暖，天冷加衣。

大寒有三候：一候鸡始乳；二候征鸟厉疾，三候水泽腹坚。

一候鸡始乳，寒冷的天气里母鸡感知到春意，开始孵化。

二候征鸟厉疾，鹰隼之类的飞鸟在天空中盘旋，迅捷地捕食猎物，以补充抵御寒冬的能量。

三候水泽腹坚，水域中的冰块很厚实坚硬。

二十四节气反映了古人对天气、物候的变化的认知，是古代农耕文明的产物，也彰显了古人了解时令变化，顺应规律的智慧。

大寒过后是新年，大寒到，新年来，大寒是一年的最后一个节气，明天就是除夕。有人踏上归途，有人开始忙着扫尘洁物，有人除日布新，有人准备年货……大寒节气虽然仍十分寒冷，但春天的脚步已经慢慢走近，大家注意防寒保暖，一起迎接新春的到来。

首先，文章主要围绕"大寒"和"除夕"展开，因此作为信息关键词应该做重音处理。其次，文章播读前要明确表达目的，了解思想感情的脉络，同时要联系上下文的语言环境来设置重音位置，避免语意不清，因而文章中"一候""二候""三候"应做重音处理。

2. 表达情绪感受的词语

表情达意作为语言表达的基本功能，除了能准确表述语句的含义，更能表达内心的情感和思想，引人深思。在重音的选择上，表达情绪感受的词语同样重要，主要考虑以下两个方面：发挥说明、修饰、限制作用的词语及渲染氛围和意境的词语（包括比喻性词语和象声词）。

例：

---

① 《二十四节气那些事儿：大寒除夕喜相逢》，央视网，2023 年 1 月 20 日。

春天的花与诗 | 梅、杏、桃、李、梨、樱，你拍的花究竟是什么花？①

　　梅花花期最早。古籍里说它"先众木花"，因为它在春天这几种花里是最早开的。开花时完全没有叶子，花瓣圆圆的，凑近就可以闻到梅子的清香。仔细观察，它新生的小枝是绿色的。有一种"美人梅"，即梅花与红叶李的杂交，花期会稍微晚一些。古人最早看重梅树并栽培之，其实是因为它的果实，《诗经》里的"山有嘉卉，侯栗侯梅"，三国时期的"望梅止渴"，民间所谓"梅雨"即"梅子黄时雨"，说的都是梅树的果实，也就是梅子。梅花的兴盛是两宋之后的事。虽说"梅花香自苦寒来"，但其实它并不特别耐寒，所以大多数赏梅胜地都集中在长江以南。宋朝之后因为文化中心南移，审美倾向变得更含蓄，讲究气韵，所以梅花成为红极一时的宠儿。"岁寒三友""花中四君子"都有梅花。

　　杏花和梅花很像，花瓣都是圆圆的，但杏花的花期比梅花略晚，也没有梅子的香气。如果你在花瓣下看到深红色的反折花萼，又看到了深红色的小枝，那它一定就是杏花了。可能很多人会疑惑：杏花的花瓣明明是粉白色的，为什么要说"一枝红杏出墙来"？原因其实是多方面的。首先，"红"在古代并非一直确指我们今天所说的大红色，古人多称大红为"绛"或"朱"，许多语境中"红"可能更接近粉红。其次，杏花虽然花瓣粉白，但花萼、新叶、小枝都是浓红颜色，尤其是花萼，艳丽醒目，花未完全开放时还是很显眼的。最后，古人形容杏花时虽用"红杏"，但其实这是一个经过抽象提炼的意象，真要详细描述花朵形态时也很少会刻意强调"红"，更多的是像杨万里诗中所写："道白非真白，言红不若红。请君红白外，别眼看天工。"

选文主要介绍了春天开放的几种相似的花，如"梅花"和"杏花"的异同。从不同角度引经据典对其进行了生动描绘，既清新优雅，又意境深远。选

---

　　① 《春天的花与诗 | 梅、杏、桃、李、梨、樱，你拍的花究竟是什么花？》，央视网，2022 年 4 月 7 日。

文中的典籍引用都是描绘性重音，富有感情色彩，从而使有声语言变得更形象、生动。

3. 体现逻辑关系的词语

在语句中，有些词语具有转折、呼应、对比、并列、递进等作用，这是语句的重要逻辑线索，能保证整体逻辑清晰、语流顺畅。语句中的关联词是逻辑关系的重要体现，若没有关联词，则需要根据语义寻找更具逻辑关系的词语。

例：

良法善治、同心同行：民法中的宪法精神①

在高速发展的时代，社会潮流瞬息万变，要调整民事主体之间的各种关系，法律也必须跟上脚步。

在个人信息保护领域，《个人信息保护法》第五十八条就对大型互联网平台责任提出了更高要求。张新宝透露，这一条在一审稿中并未出现，是由专家们建议增加至二审稿中的。"超级互联网平台企业在个人信息保护方面跟其他企业的影响力、控制力也是不一样的，一些平台上的商家可能无休止地过度收集个人信息，平台有义务进行治理。第五十八条对超级平台企业保护个人信息的特别义务作出了明确的规定，这在国际上也是比较先进的。"

对于同样是与普通人息息相关的高空抛物问题，《中华人民共和国民法典》（以下简称《民法典》）也做出了有力回应。高空抛物和物品自高空坠落，如何确定侵权人，如何对受害人进行充分地救济？《民法典》第一千二百五十四条第三款规定，公安等机关应当依法及时调查，查清责任人。"在一部民法典中明确写明公安机关的职责，这在比较法上是很罕见的一件事情。民法典确立这样的规则，就是希望能够在确定侵权人的问题上取得实实在在的进展。"王轶说："建党之初中国共产党就高度重视法治工作，新中国成立后，尽管我们在进行社会主义革命和建设的过程中走过一些弯路，遇到过一些挫折，但我们推进法治的初心和梦想，从来都没有改变过。"

---

① 《良法善治、同心同行：民法中的宪法精神》，央视网，2021年12月5日。

在选段中除关联词，如"要……也""这……也是""尽管……但"等需要进行重音处理，还有能体现语句逻辑关系的往往是那些相区别而不重复的词语，它们是相关联的内容实质，是我们要强调的逻辑关系的对应词，如"个人信息保护法""第五十八条""第一千二百五十四条"等。

4. 蕴含特殊含义的主要词语

写作者为了表达的需要，有时会在语句中使用与字面本来意义不符的词语，意在表现其反讽性和趣味性。表达者主要考虑以下两个方面：延伸意义、相反意义。

例：

春天的花与诗："腊梅"和梅花原来不是一种花①

"腊梅"和梅花不能说一模一样，只能说是毫无关系。它俩在植物学上是不同科、不同属，可以理解为"两个没有任何血缘关系的人"，只是名字里都有梅。一直以来很多人以为蜡梅的"蜡"是腊月的"腊"，因为它是在腊月里开，但实际上应该是蜡质的"蜡"。这个名字最早是由北宋的大文豪黄庭坚提到的，"香气似梅，类女工撚蜡所成，京洛人因谓之蜡梅"。蜡梅的花瓣蜡质非常明显，而且只开黄色花，别的颜色基本没有，而梅花有红的、粉的、白的，甚至绿色（绿萼梅）的。因为梅花很受欢迎，所以很多花会借用"梅"这个字，比如杨梅、茶梅、榆叶梅，实际上跟真正的"梅"都没有关系。

选段中描写腊梅和梅花是"两个没有任何血缘关系的人"，使说法更灵动且有趣，做重音处理，对"蜡"和"腊"的描写，也需要重音展现二者的区别。

① 《春天的花与诗："腊梅"和梅花原来不是一种花》，央视网，2022 年 3 月 19 日。

（二）重音的种类

1. 并列性重音

显示段落语句中并列关系的词叫作并列性重音，在处理上，各个重音的分量应一致。

例：

从文物中汲取文化自信力量①

泱泱中华，万古江河。习近平总书记深刻指出："如果不从源远流长的历史连续性来认识中国，就不可能理解古代中国，也不可能理解现代中国，更不可能理解未来中国。"中华文明是世界上唯一绵延不断且以国家形态发展至今的伟大文明。从留下"中国"一词最早文字记录的西周青铜器何尊，到铸有"中国大宁"铭文的湖南长沙伍家岭出土汉代铜镜，再到出土于新疆和田地区的"五星出东方利中国"汉代织锦护臂，作为历史的见证，考古文物生动展现出中华文明弦歌不辍、中华文脉绵延不绝。

认识历史离不开考古学。考古工作是研究和展示中华民族历史、中华文明瑰宝的重要工作。对于没有文字记载的早期文明阶段，通过考古发掘找到更多信息，可以用遗迹遗物廓清历史迷雾；而对于有文字记载的历史阶段，通过考古发掘"证经补史"，则可以让历史更加生动鲜活。浙江良渚、湖北石家河、山西陶寺、陕西石峁、河南二里头……考古工作者将埋藏于地下的古代遗存发掘出土，将尘封的历史揭示出来，延伸了历史轴线，增强了历史信度，丰富了历史内涵，活化了历史场景。

事实上，考古既是在不断发现遗存、探寻历史，也是在不断传承历史、弘扬文化。遗址的发掘与复原、文物的保护与修复，不仅让历史遗迹、文化瑰宝重见天日、重获新生，也让更多人能够在触摸历史中感知中华文明的独特魅力、在思接千载中读懂"何以中国"。与考古文物的每一次相遇，都能让我们更直观地了解先人的生活习俗、思维方式、审美取

---

① 《从文物中汲取文化自信力量》，学习强国，2023 年 10 月 13 日。

向，感受中华文化的源远流长、体会中华文明的博大精深。在这个意义上，文物不仅是历史的见证，也是坚定文化自信的重要物质载体。

近年来，考古学逐渐摆脱"冷门"的标签，以全新的面貌出现在人们的视野。一方面，这得益于考古与科技的更紧密结合。考古方舱、文物保护移动实验室等装备的亮相，碳十四测年、同位素分析等实验室考古技术的广泛应用，既助力考古不断取得新突破，也让考古发掘更有科技感，更加可感可知。

选段中"如果不从""就不可能""也不可能"等并列性词语作为文章的逻辑脉络，应做重音处理，且文章中多次出现各类地名，在重音处理上要注意分量的一致。

2. 对比性重音

在语句中突出重音的主次之分、突出词语间的对比关系，将明确观点、渲染气氛、深化情感的词叫作对比性重音。

例：

优化分时段预约参观公告[①]

据故宫博物院数字与信息部智慧服务组李睦麟介绍，一段时间以来，故宫博物院在官方小程序上，已经实施了门票及展览的分时段预约制度，这对于引导观众错峰入院起到一定的引导作用。但在实际接待工作中发现，在上午、下午门票数量相同的情况下，约有50％预约下午票的观众是在上午检票入院的，也就是一天之中，有将近65％至75％的观众集中在上午入场。这一现象在暑期、小长假等客流高峰期会更加凸显，早8时30分至10时30分明显出现入院排队和院内参观扎堆的现象，造成端门广场、午门外广场、午门门洞人员拥堵密集，对观众的参观体验感受造成不良影响。

为此，故宫博物院从今年11月1日起，也就是博物馆参观接待的淡

---

① 《优化分时段预约参观公告》，学习强国，2023年10月24日。

季，进一步优化分时段预约的措施。故宫博物院每日预约分为上午、下午两个时段，中间有 1 小时的交叉，上午时段的截止入院时间到 12 时，下午时段的开始入院时间为 11 时。这样能够给观众留下较为充裕的缓冲时间，不至于在午门外等候过长时间，也让观众（特别是下午时段的观众）能够获得足够的参观时间。

节选中各类时间节点"上午""下午"、各类数字"50％""65％""75％"，以及出现的相关年、月、日，均要进行重音处理，以掌握清楚主次关系，理清文章脉络。

3. 呼应性重音

揭示上下文呼应关系的词称为呼应性重音，包括问答式呼应、分合式呼应、线索式呼应。

例：

窑火不熄　瓷缘深长

——景德陶瓷的万里丝路情[①]

在御窑博物院内，有不少中亚文化的印记，时光变迁在瓷器上清晰浮现。

驼铃声声，使团踏沙西来，将异国物产带入中国。葡萄作为西域代表性作物，在华夏土壤中生根发芽，被皇室视为奇珍异果。中亚地区流行的葡萄纹亦传入中国，被官窑、民窑广泛用作瓷器装饰。

景德镇作为千年瓷都，出土的瓷器见证着中国与中亚如葡萄藤蔓般开枝散叶的密切往来。明朝郑和下西洋，大批东方瓷器随之进入中亚、南亚、西亚、北非，沿线的异域文化符号也来到中国的窑厂。

"在纹样、器形、制法等方面，景德镇瓷器都留存着中亚的痕迹。"景德镇御窑博物院院长翁彦俊说。

一件由碎瓷片修复完成的白釉执壶让沙穆拉托夫停下了脚步。壶颈一

---

① 《窑火不熄　瓷缘深长——景德陶瓷的万里丝路情》，学习强国，2023 年 10 月 13 日。

圈形似羊角排列的纹样让他感到格外亲切。"乌兹别克斯坦大大小小的盘子上经常绘有这种花纹。"沙穆拉托夫一边说着，一边翻找着手机里自家餐桌上摆放着的有羊角纹装饰的茶具照片。他告诉记者，羊角纹是中亚游牧民族传统图案，在当地钱币、公司标志等设计上被广泛使用，执壶壶柄处的卷草纹也在中亚地区随处可见。

翁彦俊向沙穆拉托夫介绍，除纹饰以外，陶瓷的器形也见证着中国和中亚之间的密切联系。

"这件执壶壶嘴呈方形，而非中国传统多见的圆形，是当时的御窑瓷器对中亚器形的借鉴。"翁彦俊拿起另一件执壶说，明朝时期，作为青花瓷主产地的景德镇为适应海外市场需求，生产了菱花口盘、大扁壶、抱月瓶等大批伊斯兰风格的产品，与伊斯兰金银器、陶器、玻璃器的样式十分相似。

选段中通过引用景德镇御窑博物院院长翁彦俊说的话，引出下文的介绍，作为前后呼应的句子，应该对揭示上下文线索的词语进行重音处理，如"葡萄""景德镇"等中心词语。

4. 递进性重音

在语句中显示递进关系的词语或揭示更深层次含义的词语被称为递进性重音。

例：

味之道·金秋好风味①

用几万次的敲打，换来一根牛肉面的爽弹；也能让干枯的荔枝木发挥余热，成就一只烧鹅的精彩；更能造出"阳光"与"北风"，让腊味享受发酵的乐趣，将深海之味落于碗筷之间，一半山川湖海，一半烟火人间……这就是东莞人的金秋好风味……

面朝南海、层峦叠嶂，鱼虾贝蟹自古聚集于咸淡水交汇的虎门。节目

---

① 节选自《味之道·金秋好风味》，云听，2022 年 10 月 9 日。

组首先来到了中国近代史开篇地——虎门镇，跟着新湾渔民何大叔夫妇一起出海打鱼，展现勤劳的新湾渔民如何捕捞东莞美味的食材。

"姜是螃蟹的好搭档，既能去腥还能中和螃蟹冷寒的特性，蟹肉倒入砂锅后，用花生油煸香焖至 15 分钟后加入蚝油入味，打一个鸡蛋，让一面随意的粘在螃蟹壳上，来增加味蕾的乐趣。出锅前再加入料酒燃起的火焰，再次激发螃蟹的鲜甜燃爆味蕾……"

秋风起，食辣味！辣味不仅是东莞人金秋餐桌的重量级嘉宾，也是走亲访友的必备手信。在中国人食用腊味的舞台上，广式腊肠举足轻重。

如今东莞的腊味制作已经现代化，节目特别展示了腊味制作者钟大叔的传统东莞腊味做法。

选肉要选猪的后腿肌肉，上面的瘦肉质地细腻结实，是制作腊肠的首选。竹板与猪小肠肠壁摩擦，留下又薄又透的肠衣。腊肠里灌的肉馅更是严谨，瘦肉中不能有一点肥，肥肉中不能有一点瘦，只有这样才能让腊肠口感分明。豉油增鲜、白酒驱腥、细针扎洞——东莞腊肠在广式腊肠中自成一派。

选段中"阳光""北风""虎门镇""姜""辣"等对后文能起递进作用的词语，应做重音处理，使稿件节奏更加明朗、层次更加分明。

5. 转折性重音

表示说话者意图或揭示相反方向内容变化的词语被称为转折性重音。

例：

味之道·金秋好风味[①]

凌晨 2 点，虎门新湾渔民已开始一天的劳作。码头上一艘艘渔船灯光闪烁，陆续出发开向大海。出海的时间要随着潮汐而定，每天不同，但大都是天不亮就得出发。何树明大叔跟妻子几十年来都是如此。

凌晨的珠江口海面上，可以远远望见岸上沙角电厂灯火通明，岸边灯

---

① 节选自《味之道·金秋好风味》，云听，2022 年 10 月 9 日。

光宛如串珠，滨海湾大桥顶的玉兰花熠熠生辉，在夜色中格外醒目。海面漆黑，点点的渔船灯光，和头顶星空遥相呼应，一抬头，猎户座就正悬在头顶。

这样令人赞叹的美景，何大叔与妻子司空见惯，也无暇欣赏。老两口希望抢先一步，获得丰厚的收获。秋季正是海鲜资源丰饶的时候，珠江口盛产青蟹，它也许是螃蟹家族里"秘密"最多的一种。青蟹一生中不同的时期都可以呈现出不同的肉质口感和味道——未成熟的青蟹叫水蟹，肉少水分多，是广东人煲粥的首选。奄仔蟹是刚成熟的雌蟹，蟹黄软滑，犹如流沙奶黄。膏蟹是成熟的雌蟹，肉肥膏厚，是青蟹的巅峰状态。

约300米长的捕蟹网，被麻利地撒入水里。放好一个，何大叔会继续开船，再下另一网。亮灯的浮漂随着海浪若隐若现，老两口早就习惯了夜晚的水上作业。何大叔告诉摄制组，这片水域是珠江入海口，咸淡水交汇处生长的青蟹是东莞人的最爱。捕蟹不像捕鱼，一网下去，就能将鱼群聚拢，收获颇丰。而螃蟹是独行侠，喜欢独自居住在水底的洞穴里。只有当潮水带来食物，它们出来觅食时，才有可能撞到蟹网上。

选段中先描写了出海的优美景色，随后转折突出"老两口"赶海的目的——"老两口希望抢先一步，获得丰厚的收获"，而"约300米长的捕蟹网"却不一定能有喜人的丰收。播讲时表达者要清楚选段的层次，突出转折起伏的地方，才能使表达生动、鲜明。

6. 肯定性重音

表达肯定态度的词语叫作肯定性重音，分为"肯定是"和"肯定不是"两种。

例：

担当使命，建设中华民族现代文明

——访中国历史研究院副院长李国强①

习近平总书记指出："中华文明具有突出的连续性。"这塑造出中华民族特有的精神追求、道德准则、价值理念，积淀出中华民族更基础、更广泛、更深厚的文化自信。

"历史是现实的根源，当代中国是历史中国的延续和发展"，李国强说，"五千多年的中华文明是建设中华民族现代文明的历史根基和文化基础。"李国强表示，古老的中华文明与古代埃及文明、两河文明、印度文明并称为历史最悠久的世界四大文明。但埃及、两河、印度的古代文明后来因种种原因由盛而衰、最终消亡，而中华文明是世界上唯一绵延不断且以国家形态发展至今的伟大文明。

习近平总书记指出："中华文明具有突出的创新性。"李国强认为，中华文明是革故鼎新、辉光日新的文明。千百年来，中华民族生发出"苟日新，日日新，又日新"的精神追求，阐发出"穷则变，变则通，通则久"的思想哲理，孕育出"治世不一道，便国不法古"的改革理论。

习近平总书记指出："中华文明具有突出的统一性。"李国强认为，统一是中国历史发展的主流，在秦朝开启了中国统一的多民族国家发展历程后，无论哪个民族入主中原，都以统一天下为己任，都以中华文化的正统自居。中华文明长期的大一统传统，形成了多元一体、团结集中的统一性。

习近平总书记指出："中华文明具有突出的包容性。"李国强举例说，佛教传入并未摧毁本土儒家与道家学说，而是推动了它们的新发展，西方的天文、数学传入中国，等等，这些例子说明历史上不断有各种文化元素融入中华文明，彰显着中华文明开放包容的内在特质。

习近平总书记指出："中华文明具有突出的和平性。"李国强认为，中华民族历来崇尚"以和邦国""和而不同""以和为贵"。以"大同世界"

---

① 《担当使命，建设中华民族现代文明——访中国历史研究院副院长李国强》，学习强国，2023年10月12日。

为理想，以"和实生物，同则不继"为操守，以"尚和合、求大同"为准则，以"国虽大，好战必亡"为戒律，以"求同存异""和谐共生"作为与世界相处之道，以实现和平、和睦、和谐为荣，以侵犯他人、谋求霸权为耻。

表达者播讲时要先掌握稿件的整体基调，确定播讲的态度。选段中"强调"和"指出"的内容都属于充分肯定，在稿件播读时要做到播讲欲望强烈、状态积极肯定。

7. 强调性重音

用以突出某种感情色彩或在程度、范围上加以修饰的词语叫强调性重音。

例：

海军某测量分队官兵用"铁脚板"丈量万里海疆①

云团低垂，浪花飞卷。某海域，海军某测量分队官兵正在执行国防工程测量任务。

为确保测量数据精准，他们需要派人携带仪器去海中一块礁石上作业。队伍中，水性最好的钟彬自告奋勇前往。二级军士长景显双一边包裹测量仪器，一边叮嘱他："千万不能让装备进水！"其他几名官兵在腰间系好绳子，跳入海水中护送钟彬前往测量点。钟彬爬上礁石，裤子被划破，腿上磕碰出伤口，可他全然不顾，马上投入测量工作。

在测量兵眼里，数据大于天。他们常年担负沿岸岛礁等地形数据测量任务，脚步遍及风吹浪打的海疆岛屿、荆棘密布的丛林荒野、云雾缭绕的山巅峡谷，为海图制图、战备建设等活动提供精准数据支撑。

攀爬山海间，热血绘经纬。景显双介绍说，分队现在已列装不少先进的测量设备，测量效率大大提高，但为了获得精准数据，测量兵的优良传统不能丢，还得练就"铁脚板"，一步一个脚印去丈量祖国的万里海疆。

---

① 《海军某测量分队官兵用"铁脚板"丈量万里海疆》，央视网，2023年10月24日。

选段中主要表现某测量分队官兵们不畏艰险、英勇无畏的无私奉献精神，因而表达者要对能展现官兵们精神面貌的词进行重音处理，包括对恶劣环境的描写及受伤的画面描写。

8. 比喻性重音

在语句中增强形象性和可感性，使语句表达化抽象为具象的词语称为比喻性重音。

例：

中国式现代化·青年的回答丨如何在国家公园给新物种"上户口"?[①]

武夷山国家公园，我国首批设立的5个国家公园之一，保存了世界同纬度带最完整、最典型、面积最大的中亚热带原生性森林生态系统，是全球生物多样性保护的关键地区。为了摸清"家底"、更好地保护生物多样性，武夷山国家公园于2020年4月、2021年4月分别启动两栖爬行动物资源本底调查和为期三年的生物资源本底调查。20多个高校院所100多位专家陆续来到这里，通过自己的专业知识、科研，更好地发现物种、保护物种。朱滨清就是其中之一。

这个每年三分之一的时间穿梭于溪谷山林进行野外考察的工程师，主要从事两栖爬行动物和水生生物调查研究工作。两栖动物大多有昼伏夜出的习性，朱滨清大部分工作时间都在夜里，"日夜颠倒"的生活已是常态。如何发现新物种？"既靠积累，也靠运气。"本集视频中，朱滨清和AI数字人小青一起还原了"武夷林蛙"的发现过程，在他们看来，发现、研究、命名，为生物资源本底调查"上户口"，这个过程很像"鉴证实录"，得胆大心细、抽丝剥茧。

人与自然和谐共生是中国式现代化的重要特征。朱滨清认为，保护物种最重要的就是保护原生环境。"人和自然是生命共同体，生物资源本底调查，可以为后续科研监测提供更多科学依据，在全球生物多样性保护和

---

① 《中国式现代化·青年的回答丨如何在国家公园给新物种"上户口"?》，央视网，2023年10月30日。

可持续发展中体现中国智慧和中国担当。"

选段中用"摸清家底""上户口"等词语拟人化的描写了野外考察工程师的具体工作，以及工作的艰辛和遇到的困难。稿件中拟人化的比喻表达，使文章更加通俗易懂、简单明了。

9. 拟声性重音

在句子中烘托气氛、描摹场景的象声词被称为拟声性重音。

例：

大熊猫国家公园设立两周年之际　跟随巡护员进山巡护①

沿途尽是大小不一的石头，只能从一块跳到另一块。偶有平整岩石，上面长满苔藓，湿滑无比，得万分小心。

"看！"徐铭突然止住脚步，用刀指着一块断崖下面。刀锋所向，有一排密密麻麻的黑点，比咖啡豆略小。巡护员徐友明提醒，那是斑羚的粪便。

深山之中，记者第一次跟野生动物有了交集。

继续向前走，空气愈发湿冷，脚下的河流不大，却在山谷中撞出"轰隆隆"的声响。很快，大家又发现几个叫不上名字的雉类脚印。

"巡山见到野生动物多吗？"记者问。

"咋不多嘛。"徐铭掏出手机，相册里毛冠鹿、红腹锦鸡、藏酋猴等数不胜数。厚实的手掌、凸起的骨节，这双跟大山较量了一辈子的大手，在滑动屏幕时异常轻柔。

走了两个小时，徐铭提议去矿部看看。顺着一条小道，穿过缠身的杂草，我们爬上一处废弃的矿区厂房，门口还挂着"响水沟磷矿""城墙岩磷矿"两块牌子。

拟声词"轰隆隆"使现场的真实气氛跃然纸上。在表达时，表达者要注意

---

① 《大熊猫国家公园设立两周年之际　跟随巡护员进山巡护》，《四川日报》，2023 年 10 月 18 日。

对此类拟声词的重音处理，可以将稿件所描写的现场环境更加细致地传达给受众。

10. 反义性重音

句子中正话反说或反话正说的词语被称为反义性重音。

例：

美国政府偏爱"皇帝的新装"（节选）[①]

近日，国际评级机构标准普尔下调了多家美国银行信用评级。这是继惠誉、穆迪之后，8月以来美国第三次遭遇"信用降级"打击。不过，美国政府对经济面临的困难视而不见，反而竭力鼓吹"拜登经济学"，恰如童话故事描述那样，偏爱穿上"皇帝的新装"招摇过市。

美国《纽约邮报》网站日前发表评论文章，揭露了拜登政府在提高工资水平、创造就业岗位、增加油气产量、减少预算赤字、降低汽油价格上的谎言，并指出这5个经济谎言背后隐藏着通胀、失业和衰退等严重问题。

拜登政府吹嘘的"成绩单"与现实不符。回顾近年来美国经济表现，通胀高企、债务飙升、赤字居高不下、银行业危机蔓延……一阵阵"逆风"来袭，不仅侵蚀了美国政府的公信力，而且所谓的"拜登经济学"也招致多方质疑。

美国政府试图营造的乐观情绪，与民众切身感受严重脱节。以通胀为例，拜登一上任，就推动1.9万亿美元《美国救援计划》，引发通胀飙升，导致广大普通民众的生活成本居高不下。为应对高通胀，美国不得不陡峭加息，进而导致债务风险、金融风险高企，衰退风险加大。美国民调显示，62%的美国人认为拜登在过去2年"没有取得多大成就"，65%的人认为美国目前"正走向错误的道路"。

美国经济前景并不乐观。以制造业为例，根据标普全球最新数据，美国8月制造业采购经理人指数（PMI）初值为47，低于7月终值49，连续4个月萎缩。美国企业活动接近停滞，8月服务业PMI为51，低于7

[①] 《美国政府偏爱"皇帝的新装"》（节选），《经济日报》，2023年8月30日。

月终值 52.3，创下今年 2 月以来最慢增速。美国全国独立企业联合会调查显示，超过一半的小企业主认为美国经济已经陷入衰退。

面对严峻的经济形势，拜登政府却选择视而不见。对内误导民众，继续大肆举债为选举"铺路"；对外制造矛盾，炒作所谓"去风险"，企图把别国当作转移视线的"挡箭牌"。当前，美国公共债务已超过 32.6 万亿美元，相当于每个美国人负债近 10 万美元。有分析认为，巨额债务已成为美国经济的"定时炸弹"，未来 10 年内，美国政府支付的利息将超过用于国防和医疗补助等社会计划的开支。

越来越多的人已看穿拜登政府的经济谎言。美国经济学和政治学教授杰克·拉斯穆斯表示，"拜登经济学"已经脱离了现实，美国经济正在走向死胡同。国际社会普遍反对将经贸问题政治化。IMF 首席经济学家古兰沙警告，所谓"去风险"可能将全球经济割裂为各行其是的集团。作为全球最大经济体，美国的一举一动深刻影响着世界经济走向。美方应当采取负责任的经济金融政策，把控好政策外溢效应，而非扰乱全球产业链供应链稳定，向世界输出经济衰退风险。

选段中，"皇帝的新衣""铺路""去风险""挡箭牌""定时炸弹"等表达是正话反说、反话正说的典型反义性词语。因此，表达者在播读时应该明确文章的背景，表达者的态度要明确，不可使人听起来产生歧义，一定要正确表达出文章的主旨含义。

练一练

各类重音并不是孤立存在的，表达运用时需要相互补充、相互联系。各类重音的相互配合，为有声语言的表达锦上添花，使稿件的播读游刃有余，为受众带来听觉享受。

驱"盐"化"碱"，中国治理盐碱地原来有这么多"黑科技"①

日前，在提请全国人大常委会会议二次审议的粮食安全保障法草案中，二

---

① 《驱"盐"化"碱"，中国治理盐碱地原来有这么多"黑科技"》，学习强国，2023 年 10 月 31 日。

审稿增加了推动盐碱地综合利用等方面内容，彰显了综合利用盐碱地的重要性。党的十八大以来，习近平总书记和党中央高度重视耕地保护和利用，作出一系列重大部署。今年5月，习近平总书记强调"盐碱地综合利用是一个战略问题，必须摆上重要位置"，为综合利用盐碱地提供了根本遵循。

全国有15亿亩盐碱地，其中适宜种植粮食的有5亿亩，利用潜力巨大。如何唤醒沉睡的盐碱地？经过多年探索，目前盐碱地治理主要有"以地适种"和"以种适地"两大技术路线，而从改良措施上又可分为工程措施、农艺措施、化学措施和生物措施。"以地适种"主要从"改土"入手，即通过各种改良措施降低土壤盐碱含量；"以种适地"主要从"改种"入手，即通过各种手段选育耐盐碱的农作物。近年来，盐碱地治理更强调集成整合各种技术、措施，形成"良田＋良种＋良法"，以达到最优效果。

从沿黄渤海到离海最远的新疆，从河套平原到松嫩平原，从黄淮海平原到沿黄灌区，广大农业科技工作者正在以各种类型的盐碱地为"擂台"，各显神通，展开科技竞赛，将论文写在大地上，探索出一条条因地制宜、各具特色的治理利用路线——有的着眼"废物利用"，用磷肥厂的副产品"中和"苏打盐碱地，有的用更具"科技感"的高分子材料"随机应变"改良各类盐碱地，有的走南闯北选育出"吃盐植物"，有的用更前沿的基因技术培育出耐盐碱植物……

美国：底层"嗑药不停"上层"捞金不止"①

新华社北京9月26日电　只有1岁的尼古拉斯·多米尼西永远闭上了眼睛。被送去急救的还有另外3名孩子，年龄从8个月到两岁不等。急救人员惊讶地发现这些孩子是阿片类药物芬太尼中毒。

这不是电视剧，而是近日发生在美国纽约市一家日托中心的真实案件。日托中心老板等人被指控在这家托儿所里藏毒、制毒。警方在孩子们睡觉和玩耍的地垫附近发现了一公斤芬太尼以及多种制毒设备，还在儿童游戏区的活动地板下发现了大量袋装的芬太尼粉末。

这起托儿所藏毒案是美国毒品泛滥成灾、戕害生命的冰山一角。人口不到

---

① 《美国：底层"嗑药不停"上层"捞金不止"》，新华社，2023年9月27日。

世界 5%的美国，消费了全球 80%的阿片类药物。美方 50 多年前就声称对毒品"宣战"，监管措施却迟迟没有落实到位，迄今没有永久整类列管芬太尼。"嗑药帝国"的政客和药企陶醉在"捞金潮"中，冷眼坐看普通民众深陷药物成瘾的泥潭难以自拔，直至最后被吞噬。

今年 8 月，美国著名导演彼得·伯格的网剧《止痛药》一经推出后就成为奈飞公司平台上最受美国人欢迎的网剧之一。这部剧描绘了美国的阿片类药物危机以及制药公司在其中发挥的作用。伯格在接受媒体采访时说，《止痛药》大热与阿片类药物滥用在美国造成如此多人死亡有关。

美国外交关系协会一项研究显示，自 2000 年以来，美国已有超过 100 万人死于用药过量，其中大部分死于阿片类药物。美国疾病控制和预防中心数据显示，2021 年美国有超过 8 万人死于过量使用阿片类药物。《华盛顿邮报》记者斯科特·海厄姆说，这相当于"每天坠毁一架波音 737 客机且无人生还"。

在这场愈演愈烈的药物危机中，制药公司成为推波助澜的幕后黑手，其中最引人瞩目的莫过于美国普渡制药公司。据德国《时代》周报网站报道，从 20 世纪 90 年代开始，美国普渡制药公司研发的奥施康定在美国很快就像阿司匹林一样成为常用药，几乎人人都用过。

据统计，从 1999 年到 2017 年，共有 20 万美国人死于与奥施康定和其他处方阿片类药物有关的过量服用。一名专家在法庭作证时说，在这些年里，掌控美国普渡制药公司的萨克勒家族通过大力推广奥施康定等药物大发横财，累计获利约 130 亿美元。

海厄姆与同事萨丽·霍维茨在合著的《美国贩毒集团》一书中一针见血地指出，美国制药行业就像贩毒集团一样运营着，顶层是制药企业，中间是批发商，药店则相当于"街头毒贩"。

美国"溃败日"成为阿富汗"欢庆时"[①]

新华社北京 8 月 30 日电　两年前的 8 月 30 日，美军宣布完成从阿富汗撤离任务，仓皇的撤军过程作为"喀布尔时刻"写入历史。误判局势、指挥不力、草菅人

---

① 《美国"溃败日"成为阿富汗"欢庆时"》，新华社，2023 年 8 月 31 日。

命、缺乏与盟友协调等关键词勾勒出这场美式溃败的底色。每年此时，阿富汗人都要走上街头庆祝重获自由，成为对"美式民主输出"的最大嘲讽。

2001年，美国以"反恐"为名发动阿富汗战争，同时扛着"自由"和"民主"两杆大旗。美国给自己在阿富汗的军事行动取名为"持久自由"，启动战争的时任总统小布什声称要在阿富汗建立一个"自由社会"。然而事实证明，美国对阿富汗民众是否能获得自由幸福不感兴趣，真正追求的是军事霸权地位和军工集团利益。"喀布尔时刻"标志着美国在阿富汗军事、政治、反恐的全方位失败，再次证明对其他国家搞军事干涉、政治渗透、民主输出行不通，只会带来动荡和灾难。

美国军事干涉沾满阿富汗平民的鲜血。据统计，美军入侵阿富汗20年间，夺去了包括3万多平民在内的17.4万阿富汗人的生命，近三分之一阿富汗人沦为难民。此外，美军还曾在阿富汗大量使用集束炸弹，给当地民众造成深重灾难。美军眼中的阿富汗平民生命价值几何？前美军无人机操作员布兰登·布赖恩特曾多次对媒体讲述其亲身经历：有一次在阿富汗执行攻击任务，他从无人机镜头中看到一名阿富汗儿童在导弹发射前的最后时刻闯入目标地点，他向上级报告，得到的答复是"别管他，那只是一条狗"。

美国军事干涉难以建立良好的社会治理体系。美国声称要在阿富汗打造"民主样板"，但事实上其所有努力都围绕为自身霸权干涉服务，其扶持的历届政府缺乏群众基础，不能真正有效协调组织政治、社会生活以及经济建设。除极少数亲美政府官员和为美军服务的阿富汗人，生活艰难的绝大多数普通百姓对美国怨声载道甚至恨之入骨。

美国在阿富汗的所谓"反恐"适得其反。美国从自身利益出发定义恐怖组织，还用"恐怖分子"制约"恐怖分子"，致使阿境内恐怖组织数量从20多年前的个位数增加到如今的20多个。阿富汗喀布尔大学教授阿布扎尔·哈帕尔瓦·扎扎伊说，美国所作所为让阿富汗人民至今仍时时刻刻笼罩在恐怖袭击的阴影下。

美国军事干涉让阿富汗经济民生凋敝。在美国主导下，阿富汗形成了畸形的"驻军经济"，经济活动围绕美国及其盟友的驻军进行，而不是建立在阿富汗人民需求之上。20多年过去了，阿富汗依然没有建立像样的经济体系，粮食、电力等无法自给自足。即使在首都喀布尔，人们也没有城市公交系统、市政供水系统和供暖系统，大量人口居住在山上自建的土坯房中。

美国穷兵黩武，对外干涉成瘾，沉溺民主输出。要了解美国的军事干涉给他国带来了什么，不妨看看阿富汗的遭遇，这个国家用破碎的山河，十多万人的生命，经济社会的沉重代价向世界无声作答。

胡同文化（节选）①

四合院是一个盒子。北京人理想的住家是"独门独院"。北京人也很讲究"处街坊"。"远亲不如近邻"。"街坊里道"的，谁家有点事，婚丧嫁娶，都"随"一点"份子"，道个喜或道个恼，不这样就不合"礼数"。但是平常日子，过往不多，除了有的街坊是棋友，"杀"一盘；有的是酒友，到"大酒缸"（过去山西人开的酒铺，都没有桌子，在酒缸上放一块规成圆形的厚板以代酒桌）喝两"个"（大酒缸二两一杯，叫作"一个"）；或是鸟友，不约而同，各晃着鸟笼，到天坛城根、玉渊潭去"会鸟"（会鸟是把鸟笼挂在一处，既可让鸟互相学叫，也互相比赛），此外，"各人自扫门前雪，休管他人瓦上霜"。

北京人易于满足，他们对生活的物质要求不高。有窝头，就知足了。大腌萝卜，就不错。小酱萝卜，那还有什么说的。臭豆腐滴几滴香油，可以待姑奶奶。虾米皮熬白菜，嘿！我认识一个在国子监当过差，伺候过陆润庠、王垿等祭酒的老人，他说："哪儿也比不上北京。北京的熬白菜也比别处好吃——五味神在北京。"五味神是什么神？我至今考查不出来。但是北京人的大白菜文化确是可以理解的。北京人每个人一辈子吃的大白菜摞起来大概有北海白塔那么高。

昆明的雨（节选）②

雨季的果子，是杨梅。卖杨梅的都是苗族女孩子，戴一顶小花帽子，穿着

---

① 《胡同文化》，参见汪曾祺：《人间草木——汪曾祺散文精选》，译林出版社 2023 年版，第 135 页。
② 《昆明的雨》，参见汪曾祺：《人间草木——汪曾祺散文精选》，译林出版社 2023 年版，第 150 页。

扳尖的绣了满帮花的鞋，坐在人家阶石的一角，不时吆喝一声："卖杨梅——"声音娇娇的。她们的声音使得昆明雨季的空气更加柔和了。昆明的杨梅很大，有一个乒乓球那样大，颜色黑红黑红的，叫作"火炭梅"。这个名字起得真好，真是像一球烧得炽红的火炭！一点都不酸！我吃过苏州洞庭山的杨梅、井冈山的杨梅，好像都比不上昆明的火炭梅。

逍遥游·北冥有鱼（节选）[①]

北冥有鱼，其名为鲲。鲲之大，不知其几千里也；化而为鸟，其名为鹏。鹏之背，不知其几千里也；怒而飞，其翼若垂天之云。是鸟也，海运则将徙于南冥。南冥者，天池也。《齐谐》者，志怪者也。《谐》之言曰："鹏之徙于南冥也，水击三千里，抟扶摇而上者九万里，去以六月息者也。"野马也，尘埃也，生物之以息相吹也，天之苍苍，其正色邪？其远而无所至极邪？其视下也，亦若是则已矣。

---

① 庄子：《庄子》，中华书局 2015 年版。

第七章 语气与节奏

第一节 语气的含义与类型

所谓"语气",是指思想感情运动状态下语句的声音形式,主要由有声语言创作者具体的思想感情支配形成的声音形式。具体思想感觉包括语气的感情色彩(喜、怒、哀、乐、爱、恨、悲、急、恐、惊等)和分量(感情的分寸)两个方面的内容。声音形式的外在表现由口腔开度、气息深浅和声音变化三个方面构成。

从张颂先生对"语气"的总结和归纳可以发现:其一,语气以具体的思想感情为灵魂;其二,语气以具体的声音形式为躯体;其三,语气存在于一个个语句当中。只有受具体的思想感情支配的语句,才是有生命的、可感的。在播音中尤其要注意语气中包含的具体思想感情。通过对语言本质和语言链条的理解、感受、体验,是能够把握到语气的具体性的。它包括喜、怒、哀、乐、欲、恶、惧等人类情感的不同色彩,还包括各类感情色彩中的不同级差(分量),同时也包括语言链条中反映出来的并列、递进、转折、因果、领起、总括、主次等思维的逻辑轨迹。此外,在语言传播过程中,与受众的交流、呼应也靠语气来体现。所以说,只有重视语气的具体性,有充实的内心依据,才能丰富语气表达。

丰富的思想感情必须透过变化多样的具体的声音形式才能体现出来。声音形式又能对语气的感情色彩起反作用。刻板、单调,以不变应万变的声音形式,抑或对声音形式的选择、驾驭不当,都会使本来要表达的思想感情变味,有声语言应具有的直接可感性优势也会被极大削弱。语气是"语句的'神'与

'形'的结合体"。在具体的声音形式中，包含着声音、气息、口腔状态三方面多层次、多侧面的变化，具有很强的技巧性。声音、气息、口腔状态在具体的思想感情支配下，不仅各自要以相应的状态出现，它们之间还要有巧妙的配合。正所谓：因情用气，气随情动，以气托声，以情带声，音随意转，声随情出，最终以声、气传情。不同语句的具体声音形式必然是各不相同，变化多端的。

具体的感情色彩可以对应具体的声音形式，下表是张颂先生的总结和归纳如下（见表 7-1）：

表 7-1 感情色彩与具体声音形式[①]

感情色彩	具体声音形式
爱	气徐声柔：口腔宽松，气息深长
憎	气足声硬：口腔紧窄，气息猛塞
悲	气徐声柔：口腔宽松，气息深长
喜	气满声高：口腔似千里轻舟，气息似不绝清流
惧	气提声凝：口腔像冰封，气息像倒流
欲	气多声放：口腔积极敞开，气息力求畅达
急	气短声促：口腔似弓箭，飞剑流星；气息如穿梭
冷	气少声平：口腔松软，气息微弱
怒	气粗声重：口腔如鼓，气息如椽
疑	气细声黏：口腔欲松还紧，气息欲连还断

一、爱的感情（气徐声柔：口腔宽松，气息深长）

例：

我遇到过很多人。有人让我发烧，我以为那是爱情，结果烧坏了所有。有人让我发冷，从此消失在生命里。有人让我觉得温暖，但仅仅是温暖而已。只有你，让我的体温上升 0.2℃。

---

① 张颂：《朗读学》，北京广播学院出版社 1999 年版，第 229 页。

（让—雅克·贝奈克斯《巴黎野玫瑰》）

若逢新雪初霁，满月当空，下面平铺着皓影，上面流转着亮银。而你带笑地向我走来，月色和雪色之间，你是第三种绝色。

（余光中《绝色》）

水陆草木之花，可爱者甚蕃。晋陶渊明独爱菊。自李唐来，世人盛爱牡丹。予独爱莲之出淤泥而不染，濯清涟而不妖，中通外直，不蔓不枝，香远益清，亭亭净植，可远观而不可亵玩焉。予谓菊，花之隐逸者也；牡丹，花之富贵者也；莲，花之君子者也。噫！菊之爱，陶后鲜有闻；莲之爱，同予者何人？牡丹之爱，宜乎众矣。

（周敦颐《爱莲说》）

二、憎的感情（气足声硬：口腔紧窄，气息猛塞）

例：

我的心①
巴金

近来，不知什么缘故，我的这颗心痛得更厉害了。

我要对我的母亲说："妈妈，请你把这颗心收回去吧，我不要它了。"记得你当初把这颗心交给我的时候曾对我说过："你的父亲一辈子拿了它待人爱人，他和平安宁地度过了一生。在他临死的时候把这颗心交给我，要我在你长成的时候交给你。他说，承受这颗心的人将永远正直、幸福，并且和平安宁……的度过一生。现在你长成了，也就承受了这颗心，带着我的祝福，孩子，到广大的世界中去吧。"

这些年，我怀着这颗心走遍了世界，走遍了人心的沙漠，所得到的只是痛苦和痛苦的创痕。

---

① 巴金：《我的心　我的梦》，长江文艺出版社 2015 年版。

正直在哪里！幸福在哪里！和平在哪里！

这一切可怕的景象哪一天才会看不到？这样的可怕的声音哪一天才会听不见？这样的悲剧哪一天才会不再上演？这一切像箭一样的射到我的心上，我的心布满了痛苦的创痕，因此我的心痛得更厉害了，我不要这颗心了。

有了它，我不能闭目为盲；有了它，我不能塞耳为聋；有了它，我不能吞炭为哑；有了它，我不能在人群的痛苦中寻找我的幸福；有了它，我就不能和平的生活在这个世界上；有了它，我就不能活下去了。

妈妈，请你饶了我吧！这颗心我实在不要，不能够要了！

多时以来，我就下决心放弃一切。让人们去竞争，去残杀；让人们来虐待我，凌辱我，我只愿有一时的安息。可我的心不肯这样，它要使我看、听、说。看我所怕看的，听我所怕听的，说人所不愿听的。于是我又向它要求到："心啊，你去吧！不要再这样苦苦的恋着我。有了你我无论如何不能活在这个世界上啊，求你为了我幸福的缘故，撇开我去吧。"

它没有回答，因为它知道：既然它已被你的祝福拴在我的胸口上，那么也就只能由你的诅咒而分开。

好吧，妈妈，请你诅咒我吧！请你允许我放走这颗心，让它去毁灭吧。因为它不能活在这个世界上，而有了它，我也不能活在这个世界上了。

在这样大的血泪的海中，一个人，一颗心，算得了什么？能做什么？

妈妈，请你诅咒我吧，请你收回这颗心吧！我不要它了。

可是我的母亲已经死了多年了。

三、悲的感情（气徐声柔：口腔宽松，气息深长）

例：

老树海棠[①]

史铁生

如果能有一块空地，不论窗前屋后，我想种两棵树：一棵合欢，纪念母亲；一棵海棠，纪念奶奶。

奶奶和一棵老海棠树，在我的记忆里不能分开，因为奶奶一生一世都在那棵老海棠树的影子里张望。

老海棠树近房高的地方，有两条粗壮的枝丫，弯曲如一把躺椅。儿时我常爬上去，一天天地在那儿玩，奶奶在树下喊："下来吧，你就这么一天到晚待在上头？"是的，我在那儿看小人书、射弹弓，甚至写作业。"饭也在上头吃？"她又问。"对，在上头吃。"奶奶把盛好的饭菜举过头顶，我两腿攀紧树丫，一个海底捞月把碗筷接上来。"觉呢，也在上头睡？""没错，四周都是花香呢。"奶奶只是站在地上，站在老海棠树下，望着我。她必然是羡慕，猜我在上头都能看见什么。

春天，老海棠树摇动满树繁花，摇落一地雪似的花瓣。奶奶坐在树下糊纸袋，不时地冲我唠叨："就不说下来帮帮？你那小手儿糊得多快！"我在树上胡乱地唱歌。奶奶又说："我求过你吗？这回活儿紧！"我说："有我爸妈养着您，您干吗这么累啊？"奶奶不再吭声，直起腰，喘口气。

夏天，老海棠树枝繁叶茂，奶奶坐在树下的浓荫里，又不知从哪里找来了补花的活儿，戴着老花镜，一针一线地缝。天色暗下来时她冲我喊："你就不能去洗洗菜？没见我忙不过来吗？"我跳下树，洗菜，胡乱一洗了事。奶奶生气了："你上学也这么糊弄？"奶奶把手里的活儿推开，一边重新洗菜，一边说："我就一辈子得给你们做饭？就不能有我自己的工作？"我不敢吭声。奶奶洗好菜重新捡起针线，或者从老花镜上缘抬起目光，或

---

① 史铁生：《老树海棠》，中国盲文出版社 2006 年版。

者又会有一阵子愣愣地张望。

有年秋天，老海棠树照旧落叶纷纷。天还没亮，奶奶就起来主动扫院子，"刷拉——刷拉——"邻居都还在梦中，那时候她已经腰弯背驼。我大些了，听到声音赶紧跑出去说："您歇着吧，我来，保证用不了 3 分钟。"可这回奶奶不要我帮："咳，你呀！还不懂吗？我得劳动。"我说："可谁能看见？"奶奶说："不能那样，看不看得见是人家的事，我得自觉。"她扫完院子又去扫街了。

我这才明白，曾经她为什么执意要糊纸袋、补花，不让自己闲着。她不是为挣钱，她为的是劳动。什么时候她才能像爸和妈那样，有一份工作呢？大概这就是她的张望吧。不过，这张望或许还要更远大些——她说过："得跟上时代。"

所以在我的记忆里，几乎每一个冬天的晚上，奶奶都在灯下学习。窗外，风中，老海棠树枯干的枝条敲打着屋檐，摩擦着窗棂。一次，奶奶举着一张报纸小心地凑到我的跟前："这一段，你说说，到底是什么意思？"我不耐烦地说："您学那玩意儿有用吗？就算都看懂了您就有文化了？"奶奶立刻不语，只低头盯着那张报纸，半天目光都不移动。我的心一下子收紧，但知已无法弥补。"奶奶。""奶奶！""奶奶——"她终于抬起头，眼里竟全是惭愧，毫无对我的责备。

但在我的记忆里，奶奶的目光慢慢地离开那张报纸，离开灯光，离开我，在窗上老海棠树的影子那儿停留一下，继续离开，离开一切声响，飘进黑夜，飘过星光，飘向无可慰藉的迷茫……而在我的梦里，我的祈祷中，老海棠树也随之轰然飘去，跟随着奶奶，陪伴着她；奶奶坐在满树的繁花中，满地的浓荫里，张望复张望，或不断地要我给她说说这一段到底是什么意思。这形象，逐年地定格成我的思念，和我永生的痛悔。

四、喜的感情（气满声高：口腔似千里轻舟，气息似不绝清流）

例（1）：

登科后

［唐］孟郊

昔日龌龊不足夸，今朝放荡思无涯。

春风得意马蹄疾，一日看尽长安花。

例（2）：

闻官军收河南河北

［唐］杜甫

剑外忽传收蓟北，初闻涕泪满衣裳。

却看妻子愁何在，漫卷诗书喜欲狂。

白日放歌须纵酒，青春作伴好还乡。

即从巴峡穿巫峡，便下襄阳向洛阳。

五、惧的感情（气提声凝：口腔像冰封，气息像倒流）

例（1）：

这个念头还没有从我的脑海中消逝，就见刚才所观察的那个人看到了我们的门牌号码后，从街对面飞快地跑了过来。只听见一阵急促的敲门声，楼下有人用低沉的声音讲着话，接着楼梯上便响起了沉重的脚步声。

（柯南道尔《福尔摩斯探案集》）

例（2）：

　　"小姑娘，你好吗？"乌鸦装模作样地问。"谁？有谁在吗？""请放心，我不是什么坏人。我只是想和你说说话。"女孩从椅子上站了起来，伸出纤细的手臂在房间里摸索着来回走动。看来她在寻找声音的源头。"在哪里？你在哪里？"乌鸦扇了几下翅膀，从开着的窗户飞进了房间。

（乙一《暗黑童话》）

六、欲的感情（气多声放：口腔积极敞开，气息力求畅达）

例：

　　我无法拥有你的时候，我渴望你。我是那种会为了与你相见喝杯咖啡而错过一班列车或飞机的人。我会打车穿越全城来见你十分钟。我会彻夜在外等待，假如我觉得你会在早晨打开门。如果你打电话给我说"你是不是愿意……"我的回答是"是的"，在你的句子说完之前。我编织着我们可以在一起的世界。我梦想你。对我而言，想象和欲望非常接近。

　　欲望常常是一种创造。我的意思是，我们两个被这种强大的感情重塑了。好吧，有时是我们两个，有时或许只是我，而这时我是你的跟踪者，你的精神病患，我是那个幻想失控的人。

七、急的感情（气短声促：口腔似弓箭，飞剑流星；气息如穿梭）

例（1）：

　　我们必须立即采取行动，时间已经不多了！

例（2）：

情况紧急，我们要尽快找到解决办法！

例（3）：

考试时间只有十分钟了，我还有两个大题没做呢？我的心剧烈地跳动起来！慌忙拿起笔演算了起来，可怎么也得不出答案，手心都冒汗了，笔也不那么听使唤。我想，这次考试算完了！

八、冷的感情（气少声平：口腔松软，气息微弱）

例：

听听那冷雨（节选）①
余光中

惊蛰一过，春寒加剧。先是料料峭峭，继而雨季开始，时而淋淋漓漓，时而淅淅沥沥，天潮潮地湿湿，即便在梦里，也似乎有把伞撑着。而就凭一把伞，躲过一阵潇潇的冷雨，也躲不过整个雨季。连思想也都是潮润润的。每天回家，曲折穿过金门街到厦门街迷宫式的长巷短巷，雨里风里，走入霏霏令人更想入非非。想这样子的台北凄凄切切完全是黑白片的味道，想整个中国整部中国的历史无非是一张黑白片子，片头到片尾，一直是这样下着雨的。这种感觉，不知道是不是从安东尼奥尼那里来的。不过那一块土地是久违了，二十五年，四分之一的世纪，即使有雨，也隔着千山万山，千伞万伞。十五年，一切都断了，只有气候，只有气象报告还牵连在一起，大寒流从那块土地上弥天卷来，这种酷冷吾与古大陆分担。不能扑进她怀里，被她的裙边扫一扫也算是安慰孺慕之情吧。

---

① 余光中：《听听那冷雨》，中国友谊出版公司2019年版。

九、怒的感情（气粗声重：口腔如鼓，气息如橡）

例（1）：

卧薪尝胆（朗诵稿）

列祖列宗，勾践来看望你们了。面对列祖列宗，勾践有四大罪状。

罪其一，不自量力，以弱国之兵力抗击强国，造成了黎民百姓的生灵涂炭。罪其二，国有良士不听劝告，一意孤行，把越国送上了覆亡之路。这罪其三，面对吴国，竟然屈膝投降，藏辱纳耻啊。罪其四，也是罪不可赦之处，居然沦为吴国之奴！

列祖列宗啊，是你们流血流汗，开辟了这片蛮荒之地；你们刀耕火种，经历了百年的沧桑，经历了礼乐的教化，才形成了当今之越国。我们越国之弱小啊，是你们让它，仍然挺立于诸强的环伺之地，这是何等的不易。是勾践，是勾践不应该啊，葬送了列祖列宗的千秋伟业。列祖列宗在上，越国的王位是勾践夺来的。因为勾践以为，只有勾践才能富国强兵，只有勾践才能保全社稷之长存。

但是，列祖列宗容许勾践说一句不敬之语吧，他们给勾践留下的是怎样的一个越国？越国的光辉早已黯淡无光，先民死地求生的欲望早已荡然无存！剩下的是什么？剩下的是朝中的奢靡，剩下的是后宫无耻的浪笑！更可怕的是，面对强势举国上下悲谤以退让。所以，面对吴国的凌辱勾践该如何是好呢？勾践选择了抗拒，虽然经过拼死一搏，但是还是把越国送上了覆亡之路。面对这一切，勾践应该粉身碎骨，以死来谢罪列祖列宗，谢罪国人。但是，勾践不想死。勾践，也不能死。不是勾践怕死，也不是勾践贪生，因为，勾践，心存不服。难道，弱，一定要被强所欺凌吗？小，一定要被大所吞并吗？仁德一定要败给暴政，天理一定要输给强权吗？

勾践，不服！

今天面对列祖列宗勾践发下誓，只要勾践一息尚存，一定要强兵富国，拯救黎民百姓于水火之中，逆转乾坤之倒转，还天理之公平。如若勾践不能实现此诺言，再让勾践黄沙遮面，尸骨不全吧，勾践在此别过了！

例（2）：

商鞅之死（朗诵稿）

勒死他，勒死他，用这马央勒死他！为什么？为什么我一生下来我的亲生父亲就要勒死我？因为巫说，你是五岳之子冲克父母。巫？为什么巫要我死我就必须死？你难道还能成为人上之人，还能翻天覆地倒转乾坤吗？为什么不？

我不愿当牲畜，祖祖辈辈甘愿当牲畜，只会哀号不会反抗，我要问，我要问天，如今这浑噩的苍天，我来问你，为什么有的人活着天定为人上之人，而有的人活着却如同一头牲畜。商鞅，商鞅乃心卯年五月亥时生人，五岳之子，金质热烈，父母不堪将受其害，祖灭满门，五马分尸，这又如何，绝后代，断宗祀，乃天下第一孤寡之人，孤寡之人，这又如何？

我逃脱了驾驭生命的马央，活过来了，活了整整五十二年，五十二年！人之有为不在其身而在其志，生活在这个时代，你必须为自己争取一切，甚至是生的权力，任何时代都需要英雄，因为英雄能改变这个时代，改变生活在这个时代人的命运。我变法之所以成功正是因为遇上了这样的时代这样的国家这样的子民，我要让山川移位，乾坤倒转，要让奴隶们见天日，令显贵们变脸色。

听，他们来杀我来了！

不要对我放箭，不要对我放箭，这剑矢曾是用来刺穿敌人胸膛的。我不死，我不能死。我这时要去哪儿？哪里不能去？哪里不是我的归宿？

百姓们，奴隶们，我。商鞅，就是为你们而变法的商鞅，你们是秦国的子民，为了秦国的现在和将来，有谁为我说句公道话啊？你们这些愚人！这四野的烈火正在熊熊的燃烧，这是我亲手将它点燃的，而我将在这腾腾的烈焰中化为灰烬，商君！你被自己点燃的火焰吞噬了。秦国，秦国你们的商君将在这里永远的消失了，他将自己的生命浇铸进着秦国的大鼎之中，他用自己的生命铸造起这里的辉煌，而今天他却被自己拯救过的人们暴诛了啊！

他死了，他走了，他升天了！

你可知商鞅虽死，然商鞅之法千年不败，你可知商鞅虽死，然一百一十七年之后，秦王朝一统天下！

十、疑的感情（气细声黏，口腔欲松还紧，气息欲连还断）

例（1）：

你确定是这样吗？

例（2）：

为什么只有你一个人回来了，其他人都去哪儿了？

例（3）：

会不会有一天，你也会变成像他们那样的人？

第二节　语境与语势

一、语境

语境指语言存在和使用的环境。语境对人们使用语言有约束力量，可以决定并影响语言手段的选择和使用。这一客观规律对于播音创作中语气技巧的运用有十分重要的意义，应当承认，影响稿件句子语气的不仅仅是"具体的思想感情"，还有许多不像语句所反映的客观内容那样具体的因素，它们也对语句的语气有影响。张颂先生谈到这个问题时指出："对语句声音形式起支配作用的，有许多因素，只说'具体的思想感情'就显得不够全面、不够充分了。"
"语气这个精灵的千姿百态不能不受到主观和客观、时间和空间的制约，不能
不受到播音员的美学理想、审美感受、审美趣味等的浸染。"这里所谈的对语
句声音形式起支配作用的"许多因素"，便是语境。

二、语势

语势指一个句子在思想感情运动状态下声音的态势，或者说，是有声语言
的发展方向。语势，包括气息、声音、口腔状态三方面多层次、多侧面的立体
变化及多重组合。

1. 语势的种类

（1）波峰类：语句的句头、句尾较低，句腰较高。

（2）波谷类：语句的句头、句尾较高，句腰较低。

（3）上山类：语句的句头较低，而后逐渐上行，句尾最高。

（4）下山类：语句的句头较高，而后顺势下行，句尾较低。

（5）半起类：语句的句头稍低，中间稍高或又有曲折，句尾气提声止，却
又不在最高点上，只起了一半。

2. 语势的变化方法

（1）要变声音先变状态。

这里所谓"变声音"，即语势的变化。所谓"变状态"，即感情状态和用声状态的变化。

（2）语势变化的关键部位。

"句头忌同一起点、句腰忌同一波形、句尾忌同一落点。"起点包括起句的高低、快慢、轻重，当然还有气息的"上提"或"下松"做后盾。句腰的波形一定要从不同的细微感受中抓区别，使之有高低起伏、松紧疏密、强弱轻重方面的落差幅度。句尾的落点，不仅有音高、音色方面的变化，还有强收、弱收、急收、缓收方便的区别，并且有气息粗细、顺滞、余竭等状态的不同。

例：

我明天准备到北京出差。（平铺直叙）

放下武器！把手举起来！（命令、祈使句）

你今天为什么没有去上班啊？（疑问）

中华民族从此站起来了！（感叹）

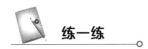

白杨礼赞[①]

茅盾

白杨树实在不是平凡的，我赞美白杨树！

汽车在望不到边际的高原上奔驰，扑入你的视野的，是黄绿错综的一条大毡子。黄的是土，未开垦的处女土，几十万年前由伟大的自然力堆积成功的黄土高原的外壳；绿的呢，是人类劳力战胜自然的成果，是麦田。和风吹送，翻

---

① 茅盾：《白杨礼赞》，高等教育出版社 2023 年版。

起了一轮一轮的绿波——这时你会真心佩服昔人所造的两个字"麦浪",若不是妙手偶得,便确是经过锤炼的语言的精华。黄与绿主宰着,无边无垠,坦荡如砥,这时如果不是宛若并肩的远山的连峰提醒了你(这些山峰凭你的肉眼来判断,就知道是在你脚底下的),你会忘记了汽车是在高原上行驶。这时你涌起来的感想也许是"雄壮",也许是"伟大",诸如此类的形容词;然而同时你的眼睛也许觉得有点倦怠,你对当前的"雄壮"或"伟大"闭了眼,而另一种的味儿在你心头潜滋暗长了——"单调"。可不是?单调,有一点儿吧?

　　然而刹那间,要是你猛抬眼看见了前面远远有一排——不,或者甚至只是三五株,一株,傲然地耸立,像哨兵似的树木的话,那你的恹恹欲睡的情绪又将如何?我那时是惊奇地叫了一声的。

　　那就是白杨树,西北极普通的一种树,然而实在不是平凡的一种树。

　　那是力争上游的一种树,笔直的干,笔直的枝。它的干呢,通常是丈把高,像是加以人工似的,一丈以内绝无旁枝。它所有的丫枝呢,一律向上,而且紧紧靠拢,也像是加以人工似的,成为一束,绝无横斜逸出。它的宽大的叶子也是片片向上,几乎没有斜生的,更不用说倒垂的了;它的皮,光滑而有银色的晕圈,微微泛出淡青色。这是虽在北方的风雪的压迫下却保持着倔强挺立的一种树。哪怕只有碗来粗细罢,它却努力向上发展,高到丈许,二丈,参天耸立,不折不挠,对抗着西北风。

　　这就是白杨树,西北极普通的一种树,然而决不是平凡的树!

　　它没有婆娑的姿态,没有屈曲盘旋的虬枝,也许你要说它不美丽,——如果美是专指"婆娑"或"横斜逸出"之类而言,那么白杨树算不得树中的好女子;但是它却是伟岸,正直,朴质,严肃,也不缺乏温和,更不用提它的坚强不屈与挺拔,它是树中的伟丈夫!当你在积雪初融的高原上走过,看见平坦的大地上傲然挺立这么一株或一排白杨树,难道就觉得它只是树,难道你就不想到它的朴质,严肃,坚强不屈,至少也象征了北方的农民;难道你竟一点也不联想到,在敌后的广大土地上,到处有坚强不屈,就像这白杨树一样傲然挺立的守卫他们家乡的哨兵!难道你又不更远一点想到这样枝枝叶叶靠紧团结,力求上进的白杨树,宛然象征了今天在华北平原纵横决荡用血写出新中国历史的那种精神和意志。

　　白杨不是平凡的树。它在西北极普遍,不被人重视,就跟北方农民相似;

它有极强的生命力，磨折不了，压迫不倒，也跟北方的农民相似。我赞美白杨树，就因为它不但象征了北方的农民，尤其象征了今天我们民族解放斗争中所不可缺的朴质，坚强，以及力求上进的精神。

让那些看不起民众，贱视民众，顽固的倒退的人们去赞美那贵族化的楠木（那也是直干秀颀的），去鄙视这极常见，极易生长的白杨罢，但是我要高声赞美白杨树！

西风胡杨[①]

潘岳

那曾经三十六国的繁华，那曾经狂嘶的烈马，腾燃的狼烟，飞旋的胡舞，激奋的羯鼓，肃穆的佛子，缓行的商队，以及那连绵万里直达长安的座座烽台……都已被那浩茫茫的大漠洗礼得苍凉斑驳。仅仅千年，只剩下残破的驿道，荒凉的古城，七八匹孤零零的骆驼，三五杯血红的酒，两三曲英雄逐霸的故事，一支飘忽在天边如泣如诉的羌笛。当然，还剩下胡杨，还剩下胡杨簇簇金黄的叶，倚在白沙与蓝天间，一幅醉人心魄的画，令人震撼无声。

金黄之美，属于秋天。凡秋天最美的树，都在春夏时显得平淡。可当严冬来临时，一场凌风厉雨的抽打，棵棵绿树郁积多时的幽怨，突然迸发出最鲜活最丰满的生命。那金黄，那鲜红，那刚烈，那凄婉，那裹着苍云顶着青天的孤傲，那如悲如喜如梦如烟的摇曳，会使你在夜里借着月光去抚摸隐约朦胧的花影，会使你在清晨踏着雨露去感触沙沙的落叶。你会凝思，你会倾听，你会去当一个剑者，披着一袭白衫，在飘然旋起的片片飞黄与零零落红中遥遥劈斩，挥出那道悲凉的弧线。这便是秋树。如同我喜爱夕阳，唯有在傍晚，唯有在坠落西山的瞬间，烈日变红了，金光变柔了，道道彩练划出万朵莲花，整个天穹被泼染得绚丽缤纷，使这最后的挣扎、最后的拼搏，抛洒出最后的灿烂。人们开始明白它的存在，开始追忆它的辉煌，开始探寻它的伟大，开始恐惧黑夜的来临。这秋树与夕阳，是人们心中梦中的诗画。而金秋的胡杨，便是这诗画中

---

① 潘岳：《西风胡杨》，参见搜狐网，http://travel.sohu.com/a/628899544_121124703.

的绝品。

胡杨，秋天最美的树，是一亿三千万年前遗下的最古老树种，只生在沙漠。全世界百分之九十的胡杨在中国，中国百分之九十的胡杨在新疆，新疆百分之九十的胡杨在塔里木。我去了塔里木。在这里，一边是世界第二大的 32 万平方公里的塔克拉玛干大沙漠，一边是世界第一大的 3800 平方公里的塔里木胡杨林。两个天敌彼此对视着，彼此僵持着，整整一亿年。在这两者中间，是一条历尽沧桑的古道，它属于人类，那便是丝绸之路。想想当时在这条路上络绎不绝、逶迤而行的人们，一边是空旷的令人窒息的死海，一边是鲜活的令人亢奋的生命；一边使人觉得渺小而数着一粒粒流沙去随意抛逝自己的青春，一边又使人看到勃勃而生的绿色去挣扎走完人生的旅程。心中太多的疑惑，使人们将头举向天空。天空中，风雨雷电，变幻莫测。人们便开始探索，开始感悟，开始有了一种冲动，便是想通过今生的修炼，而在来世登上白云，去了解天堂的奥秘。如此，你就会明白，佛祖释迦牟尼是如何从这条路上踏进中国的。

胡杨，是我平生所见最坚韧的树。能在零上 40 度的烈日中娇艳，能在零下 40 度的严寒中挺拔。不怕侵入骨髓的斑斑盐碱，不怕铺天盖地的层层风沙，它是神树，是生命的树，是不死的树。那种遇强则强、逆境奋起、一息尚存、绝不放弃的精神，使所有真正的男儿血脉贲张。霜风击倒，挣扎爬起，沙尘掩盖，奋力撑出。它们为精神而从容赴义，它们为理念而慷慨就死。虽断臂折腰，仍死挺着那一副铁铮铮的风骨；虽伤痕累累，仍显现着那一腔硬朗朗的本色。

胡杨，是我平生所见最无私的树。胡杨是挡在沙漠前的屏障，身后是城市，是村庄，是青山绿水，是喧闹的红尘世界，是并不了解它们的芸芸众生。身后的芸芸众生，是它们生下来、活下去、斗到底的唯一意义。它们不在乎，它们并不期望人们知道它们，它们将一切浮华虚名让给了牡丹，让给了桃花，让给了所有稍纵即逝的奇花异草，而将这撕肝裂胆的风沙留给了自己。

胡杨，是我平生所见最包容的树。包容了天与地，包容了人与自然。胡杨林中，有梭梭、甘草、骆驼草，它们和谐共生。容与和，正是儒学的真髓。胡杨林是硕大无边的群体，是一荣俱荣、一损俱损的团队，是典型的东方群体文明的构架。胡杨的根茎很长，穿透虚浮漂移的流沙，竟能深达 20 米去寻找沙下的泥土，并深深根植于大地。如同我们中国人的心，每个细胞、每个支干、每个叶瓣，无不流动着文明的血脉，使大中国连绵不息的文化，虽经无数风霜雪雨，仍然同根同种同文独秀于东方。

胡杨，是我平生所见最悲壮的树。胡杨生下来一千年不死，死了后一千年不倒，倒下去一千年不朽。这不是神话。无论是在塔里木，还是在内蒙额济纳旗，我都看见了大片壮阔无边的枯杨。它们生前为所挚爱的热土战斗到最后一刻，死后仍奇形怪状地挺立在战友与敌人之间。它们让战友落泪，它们让敌人尊敬。那亿万棵宁死不屈、双拳紧握的枯杨，似一幅天悯人的冬天童话。一看到它们，就会想起岳飞，想起袁崇焕，想起谭嗣同，想起无数中国古人的气节，一种凛凛然、士为知己而死的气节。当初，伍子胥劝夫差防备越国复仇，忠言逆耳，反遭谗杀。他死前的遗言竟是：把我的眼睛挖下来镶在城门上，我要看着敌军入城。他的话应验了。入城的敌军怀着深深的敬意重新厚葬了他与他的眼睛。此时，胡杨林中飘过的阵阵凄风，这凄风中指天画地的条条枝干，以及与这些枝干紧紧相连的凌凌风骨，如同一只只怒目圆睁的眼睛。眼里，是圣洁的心与叹息的泪。

胡杨并不孤独。在胡杨林前面生着一丛丛、一团团、茸茸的、淡淡的、柔柔的红柳。它们是胡杨的红颜知己。为了胡杨，为了胡杨的精神，为了与胡杨相同的理念，它们自愿守在最前方。它们面对着肆虐的狂沙，背倚着心爱的胡杨，一样地坚韧不退，一样地忍饥挨渴。这又使我想起远在天涯海角，与胡杨同一属种的兄弟，它们是红树林。与胡杨一样，它们生下来就注定要保卫海岸，注定要为身后的繁华人世而牺牲，注定要抛弃一切虚名俗利，注定长得俊美，生得高贵，活得清白，死得忠诚。身后的人们用泥土塑成一个个偶像放在庙堂里焚香膜拜，然后再将真正神圣的它们砍下来烧柴。短短几十年，因过度围海养殖与滥砍滥伐，中国4.2万公顷的红树林已变成1.4万公顷。为此，红树哭了，赤潮来了。

胡杨不能倒。因为人类不能倒，因为人类文明不能倒。胡杨曾孕育了整个西域文明。两千年前，西域为大片葱郁的胡杨覆盖，塔里木、罗布泊等水域得以长流不息，水草丰美，滋润出楼兰、龟兹等三十六国的西域文明。拓荒与争战，使水和文明一同消失在干涸的河床上。胡杨林外，滚滚的黄沙埋下了无数辉煌的古国，埋下了无数铁马冰河的好汉，埋下了无数富丽奢华的商旅，埋下了无知与浅薄，埋下了骄傲与尊严，埋下了伴它们一起倒下的枯杨。让胡杨不倒，其实并不需要人类付出什么。胡杨的生命本来就比人类早很多年。英雄有泪不轻弹，胡杨也有哭的时候。每逢烈日蒸熬，胡杨树身都会流出咸咸的泪，它们想求人类，将上苍原本赐给它们的那一点点水仍然留下。上苍每一滴怜悯的泪，只要洒在胡杨林入地即干的沙土上，就能化出漫天的甘露，就能化出沸腾的热血，就能化出清白的正气，就能让这批战士前赴后继地奔向前方，就能让它们继续屹立在那里奋勇杀敌。我看到塔里木与额济纳旗的河水在骤减，我听见上游的人们要拦水造坝、围垦开发，我怕他们忘了曾经呵护他们爷爷的胡杨，我担心他们子孙会重温那荒漠残城的噩梦。

写胡杨的人很少。翻遍古今文献，很难找到一篇像样的胡杨诗文。中华大地上，总有那么一批不求显达的精英，总有那么一批无私奉献的中坚，总有那么一批甘于寂寞的士子，如中流砥柱般地撑起整个江河大川。不被人知的伟大才是真正的伟大，同理，不被人知的平凡才是真正的平凡。我站在这孑然凄立的胡杨林中，我祈求上苍的泪，哪怕仅仅一滴；我祈求胡杨、红柳与红树，请它们再坚持一会儿，哪怕几十年；我祈求所有饱食终日的人们背着行囊在大漠中静静地走走，哪怕就三天。我想哭，我想为那些仍继续拼搏的战士而哭，想为倒下去的伤者而哭，想为那死而不朽的精神而哭，想让更多的人在这片胡杨林中都好好地哭上一哭。也许这些苦涩的泪水能化成蒙蒙细雨，再救活几株胡杨。然而，我不会哭。因为这不是英雄末路的悲怆，更不是传教士的无奈。胡杨还在，胡杨的精神还在，生命还在，苍天还在，苍天的眼睛还在。那些伤者将被治疗，那些死者将被祭奠，那些来者将被激励。

直到某日，被感动的上苍猛然看到这一大片美丽忠直、遍体鳞伤的树种问：你们是谁？烈烈西风中有无数声音回答：我是胡杨。

第三节 节奏的含义与作用

一、节奏的含义

"节奏"这一概念在中国最早属于音乐范畴。《荀子·乐论》中提道:"先王恶其乱也,故制《雅》《颂》之声以道之。使其声足以乐而不流,使其文足以辨而不諰,使其曲直、繁省、廉肉、节奏,足以感动人之善心。"《礼记·乐记》里也提道:"文采节奏,声之饰也。……先王耻其乱,故制《雅》《颂》之声以道之;使其声足乐而不流,使其文足论而不息,使其曲直、繁瘠、廉肉、节奏,足以感动人之善心而已矣。"在这里,"曲直是指转折、平叙;繁瘠是华丽、简约的意思;廉肉则指的是高亢、柔婉"[①]。播音主持艺术的有声语言表达讲究韵律,这个韵律就体现在或转折、或平直、或高亢的节奏上。"节"和"奏"的配合造就了有声语言表达"抑扬顿挫""回环往复"的流动美感和推进态势。

二、节奏的类型及特点

1. 轻快型

多扬少抑,声轻不着力,语流中顿挫少且顿挫时间短,语速较快,轻巧明丽,有一定的跳跃感。全篇重点处的基本语气、基本转换都比较轻快。

例:

珍珠鸟[②]

冯骥才

真好!朋友送我一对珍珠鸟。放在一个简易的竹条编成的笼子里,笼

---

① 张颂:《朗读美学》,中国传媒大学出版社 2010 年版,第 82 页。
② 《珍珠鸟》,参见冯骥才:《花的勇气》,中国青年出版社 2016 年版,第 29—31 页。

内还有一卷干草，那是小鸟儿舒适又温暖的巢。

有人说，这是一种怕人的鸟。

我把它挂在窗前。那儿还有一大盆异常茂盛的法国吊兰。我便用吊兰长长的、串生着小绿叶的垂蔓蒙盖在鸟笼上，它们就像躲进深幽的丛林一样安全；从中传出的笛儿般又细又亮的叫声，也就格外轻松自在了。

阳光从窗外射入，透过这里，吊兰那些无数指甲状的小叶，一半成了黑影，一半被照透，如同碧玉，斑斑驳驳，生意葱茏。小鸟的影子就在这中间隐约闪动，看不完整，有时连笼子也看不出，却见它们可爱的鲜红小嘴儿从绿叶中伸出来。

我很少扒开叶蔓瞧它们，它们便渐渐敢伸出小脑袋瞅瞅我。我们就这样一点点熟悉了。三个月后，那一团越发繁茂的绿蔓里边，发出一种尖细又娇嫩的鸣叫。我猜到，是它们有了雏儿。我呢，决不掀开叶片往里看，连添食加水时也不睁大好奇的眼去惊动它们。过不多久，忽然有一个更小的脑袋从叶间探出来。哟，雏儿！正是这小家伙！它小，就能轻易地由疏格的笼子钻出身。瞧，多么像它的父母：红嘴红脚，灰蓝色的毛，只是后背还没生出珍珠似的圆圆的白点；它好肥，整个身子好像一个蓬松的球儿。

起先，这小家伙只在笼子四周活动，随后就在屋里飞来飞去，一会儿落在柜顶上，一会儿神气十足地站在书架上，啄着书背上那些大文豪的名字，一会儿把灯绳撞得来回摇动，跟着逃到画框上去了。只要大鸟儿在笼里生气地叫一声，它立即飞回笼里去。

我不管它。这样久了，打开窗子，它最多只在窗框上站一会儿，决不飞出去。

渐渐地它胆子大了，就落在我的书桌上。

它先是离我较远，见我不去伤害它，便一点点挨近，然后蹦到我的杯子上，俯下头来喝茶，再偏过脸瞧瞧我的反应。我只是微微一笑，依旧写东西，它就放开胆子跑到稿纸上，绕着我的笔尖蹦来蹦去；跳动的小红爪子在纸上发出"嚓嚓"响。

我不动声色地写，默默享受着这小家伙亲近的情意。这样，它完全放心了，索性用那涂了蜡似的、角质的小红嘴，"嗒嗒"啄着我颤动的笔尖。

我用手抚一抚它细腻的绒毛，它也不怕，反而友好地啄两下我的手指。

白天，它这样淘气地陪伴我；天色入暮，它就在父母再三的呼唤声中，飞向笼子，扭动滚圆的身子，挤开那些绿叶钻进去。

有一天，我伏案写作时，它居然落到我的肩上。我手中的笔不觉停了，生怕惊跑它。呆一会儿，扭头看，这小家伙竟趴在我的肩头睡着了，银灰色的眼睑盖住眸子，小红脚刚好给胸脯上长长的绒毛盖住。我轻轻抬一抬肩，它没醒，睡得好熟！还咂咂嘴，难道在做梦？

我笔尖一动，流泻下一时的感受：

信赖，往往创造出美好的境界。

2. 凝重型

多抑少扬，多重少轻，音强而着力，色彩多浓重，语势较平稳，顿挫较多，且时间长，语速偏慢。重点处的基本语气、基本转换都显得分量较重。

例：

入夜，天空像劈裂开了，暴雨打裂口直泻，台风以每小时二十六里的速度，袭击这海岛。

海喧叫着，掀起的浪遮住了半个天，向海岸猛扑，"哗啦！哗啦！"真要把这海岛的心脏给撞碎似的。

大风把电线杆刮断，全市的电灯熄灭。黑暗中的海岛就像惊涛骇浪里的船一样。远处有被风吹断的哭声……①

3. 低沉型

声音偏暗偏沉，语势多为落潮类，句尾落点多显沉重，语速较缓。重点处的基本语气、基本转换多偏于沉缓。

例：

1996 年 12 月，多年身患帕金森综合征的邓小平，因病情加重，住进

_____

① 摘自高云览《小城春秋》。

了医院。谁也没有想到，他这一走就再也没有回来。医院里接受治疗的邓小平，在生命的最后时刻，在他最痛苦的时候，依然还是那么顽强。

从 1997 年 1 月 1 日开始，重病卧床的邓小平在电视机前，观看了中央电视台在黄金时间播放的十二集大型纪录片《邓小平》。谁也没有想到，从那以后邓小平的病情越来越重。

1997 年 2 月 19 日 21 时 08 分，邓小平终因帕金森病晚期并发呼吸功能衰竭，抢救无效，而逝世。一颗伟大的心脏停止了跳动。夫人卓琳携全家来向亲人做最后的告别。巨星陨落，九州同悲。在这春寒料峭的 2 月里，亿万中华儿女都在心中呼唤着同一个名字，这是一个属于长江、属于黄河、属于中国的伟大的名字。

再见不到老人健朗的身影，再听不到老人爽朗的声音，在邓小平逝世后的很长一段时间里，沉沉的哀痛，绵绵的哀思在这里延续。①

4. 高亢型

声多明亮高昂，语势多为起潮类，峰峰紧连，扬而更扬，势不可遏，语速偏快。重点处的基本语气、基本转换都带有昂扬积极的特点。

例：

将进酒
李白

君不见，黄河之水天上来，奔流到海不复回。
君不见，高堂明镜悲白发，朝如青丝暮成雪。
人生得意须尽欢，莫使金樽空对月。
天生我材必有用，千金散尽还复来。
烹羊宰牛且为乐，会须一饮三百杯。
岑夫子，丹丘生，将进酒，杯莫停。
与君歌一曲，请君为我倾耳听。

---

① 摘自《永远的小平》解说词，人民网，2013 年 8 月 19 日。

钟鼓馔玉不足贵，但愿长醉不愿醒。

古来圣贤皆寂寞，惟有饮者留其名。

陈王昔时宴平乐，斗酒十千恣欢谑。

主人何为言少钱，径须沽取对君酌。

五花马，千金裘，呼儿将出换美酒，与尔同销万古愁。

5. 舒缓型

声多轻松明朗，略高但不着力，语势有跌宕但多轻柔舒展、语速徐缓。重点处的基本语气、基本转换都显得舒展、徐缓。

例：

在海边的一个冬日①

沃尔特·惠特曼

前不久，十二月的一天，天气晴朗，我坐上坎登至大西洋城这条老铁路线的火车，历时一个多钟头，就到了新泽西的海边，在那里，过了一个中午，一杯美味的浓咖啡和一顿丰盛的早餐使我精力充沛——是我的好姐姐露亲手做的——食物可口至极，容易吸收，使人强壮，后来一整天都称心如意。

最后一段旅途，大约有五六英里，火车开进了一片广阔的盐泽草地，那里咸水湖交错，小河道纵横，菅茅草的香味，迎面扑来，使我想起了"麦芽浆"和我家乡南部的海湾。我本可以到了晚上，再到这平展而芬芳的海边大草原尽情的游玩的，从十一点钟到下午两点钟我几乎都在海边，或是在望得见大海的地方，听大海的沙哑的低语，吸入凉爽、使人愉快的轻风。先是坐车，车轮在坚硬的沙地上匆匆驶了五英里，却没有什么进展。后来吃过饭（还有将近两个钟头的余暇），我朝着一个方向走去，（见不到一个人），占有了一间小屋，看样子是海边浴场的客厅，周围的景色

---

① 《在海边的一个冬日》，参见沃尔特·惠特曼：《草叶集》，邹仲之译，上海译文出版社 2016 年版。

任我独览，离奇有趣，使人心旷神怡，无遮无挡。我前后左右，都是一片兼毛草和迟麻草，空旷、简朴而毫无装饰的空旷。船在远方，再望远处，只能看到一艘向这驶来的轮船，拖着一缕黑烟，海船，横帆双桅船和纵帆双桅船，更是清晰可见，其中大多乘着强劲的风，鼓扬着船帆。

海上，岸上，都充满了魅力，令人神往，他们的简朴甚至他们的空旷，多么令人思量不绝呀。

他们或间接或直接的在我心中唤起了什么呢？那伸延开去的海浪，白灰色的海滩，海盐，都单调而无知觉——全然没有艺术，没有歌词，没有话语，也不风雅，这冬日却是无法形容的令人鼓舞，冷酷然而看上去却是如此柔美，如此超乎世俗，比我读过的所有的诗、看过的所有的画、听过的所有的音乐，都更加深刻而难以捉摸的打动我的感情。

6. 紧张型

声音多扬少抑，多重少轻，语速快，气较促，顿挫短暂，语言密度大。重点处的基本语气、基本转换都较急促、紧张。

例：

雷雨前①
茅盾

午后三点钟光景，人像快要干死的鱼，张开了一张嘴，忽然天空那灰色的幔裂了一条缝！不折不扣一条缝！像明晃晃的刀口在这幔上划过。然而划过了，幔又合拢跟没有划过的时候一样，透不进一丝儿风。一会儿，长空一闪，又是那灰色的幔裂了一次缝。然而中什么用？

像有一只巨人的手拿着明晃晃的大刀在外边想挑破那灰色的幔，像是这巨人已在咆哮发怒；越来越紧了，一闪一闪满天空瞥过那大刀的光亮，隆隆隆，幔外边来了巨人的愤怒的吼声。

猛可地闪光和吼声都没有了，还是一张密不通风的灰色的幔。

---

① 《雷雨前》，参见茅盾：《茅盾文选》，中华工商联合出版社 2020 年版。

空气比以前加倍闷！那幔比以前加倍厚！天加倍黑！

你会猜想这时那幔外边的巨人在揩着汗，歇一口气；你断得定他还要进攻。你焦躁地等着，等着那挑破灰色幔的大刀的一闪电光，那隆隆隆的怒吼声。

可是你等着，等着，却等来了苍蝇。它们从龌龊的地方飞出来，嗡嗡的，绕住你，叮你的涂一层胶似的皮肤。戴红顶子像个大员模样的金苍蝇刚从粪坑里吃饱了来，专拣你的鼻子尖上蹲。

也等来了蚊子，哼哼哼地，像老和尚念经，或者老秀才读古文。苍蝇给你传染病，蚊子却老实要喝你的血呢！

你跳起来拿着蒲扇乱扑，可是赶走了这一边的，那一边又是一大群乘隙进攻。你大声叫喊，它们只回答你个哼哼哼，嗡嗡嗡！

外边树梢头的蝉儿却在那里唱高调："要死哟！要死哟！"

你汗也流尽了，嘴里干得像烧，你手脚也软了，你会觉得世界末日也不会比这再坏！

然而猛可地电光一闪，照得屋角里都雪亮。幔外边的巨人一下子把那灰色的幔扯得粉碎了！轰隆隆，轰隆隆！他胜利地叫着。胡——胡——挡在幔外边整整两天的风开足了超高速度扑来了！蝉儿噤声，苍蝇逃走，蚊子躲起来，人身上像剥落了一层壳那么一爽。

霍！霍！霍！巨人的刀光在长空飞舞。

轰隆隆，轰隆隆，再急些，再响些罢！

让大雷雨冲洗出个干净清凉的世界！

三、形成播音节奏的方式

（一）语言转换的基本类型：突转、渐转、大转

突转是转换速度较快的一种语言形式，一般在内容发生较大、较明显的变化时采用。突转往往用于句与句或段与段之间，较少出现在句子中。渐转指声音形式转换时采用缓转慢回的办法，往往在比较统一而略有变化的段落中出现。大转与突转有类似的地方，同是声音形式的明显转换，不过，大转一般用

在前后内容衔接不是那么紧密的地方，语速没有突转那么快。

（二）语言转换的基本技巧——欲"A"先"反A"

欲扬先抑，欲抑先扬。扬抑表现在声音的高低变化上。扬，声音向高的趋势发展；抑，声音向低的趋势变化。在表达时，以抑衬托扬，以扬衬托抑，不断变化。

欲快先慢，欲慢先快。快慢表现在语流快慢疏密的变化上，主要是在吐字音节长短的变化、顿挫的多少，以及衔接的松紧变化上。快与慢在语流中要交替进行，做到快而不乱、慢而不拖。

欲轻先重，欲重先轻。轻重表现在咬字的力度、口腔的松紧和气息密度的变化上，一般来说咬字力度强、口腔紧、气息强、声音实，其声音表现就重；反之，则声音轻。除此之外，还有欲停先连，欲连先停等多种技巧，尽可能配合技巧做到加强对比，控纵有节。[①]

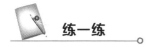

练一练

梦游天姥吟留别[②]

李白

海客谈瀛洲，烟涛微茫信难求。

越人语天姥，云霞明灭或可睹。

天姥连天向天横，势拔五岳掩赤城。

天台四万八千丈，对此欲倒东南倾。

我欲因之梦吴越，一夜飞度镜湖月。

湖月照我影，送我至剡溪。

谢公宿处今尚在，渌水荡漾清猿啼。

---

① 杨小锋、王博：《播音主持综合训练教程》，西南师范大学出版社2021年版。

② 李白：《李太白全集》，王琦注，中华书局2024年版。

脚著谢公屐，身登青云梯。

半壁见海日，空中闻天鸡。

千岩万转路不定，迷花倚石忽已暝。

熊咆龙吟殷岩泉，栗深林兮惊层巅。

云青青兮欲雨，水澹澹兮生烟。

列缺霹雳，丘峦崩摧。

洞天石扉，訇然中开。

青冥浩荡不见底，日月照耀金银台。

霓为衣兮风为马，云之君兮纷纷而来下。

虎鼓瑟兮鸾回车，仙之人兮列如麻。

忽魂悸以魄动，恍惊起而长嗟。

惟觉时之枕席，失向来之烟霞。

世间行乐亦如此，古来万事东流水。

别君去兮何时还？

且放白鹿青崖间，须行即骑访名山。

安能摧眉折腰事权贵，使我不得开心颜！

桨声灯影里的秦淮河①

朱自清

秦淮河的水是碧阴阴的；看起来厚而不腻，或者是六朝金粉所凝么？我们初上船的时候，天色还未断黑，那漾漾的柔波是这样恬静，委婉，使我们一面有水阔天空之想，一面又憧憬着纸醉金迷之境了。等到灯火明时，阴阴的变为沉沉了：黯淡的水光，像梦一般；那偶然闪烁着的光芒，就是梦的眼睛了。我们坐在舱前，因了那隆起的顶棚，仿佛总是昂着首向前走着似的；于是飘飘然如御风而行的我们，看着那些自在的湾泊着的船，船里走马灯般的人物，便像是下界一般，迢迢的远了，又像在雾里看花，尽朦朦胧胧的。这时我们已过了利涉桥，望见东关头了。沿路听见断

---

① 朱自清：《桨声灯影里的秦淮河》，光明日报出版社 2022 年版。

续的歌声：有从沿河的妓楼飘来的，有从河上船里度来的。我们明知那些歌声，只是些因袭的言词，从生涩的歌喉里机械的发出来的；但它们经了夏夜的微风的吹漾和水波的摇拂，袅娜着到我们耳边的时候，已经不单是她们的歌声，而混着微风和河水的密语了。于是我们不得不被牵惹着，震撼着，相与浮沉于这歌声里了。从东关头转湾，不久就到大中桥。大中桥共有三个桥拱，都很阔大，俨然是三座门儿；使我们觉得我们的船和船里的我们，在桥下过去时，真是太无颜色了。桥砖是深褐色，表明它的历史的长久；但都完好无缺，令人太息于古昔工程的坚美。桥上两旁都是木壁的房子，中间应该有街路？这些房子都破旧了，多年烟熏的迹，遮没了当年的美丽。我想象秦淮河的极盛时，在这样宏阔的桥上，特地盖了房子，必然是髹漆得富富丽丽的；晚间必然是灯火通明的，现在却只剩下一片黑沉沉！但是桥上造着房子，毕竟使我们多少可以想见往日的繁华；这也慰情聊胜无了。过了大中桥，便到了灯月交辉，笙歌彻夜的秦淮河，这才是秦淮河的真面目哩。

绕口令《十道黑》

一道黑、两道黑，三四五六七道黑，八道、九道十道黑。我买了一根烟袋乌木杆，我是掐着它的两头那么一道黑。二兄弟描眉来写字，照着他的镜子那么两道黑。粉皮墙，写川字，横瞧竖瞧那么三道黑。象牙桌子乌木腿儿，把它搁着在那炕上那么四道黑。我买了一只母鸡不下蛋，把它搁在那笼里捂到（五道）黑。挺好的骡子不吃草，备上它的鞍骑到（七道）黑。南洼的姑娘去割草，丢了她的镰刀扒到（八道）黑。月窠的小孩得了病，团几个艾球灸到（九道）黑。他的笤帚、簸箕不凑手，那么一个一个拾到（十道）黑。

第八章 全媒体时代主播话筒前/镜头前的表达

第 52 次《中国互联网络发展状况统计报告》显示，截至 2023 年 6 月，我国网民规模达 10.79 亿人，较 2022 年 12 月增长 1109 万人，互联网普及率达76.4%。[①] 在我国全面步入网络新媒体时代的当下，播音员、主持人创作的载体、渠道和受众较广播电视时代有了较大的变化。全媒体传播环境为受众提供了更为多元和丰富的接受渠道和场所，使其几乎可以在任何时间、地点收听或收看视听产品，选择的多元与便利也为创作者提供了更为广阔的展示空间。与此同时，传播方式从 PGC 到 UGC 再到 PUGC，尤其是近年来 AIGC 时代的到来，也为创作者带来了较大挑战。

真人主播如何面临来自技术的挑战？除了准确、清晰地专业化表达，凸显真人主播的本真性的真挚情感、人性化传达及积极的表达状态显得非常重要。

话筒前状态是播音成败攸关的问题。话筒前状态好，可以使准备充分的语言内容非常自信地表达出来，甚至超常发挥。有了良好的状态，即使遇到较紧急的稿件，也可以播得沉稳，应付自如。可见好的话筒前状态能使注意力高度集中，大胆、积极、振奋，为播音锦上添花；不好的话筒前状态，则使播音事倍功半。

---

① 《我国互联网普及率达 76.4%》，新华社，2023 年 8 月 28 日。

第一节　全媒体音视频有声语言表达状态

恰切的话筒前/镜头前的创作状态的获得是由多方面因素构成的。对象感、情景再现、内在语都是使思想感情处于运动状态的重要手段，它们都离不开传播的引导和制约。除此之外还有很多其他因素，如心理因素、生理因素等。

一、正确的话筒前/镜头前状态及调整

（一）正确的话筒前/镜头前状态

第一，整档节目、稿件内容、表达方法全局在胸。

第二，精神高度集中，不抢先、不拖后，想到再说。

第三，有感受、有起伏、有变化、不懈怠、不断线，情绪保持适度紧张。

第四，声音有弹性，肌肉松弛，气息自如，成竹在胸；语言和思维同步进行。

表达过程中像是在说自己想说的话，既积极又不紧张，内容有起伏、有变化。要达到这种境界，离不开播音员、主持人自身的生理状态的配合。如果播音员、主持人自身肌肉紧张，气息就必然不畅。肌肉紧张、气息不畅，声音也就不会富有弹性，难以实现演播状态的轻松自如。

网络音视频直播时代，播音员、主持人除个人表达外，还应具备与直播间嘉宾良性互动，激发嘉宾表达欲的能力。有时，主播适当地运用有带入感的"热词""网感词"，可以有效调动直播间氛围，拉动嘉宾表达热情，使直播氛围更加轻松，网友互动更加积极。

以湖北之声《湖北好货"枣"点来桃》直播[①]为例：

> 市长：大家好！我是××市市长武某泉。（中间间隔了几秒，市长有

---

① 直播背景：湖北某市农产品带货直播，直播时间：2020 年 5 月 29 日，直播嘉宾：某市市长。

些害羞）

男主播：今天我们的直播间有很多网友非常期待市长到来。

女主播：对，超多的！一直在问市长啥时候来？

男主播：老实说，今天市长来参与我们的直播，我本人真的很有压力。

女主播：怎么？因为市长太帅吗？

男主播：对，这也是一方面。更重要的是，市长是清华的硕士，还是一位"80后"。

女主播：就是传说中的"高、富、帅"就坐在你面前。

男主播：所以今天让我们满足下和"高、富、帅"并排的心情。我们就不叫武市长，直接喊泉哥，好不好？

女主播：好！泉哥，来直播间评论区，一波"泉哥666"刷起来！

（二）话筒前/镜头前的运动状态

良好的话筒前/镜头前状态是随着稿件内容的变化而变化的，其本身是运动的、积极的。播音员、主持人在发声的过程中眼睛看着稿件，并在大脑中产生思维，然后运用备稿时存储的长时记忆的内容把分析好的字词、段落、句子以及通过将"概括主题、联系背景、明确目的、分清主次、把握基调"等环节结合起来，形成一个整体。播音员、主持人的有声语言边在头脑中加工，边讲述给受众。这时稿件内容在头脑中与思维结合起来，变成了活的文字，形成了生动的有声语言。

话筒前状态是运动着的，不是僵化呆板的，这种状态一直持续到创作结束，我们称之为话筒前的运动状态。这种运动状态要建立在一种互动观念之上。如果把广播电视中的节目看作艺术作品的话，那么，播音员、主持人和受众就是通过节目这一中介进行心灵的互动。互动是交流的本质，是理性思维的碰撞、感性世界的碰触。因此，衡量一个节目成败的关键标准就是主持人与受众之间互动的程度，分别包括信息互动、情感互动和人格互动。

练一练

直播时间：2020 年 6 月 5 日。

直播背景：聚焦武汉"重启"后的夏天各行各业恢复情况。

开场如下：画面先是大远景下的美食一条街，慢慢过渡到中近景，再到特写，两个年轻人正搬着板凳在路边吃着牛肉面。

女主播：超哥，怎么感觉你的牛肉要多些？是不是老板看你长得比较帅？

男主播：小喆，可能是你太瘦了，老板觉得你吃不了太多！

女主播：真的吗？那我要抗议！进入直播间的朋友们，大家先冒个泡哈，让我们先吃两块肉，实在是太饿了！男主播：对，为了这场直播，特意一天没吃！

女主播：真的吗？我两天，只吃水果……①

二、不正确的话筒前状态及调整

（一）不正确的话筒前状态的表现

1. 紧张怯阵

刚走上工作岗位的广播、电视播音员，在面对实播或考试时容易有紧张怯阵的心理，其表现是紧张过度，极度不自信，易失去自我控制。看着稿件却视而不见，脑中空白，思维滞塞，言辞不畅，心理负担重，导致越播越快、越紧，声音捏挤、抖颤，气浅声浮，不能自已，肌肉僵持，表情不自然，不敢抬头交流，等等。

紧张怯阵的原因主要是：实践经验少；环境的改变，如录音改为直播，播音室改为晚会直播，观众由收看节目改为现场观看等；情绪气氛的改变，如过于严肃的气氛、紧急情况的发生等。

2. 消极懈怠

懈怠的表现主要有：情绪低落，四肢无力，动作迟缓，意志消沉，思维阻

---

① 湖北之声《越夜越美丽》系列网络直播首场《逛馋了！武汉人私藏的小吃一条街》，https://news.hbtv.com.cn/p/1851358.html。

隔，无精打采。懈怠的原因可能有：发声者身体过度疲乏，严重缺乏睡眠或受到病痛折磨；精神状态上对表达内容不感兴趣，缺乏表达欲，出现冷漠、懈怠的状态。

3. 应激反应衰竭

个别播音员、主持人在正式表达前过早兴奋、过度兴奋，出现精神过度紧绷而造成身体上的各种应激反应，如短视频直播前或晚会主持前过早进入兴奋状态导致消耗过多能量，待到实战时反而精疲力竭了。

这种应激情况如得不到及时缓解，就会逐渐出现"应激反应衰竭"。从生理机制上分析，是大脑皮层过度兴奋而产生扩散，导致皮层对植物性神经系统和皮层下中枢的调节力减弱。播音员、主持人的临场经验不足，自我控制能力和适应能力差，或对自己期望值过高等，都容易导致这种应激反应。

4. 过度追求技巧，偏离稿件内容

过度追求外在形象和表现形式而脱离了所播内容，就容易滋生与播出内容无关的杂念，如发声前过度关注气息调节、发声位置、妆容发型是否上镜等，影响了流畅、自如的话筒前/镜头前的表达。

在播音时感到太促太紧，可以采用在停顿处无声叹气、深呼吸、适当调整坐姿等方式将不舒适的用气、发声方式调整到自如状态，如任由不当状态进行，则有可能会影响直播过程中的表达。

5. 固定腔调

有的人在稿件播音时束手束脚，用习惯的固定腔调播读文稿，以自己惯用的语流、音变和节奏应付所有稿件，给人拿腔、拿调等不适感。

例：假如在一场助农直播活动中，你正身处热闹的"列车集市"，请你进行一段主持。

（选手）：各位正在收看直播的观众朋友，大家好！……此时此刻我们正在一趟列车上，这是一趟从遵义开往重庆的普速列车，我们整趟列车真的是非常热闹，像过年一样。你看这个车厢有很多土特产和年货，比如说我们看到贵州的这个辣子鸡，在这有对吧？还有重庆歌乐山的辣子鸡，这两个到底哪个更好吃，你会如何选择呢？其实这一趟列车，也是一趟爱心

列车，它有一个很暖心的服务，我们的村民朋友们可以拿着年货在车上售卖。在这一趟列车当中，我们不仅看到了便利，也感受到对村民们的帮助。其实乡村振兴可以体现在方方面面，只有村民的腰包鼓了，他们的生活才会更加幸福，他们脸上的笑容才会更加灿烂。好了不多说了，我要去吃土特产了。①

该题的破题核心是"助农"，表达者出镜的场景是"列车集市"的直播活动现场。理想的表达是选手在形式上用积极的镜头前状态，内容上凸显"助农"的深层意涵。而选手在实际表达时稍显紧张，且内容侧重于对列车和个别物品的描述，对于"助农"主题的把握有待提高。

（二）不正确的话筒前/镜头前状态的调整

播音员、主持人在话筒前/镜头前过于紧张的表达多源于心理障碍。以下方法可以帮助其缓解过度紧张的问题。

1. 生理调控法

通过控制和调节生理变化的手段来缓解紧张心理，增强其信心。录播或直播前一旦意识到生理上的变化，出现脉搏急促、呼吸加快、心跳加速、气息浮浅等情况时，可采用以下措施。

（1）深呼吸。

深呼吸可缓解人的紧张情绪，使僵持的声音、气息得到些许调整。具体做法是：深吸一口气—屏气—呼气（徐徐呼出），同时收缩腹部三角区的肌肉，体会气沉丹田带来的镇定。

（2）试音。

有条件时在正式演播场所的话筒前试试音，尽快调整到自己自如声区的播讲状态。

2. 积极心态诱导法

心理诱导法是用含蓄的暗示方法，对人的心理和行为产生影响，给大脑以

---

① 选自 2023 年央视《主持人大赛》第 1 期节目。

积极的刺激。暗示的意义在于树立必胜信念，以克服一切不利因素。如"会顺利的""我的状态很好"等，可在一定程度上缓解人紧张不安的情绪。

3. 排除杂念法

没有受过专业训练的语言表达者在演播前容易出现嗓门发紧、气提声浮的状况，脑海中也容易产生与表达内容无关的杂念，导致其出现看错文字、念错稿件、说了上句忘了下句、开口忘词等情况。遇到这种纷扰时，可以采用排除杂念法，将注意力集中到所播稿件内容或播讲目的上。

三、良好的话筒前/镜头前状态的养成

良好的话筒前/镜头前状态源于良好的自我认同。要使自己在话筒前/镜头前充满自信，就需要具备较强的语言功力，包括能迅速调整呼吸状态和播讲状态。与此同时，有声语言创作者对传播内容要有充分的理解和分析，对节目的具体意图、选题的传播目的有足够的掌握，这样才能准确把握话语的精神实质，做到成竹在胸，以良好的播讲状态迎接工作。

一般而言，播音主持是传播的最后一个环节，也是其最重要环节，有声语言创作者需要了解并熟练掌握传播全流程的各个环节，这样既能提高快速备稿能力，又能从容应对有声语言传播中的各种突发状况。语言表达者只有具有了这样的职业自信，才能呈现良好的话筒前/镜头前状态。

 案例介绍

2020 年 11 月 3 日，主播康辉正在为《新闻联播》做播出前的准备时，突然接到了一个任务，要口播一份一万二千多字的新闻稿。此时距离《新闻联播》开播只有半个多小时了。但是这段时间，康辉还不能熟悉稿件，因为新闻稿太长，还需要编辑进行修改，将一万二千字变成六千多字。等这份六千多字的稿件送到康辉手上时，距离《新闻联播》开始只有不到 8 分钟了。康辉仅用了 8 分钟来熟悉稿件。然后他将稿纸捻开，在每张纸上都折出褶皱，为了使翻页时不出现翻夹的情况。

康辉在长达 6000 多字，22 分 38 秒的超长口播中，状态稳定，没有出现一点差错，展现了超强的业务水准。话筒前良好的播讲状态离不开平时的积累和练习，同时要调整好自己的心理状态。康辉在事后回应道："一方面，它可

能需要有我们这个职业、专业的基本功，同时还要调试好自己的心理，让你的心理状态是一个稳定的，所以才能完成这样的一个任务。""当时最重要的根本任务，还是把我的这篇非常重要的新闻稿要安全准确的播出，所以要尽可能地减少甚至说规避掉所有那些干扰你安全表达的因素。"康辉在回应"克服紧张的技巧"时说道："做好准备是避免紧张的最主要的一个方法。比如说，这是一个突然的急稿，没有太多时间的准备，但我所说的这个准备并不仅仅是当天拿到这个稿子的准备，还有在不断的一次一次的工作当中，你在积累经验，你也知道遇到一些意外情况的时候怎么处理，这些其实都是准备。当你有了这样的准备的时候，有任何的突发情况，你都会告诉自己说我是在做着准备的，那么这样的情况我是可以处理的，那就很大程度上会减轻这种紧张。另外一个，很多人也用深呼吸的方法，或面对镜子给自己打气，或进行心理暗示，如说'没有问题你一定能完成'，其实这些都是能够帮助人们缓解紧张情绪的方法，但最最重要的我觉得还是要做好准备。"

以下为 2020 年 11 月 3 日康辉 22 分 38 秒口播急稿：

11 月 3 日，《中共中央关于制定国民经济和社会发展第十四个五年规划和二〇三五年远景目标的建议》公布。《建议》强调，"十四五"时期是我国全面建成小康社会、实现第一个百年奋斗目标之后，乘势而上开启全面建设社会主义现代化国家新征程、向第二个百年奋斗目标进军的第一个五年。中国共产党第十九届中央委员会第五次全体会议深入分析国际国内形势，就制定国民经济和社会发展"十四五"规划和二〇三五年远景目标提出以下建议。

一、全面建成小康社会，开启全面建设社会主义现代化国家新征程

《建议》指出，"十三五"时期是全面建成小康社会决胜阶段。面对错综复杂的国际形势、艰巨繁重的国内改革发展稳定任务特别是新冠肺炎疫情严重冲击，以习近平同志为核心的党中央不忘初心、牢记使命，团结带领全党全国各族人民砥砺前行、开拓创新，奋发有为推进党和国家各项事业。"十三五"规划目标任务即将完成，全面建成小康社会胜利在望，中华民族伟大复兴向前迈出了新的一大步，社会主义中国以更加雄伟的身姿屹立于世界东方。

《建议》强调，当前和今后一个时期我国发展仍然处于重要战略机遇期，但机遇和挑战都有新的发展变化。全党要统筹中华民族伟大复兴战略全局和世界百年未有之大变局，保持战略定力，办好自己的事，认识和把握发展规律，发扬斗争精神，树立底线思维，准确识变、科学应变、主动求变。

《建议》指出，党的十九大对实现第二个百年奋斗目标作出分两个阶段推进的战略安排，即到二〇三五年基本实现社会主义现代化，到21世纪中叶把我国建成富强民主文明和谐美丽的社会主义现代化强国。展望二〇三五年，我国经济实力、科技实力、综合国力将大幅跃升，经济总量和城乡居民人均收入将再迈上新的大台阶，关键核心技术实现重大突破，进入创新型国家前列。

二、"十四五"时期经济社会发展指导方针和主要目标

《建议》强调，"十四五"时期经济社会发展要高举中国特色社会主义伟大旗帜，深入贯彻党的十九大和十九届二中、三中、四中、五中全会精神，坚持以马克思列宁主义、毛泽东思想、邓小平理论、"三个代表"重要思想、科学发展观、习近平新时代中国特色社会主义思想为指导，全面贯彻党的基本理论、基本路线、基本方略，统筹推进经济建设、政治建设、文化建设、社会建设、生态文明建设的总体布局，协调推进全面建设社会主义现代化国家、全面深化改革、全面依法治国、全面从严治党的战略布局，坚定不移贯彻创新、协调、绿色、开放、共享的新发展理念，坚持稳中求进的工作总基调，以推动高质量发展为主题，以深化供给侧结构性改革为主线，以改革创新为根本动力，以满足人民日益增长的美好生活需要为根本目的，统筹发展和安全，加快建设现代化经济体系，加快构建以国内大循环为主体、国内国际双循环相互促进的新发展格局，推进国家治理体系和治理能力现代化，实现经济行稳致远、社会安定和谐，为全面建设社会主义现代化国家开好局、起好步。

《建议》明确，"十四五"时期经济社会发展必须遵循的原则是：

——坚持党的全面领导。

——坚持以人民为中心。

——坚持新发展理念。

——坚持深化改革开放。

——坚持系统观念。

《建议》指出，锚定二〇三五年远景目标，综合考虑国内外发展趋势和我国发展条件，坚持目标导向和问题导向相结合，坚持守正和创新相统一，"十四五"时期经济社会发展要努力实现以下主要目标。

一是经济发展取得新成效。

二是改革开放迈出新步伐。

三是社会文明程度得到新提高。

四是生态文明建设实现新进步。

五是民生福祉达到新水平。

六是国家治理效能得到新提升。

三、坚持创新驱动发展，全面塑造发展新优势

《建议》强调，坚持创新在我国现代化建设全局中的核心地位，把科技自立自强作为国家发展的战略支撑，完善国家创新体系，加快建设科技强国。

要制定科技强国行动纲要，打好关键核心技术攻坚战。加强基础研究、注重原始创新，实施一批具有前瞻性、战略性的国家重大科技项目。

提升企业技术创新能力要强化企业创新主体地位，推进产学研深度融合。

造就更多国际一流的科技领军人才和创新团队，构筑集聚国内外优秀人才的科研创新高地。

完善科技创新体制机制。要深入推进科技体制改革，推动重点领域项目、基地、人才、资金一体化配置。改进科技项目组织管理方式。完善科技评价机制。加大研发投入。研究设立面向全球的科学研究基金。

四、加快发展现代产业体系，推动经济体系优化升级

《建议》指出，坚持把发展经济着力点放在实体经济上，坚定不移建设制造强国、质量强国、网络强国、数字中国，推进产业基础高级化、产业链现代化，提高经济质量效益和核心竞争力。

提升产业链供应链现代化水平。发展战略性新兴产业。加快发展现代服务业。统筹推进基础设施建设。加快数字化发展。

五、形成强大国内市场，构建新发展格局

《建议》明确，坚持扩大内需这个战略基点，加快培育完整内需体系，把实施扩大内需战略同深化供给侧结构性改革有机结合起来，以创新驱动、高质量供给引领和创造新需求。

畅通国内大循环。促进国内国际双循环。全面促进消费。拓展投资空间。

六、全面深化改革，构建高水平社会主义市场经济体制

《建议》指出，坚持和完善社会主义基本经济制度，充分发挥市场在资源配置中的决定性作用，更好地发挥政府作用，推动有效市场和有为政府更好结合。

毫不动摇巩固和发展公有制经济，毫不动摇鼓励、支持、引导非公有制经济发展。健全以国家发展规划为战略导向。加强财政资源统筹，加强中期财政规划管理，增强国家重大战略任务财力保障。建设高标准市场体系。加快转变政府职能。

七、优先发展农业农村，全面推进乡村振兴

《建议》强调，坚持把解决好"三农"问题作为全党工作重中之重，走中国特色社会主义乡村振兴道路，全面实施乡村振兴战略，强化以工补农、以城带乡，推动形成工农互促、城乡互补、协调发展、共同繁荣的新型工农城乡关系，加快农业农村现代化。提高农业质量效益和竞争力。实施乡村建设行动。深化农村改革。实现巩固拓展脱贫攻坚成果同乡村振兴有效衔接。

八、优化国土空间布局，推进区域协调发展和新型城镇化

《建议》指出，坚持实施区域重大战略、区域协调发展战略、主体功能区战略，健全区域协调发展体制机制，完善新型城镇化战略，构建高质量发展的国土空间布局和支撑体系。

构建国土空间开发保护新格局。推动区域协调发展。推进以人为核心的新型城镇化。

九、繁荣发展文化事业和文化产业，提高国家文化软实力

《建议》强调，坚持马克思主义在意识形态领域的指导地位，坚定文化自信，坚持以社会主义核心价值观引领文化建设，加强社会主义精神文

明建设，围绕举旗帜、聚民心、育新人、兴文化、展形象的使命任务，促进满足人民文化需求和增强人民精神力量相统一，推进社会主义文化强国建设。

提高社会文明程度。提升公共文化服务水平。健全现代文化产业体系。

十、推动绿色发展，促进人与自然和谐共生

《建议》指出，坚持绿水青山就是金山银山理念，坚持尊重自然、顺应自然、保护自然，坚持节约优先、保护优先、自然恢复为主，守住自然生态安全边界。深入实施可持续发展战略，完善生态文明领域统筹协调机制，构建生态文明体系，促进经济社会发展全面绿色转型，建设人与自然和谐共生的现代化。

加快推动绿色低碳发展。持续改善环境质量。提升生态系统质量和稳定性。全面提高资源利用效率。

十一、实行高水平对外开放，开拓合作共赢新局面

《建议》强调，坚持实施更大范围、更宽领域、更深层次对外开放，依托我国大市场优势，促进国际合作，实现互利共赢。

全面提高对外开放水平，推动贸易和投资自由化便利化，推进贸易创新发展，增强对外贸易综合竞争力。推动共建"一带一路"高质量发展。积极参与全球经济治理体系改革。

十二、改善人民生活品质，提高社会建设水平

《建议》强调，坚持把实现好、维护好、发展好最广大人民根本利益作为发展的出发点和落脚点，尽力而为、量力而行，健全基本公共服务体系，完善共建、共治、共享的社会治理制度，扎实推动共同富裕，不断增强人民群众获得感、幸福感、安全感，促进人的全面发展和社会全面进步。

提高人民收入水平。坚持按劳分配为主体、多种分配方式并存，完善按要素分配政策制度，多渠道增加城乡居民财产性收入。完善再分配机制，发挥第三次分配作用，发展慈善事业，改善收入和财富分配格局。

强化就业优先政策。千方百计稳定和扩大就业，坚持经济发展就业导向，扩大就业容量，提升就业质量，促进充分就业，保障劳动者待遇和权

益。健全就业公共服务体系、劳动关系协调机制、终身职业技能培训制度。统筹城乡就业政策体系。扩大公益性岗位安置，完善促进创业带动就业、多渠道灵活就业的保障制度。

建设高质量教育体系。健全多层次社会保障体系。全面推进健康中国建设。实施积极应对人口老龄化国家战略。加强和创新社会治理。完善社会治理体系，健全党组织领导的自治、法治、德治相结合的城乡基层治理体系，完善基层民主协商制度，发挥群团组织和社会组织在社会治理中的作用，推动社会治理重心向基层下移，加强和创新市域社会治理，推进市域社会治理现代化。

十三、统筹发展和安全，建设更高水平的平安中国

《建议》指出，坚持总体国家安全观，实施国家安全战略，维护和塑造国家安全，统筹传统安全和非传统安全，把安全发展贯穿国家发展各领域和全过程，防范和化解影响我国现代化进程的各种风险，筑牢国家安全屏障。

坚持人民至上、生命至上，把保护人民生命安全摆在首位，全面提高公共安全保障能力。完善和落实安全生产责任制，强化生物安全保护，提升洪涝干旱、森林草原火灾、地质灾害、地震等自然灾害防御工程标准，提高防灾、减灾、抗灾、救灾能力。

维护社会稳定和安全。正确处理新形势下人民内部矛盾，坚持和发展新时代"枫桥经验"，畅通和规范群众诉求表达、利益协调、权益保障通道，健全社会心理服务体系和危机干预机制。坚持专群结合、群防群治，保持社会和谐稳定。

十四、加快国防和军队现代化，实现富国和强军相统一

《建议》强调，贯彻习近平强军思想，贯彻新时代军事战略方针，坚持党对人民军队的绝对领导，坚持政治建军、改革强军、科技强军、人才强军、依法治军，加快机械化信息化智能化融合发展，全面加强练兵备战，提高捍卫国家主权、安全、发展利益的战略能力，确保二〇二七年实现建军百年奋斗目标。

提高国防和军队现代化质量效益。加快军事理论现代化，与时俱进创新战争和战略指导，加快军队组织形态现代化，深化国防和军队改革，加快军事人员现代化，贯彻新时代军事教育方针，加快武器装备现代化。

促进国防实力和经济实力同步提升。同国家现代化发展相协调，推动重点区域、重点领域、新兴领域协调发展，优化国防科技工业布局，完善国防动员体系。

十五、全党全国各族人民团结起来，为实现"十四五"规划和二〇三五年远景目标而奋斗

《建议》强调，实现"十四五"规划和二〇三五年远景目标，必须坚持党的全面领导，充分调动一切积极因素，广泛团结一切可以团结的力量，形成推动发展的强大合力。

要贯彻党把方向、谋大局、定政策、促改革的要求，推动全党深入学习贯彻习近平新时代中国特色社会主义思想，增强"四个意识"、坚定"四个自信"、做到"两个维护"，完善上下贯通、执行有力的组织体系，确保党中央决策部署有效落实。落实全面从严治党主体责任、监督责任，深入总结和学习运用中国共产党一百年的宝贵经验，全面贯彻新时代党的组织路线，完善人才工作体系，把严的主基调长期坚持下去，完善党和国家监督体系，坚持无禁区、全覆盖、零容忍，营造风清气正的良好政治生态。

坚持党的领导、人民当家作主、依法治国有机统一，推进中国特色社会主义政治制度自我完善和发展。坚持和完善人民代表大会制度，坚持和完善中国共产党领导的多党合作和政治协商制度，坚持和完善民族区域自治制度，全面贯彻党的宗教工作基本方针，健全基层群众自治制度，发挥工会、共青团、妇联等人民团体作用，完善大统战工作格局，全面贯彻党的侨务政策，坚持法治国家、法治政府、法治社会一体建设，推进法治中国建设。促进人权事业全面发展。

全面准确贯彻"一国两制"、"港人治港"、"澳人治澳"、高度自治的方针，坚持依法治港治澳，维护宪法和基本法确定的特别行政区宪制秩序，落实中央对特别行政区全面管治权，落实特别行政区维护国家安全的法律制度和执行机制，维护国家主权、安全、发展利益和特别行政区社会大局稳定。支持特别行政区巩固提升竞争优势，支持香港、澳门更好融入国家发展大局，增强港澳同胞国家意识和爱国精神。支持香港、澳门同各国各地区开展交流合作。坚决防范和遏制外部势力干预港澳事务。

推进两岸关系和平发展和祖国统一。坚持一个中国原则和"九二共识",以两岸同胞福祉为依归,推动两岸关系和平发展、融合发展,加强两岸产业合作,打造两岸共同市场,壮大中华民族经济,共同弘扬中华文化。完善保障台湾同胞福祉和在大陆享受同等待遇的制度和政策,加强两岸基层和青少年交流。高度警惕和坚决遏制"台独"分裂活动。

《建议》提出,要高举和平、发展、合作、共赢旗帜,坚持独立自主的和平外交政策,推进各领域各层级对外交往,推动构建新型国际关系和人类命运共同体。推进大国协调和合作,坚持多边主义和共商共建共享原则,积极参与重大传染病防控国际合作,推动构建人类卫生健康共同体。

《建议》要求,按照本次全会精神,要制定国家和地方"十四五"规划纲要和专项规划,形成定位准确、边界清晰、功能互补、统一衔接的国家规划体系。健全政策协调和工作协同机制,完善规划实施监测评估机制,确保党中央关于"十四五"发展的决策部署落到实处。

《建议》最后强调,实现"十四五"规划和二○三五年远景目标,意义重大,任务艰巨,前景光明。全党全国各族人民要紧密团结在以习近平同志为核心的党中央周围,同心同德,顽强奋斗,夺取全面建设社会主义现代化国家新胜利![1]

第二节　无稿播音时的话筒前/镜头前状态

无稿播音即基本没有文字稿件做依据的播音,或叫即兴表达。和有稿播音一样,无稿播音作为播音语言的一种表达样态,同样应具有规范性、庄重性、鼓动性,以及时代感、分寸感和亲切感的特质。

张颂先生认为"有稿播音,锦上添花;无稿播音,出口成章"。这个"出口成章"是指在节目范围内系统地组织口语内容,力求简明严谨、重点突出、

---

[1]　参见中央广播电视总台《新闻联播》,2020年11月3日。

言简意赅、词约意丰。同时，无稿播音没有文字稿件做依据，只有靠"腹稿"或"即兴"创作，要注重转化过程中的延展性。此外，无稿播音要注重表达过程中的交流性。无稿播音是一种话筒前的口语活动，这些口语活动都须与交流对象的需要相适宜。

一、无稿播音时正确的话筒前/镜头前状态

（一）张弛有度，定位准确

播音员、主持人或新媒体博主在无稿播音主持创作活动中的角色可以分为信息传递者、思想交流者和情绪调节者等多种功能。无论是哪种功能，创作主体与受众都是平等交流的角色，既不能居高临下地俯视大众，也不能为追求所谓节目效果而做出谄媚之态，只有坚持平等、真诚的交流心态才能尽可能克服紧张怯阵、瞻前顾后等消极状态。

（二）逻辑清晰，思维统一

无稿播音主持的关键在于内部语言向外部语言的转化。内部语言具有片段性和简略性的特征。有时一个词或词组就能代表一句完整的意思，甚至是一系列意思。在外化为外部语言的过程中，我们往往要根据这一个词或词组而展开语言链条，这就要求我们在遣词造句、由点到线、步步拓展的过程中保持逻辑的清晰和思维的统一。

（三）声情并茂，营造语境

无稿播音主持时表达的情感要真挚饱满，做到情动于中而行于言，不能为了表达而发声，冷漠、敷衍或流于程式化。其中，在独白性口语表达中，创作者必须设想和感觉到对象的存在及对象的反应，必须从感觉上意识到受众的心理、要求、愿望、情绪，并随时据此调动自己的思想感情，对受众细加体察。在对话性口语中，要和对话嘉宾营造积极的语言互动环境，不要自说自话，不顾他人感受，破坏语境的整体性。

（四）自我调检，整体和谐

自我调检即自我调整、自我检验的统称或简称。说话的人因为目的、内容、环境、对象的不同，常常要调整自己的心态、语态，以适应传播本身的需求。在表达的过程中，调整随时都在进行。在调整中，要同时检验调整是否适当、准确。一旦发现不恰当、不准确，便要再进行新的调整。

自我调检的范围包括内部与外部、生理与心理、气息与声音、感情与技巧、主体与对象等方方面面的相互关系，还包括创作者的眼神、表情、姿态、仪表、服饰等副语言系统。通过自我调检，做到整体和谐。

例（1）：

在中国的传统节日端午节这一天，你身在"全国包粽子友谊赛"总决赛的活动现场，请进行一段主持。①

（沈鹏鸣）：现场以及电视机前的观众朋友们，大家好。欢迎各位来到"全国包粽子友谊赛"总决赛的现场，我是主持人鹏鸣，欢迎各位！此时此刻我所在的位置是广西柳州的柳江边，今天要在这里举行的就是一年一度的端午节包粽子友谊赛。说到包粽子，这是咱们每年端午节必须要经历的一件事情，挂艾叶、赛龙舟、包粽子、吃粽子，那说到吃粽子，我想问一下现场的各位朋友们，你们是喜欢吃甜粽子还是咸粽子？

今天我告诉你们，这个南北甜咸之争，不存在了。因为进入到我们今天总决赛的四支队伍，既不包咸的也不包甜的，因为他们各具特色，他们来自广西、四川、贵州以及宁夏，他们要带来的粽子的味道分别是螺蛳粉味的、四川火锅味的、折耳根味的以及滩羊味的。期不期待？朋友们，接下来我们就用热烈的掌声欢迎四支队伍！

作为该场第一位登台的选手，沈鹏鸣做自我介绍时稍有一些紧张，在主持人尼格买提的善意安慰下逐渐进入佳境。在三分钟环节，他的表现稳定、轻松，张弛有度，语言灵动，让美食的味道变得可见、可闻、可尝，最终获得评

---

① 选自 2023 中央广播电视总台《主持人大赛》选手沈鹏鸣九十秒即兴考核题。

委康辉的肯定，称其文字的巧妙运用，使螺蛳粉的美妙滋味看得见、摸得着。

例（2）：

在一个火锅文化节开幕式的现场，文化节主题是"火锅吃起来，日子火起来"，请你进行一段开场主持。①

（赵羚淞）：各位通过央视频观看我们直播的网友们，大家好！欢迎大家来到 2023 年世界火锅节开幕式的现场。今天非常地高兴，能够来到自己的家乡完成和网友们的这次连线，那今天现在正在进行着的就是我们火锅节的开幕式。"火锅吃起来，日子火起来。"那大家猜一猜啊，连线记者是谁呢？

"央视男孩"之一的朱广权老师，因为另外三位主持人去参加咱们的主持人大赛去了。来看这个火锅开幕式的活动现场，摆满的全是一口一口的火锅，那咱们边吃边逛吧，来，我们来到这边，现在摆在我面前的就是非常正宗的一口牛油火锅底料火锅，这个腾起的雾气，我相信通过屏幕已经能让大家闻到这个辣味和香味了。谈到这个火锅，我觉得不仅仅是它的味道让人流连忘返，其实它背后也有文化呢，比如咱们的鸳鸯锅，不喜欢吃辣的朋友，我们能够得到相应的尊重，比如一群人在一个红油的火锅里面挑起自己喜爱的食物，象征着团结团圆，也是一份热闹。那现在现场有很多的朋友，我们举起酒杯，来，敬火锅！

选手赵羚淞的出场顺序是该场最后一个。在三分钟的自我展示环节，他以帅气、阳光的形象赢得了观众的喜爱。评委康辉对他的评价是："三分钟自我介绍结构完整，整个的完成度也是好的，我们感受到乡音如同百川，最终汇入的就是中华文化的这样一个大海。"在即兴比赛环节，赵羚淞抽中的四号题是"火锅吃起来，日子火起来"，央视主持人尼格买提笑言，没有比来自四川的主持人来主持这个节目更合适的了。

---

① 选自 2023 中央广播电视总台《主持人大赛》选手赵羚淞九十秒即兴考核题。

二、无稿播音时不正确的话筒前/镜头前状态的表现

（一）紧张怯场

有的创作者因心理压力大等，在进行有声语言创作时往往会出现紧张怯场的心理。这种心理在只依靠腹稿或即兴创作的无稿播音中尤为突出。其主要表现是紧张过度，丧失自信，不能自我控制；完全遗忘前期准备的腹稿或提纲素材，大脑一片空白，思维滞塞，言辞不畅，越说越乱；气提声抖，肌肉僵硬，表情不自然，不敢交流等。

（二）应激现象

与紧张不同，有些人是过度兴奋，这是由于过度紧张而造成的身体上的异常反应，主要表现为在创作开始前过早进入兴奋状态，情绪异常高涨，难以自持，消耗巨大，等到正式开始时却已筋疲力尽。

（三）松垮懈怠

主要表现为情绪低落，有气无力，无精打采，以为这种状态就是松弛。还有一些人以为口语表达就应该生活化、自然化，语言中过多使用"那么""嗯""这个""那个""啊"等，语无伦次，言不及义。

（四）忸怩作态，自我欣赏

有些人在话筒前不是从语言传播的内容出发，不是从受众的需求出发，不是从传情达意的正确创作道路出发，而是一味的自我欣赏，唯恐自己不美、不出彩。在传播中忸怩作态或故作深沉、虚张声势、搔首弄姿、自我表现，导致在口语表达中信口开河、假模假样；或手势、动作、表情、服饰都只是为彰显自我，破坏了节目的整体和谐。

三、无稿播音时不正确的话筒前/镜头前状态的原因分析

（一）缺乏实践

口语表达与传播的现场把握、工作实践经验有着直接的关系，因此作为初学者，要把勤于学习和勇于实践紧密结合起来，做到知行合一，才能真正得心应手。

（二）不自信

不自信往往与缺乏实践有关，但也会有其他原因。很多人在播出前会自己给自己泄气，诸如"我今天状态不好""我恐怕会出错""我肯定说不清"，或是自己吓唬自己，如"我要播错了就麻烦了""这一段有我念不好的一组音"，或是"观众们能听我的吗""我能吸引观众注意吗"，等等。这些不良的心理暗示的影响是巨大的，只能给自己带来不安，人为制造紧张气氛，导致恶性循环。

（三）太在意

太在意表现在两个方面。一方面是一些人出于美好的愿望，内心装满了"不要播错一个字""对听众、观众认真负责""话筒前不同于日常谈话"等要求，不敢轻易张口，束手束脚，即便勉强说出来也不自如。另一方面是有些人太在意自己，觉得全世界的人都在关注自己，丝毫不考虑观众的感受，丝毫不考虑自己作为播音员、主持人在节目中的真正位置，觉得"银屏全是我自己"，违背了一个传播者应有的自我定位，这样必然导致矫揉造作、不自然。

（四）认识上的偏差

像有稿播音容易"板"一样，无稿播音容易"水"。一句错话，一句含糊不清的话，造成听众、观众接受心理的停滞、混乱，多方猜测才可能做出"大概如此"的判断，而这时语流已"青山遮不住，毕竟东流去"了，中断的部分无法补偿，造成的损失也无可挽回。严格来说，违背信息共享原则是传播者的失职，不能"大言不惭"和处之泰然。

第三节 新型主流媒体主播的创作特点

随着新媒体技术的发展，尤其是随着互联网 Web 1.0 静态网页阶段到 Web 2.0 用户生成内容，再到 Web 3.0 去中心化时代的全面来临，新的传播媒介不断涌现，进一步消弭了广播电视时代播音员、主持人与受众"我播你听/看"的二元传受关系，进而发展为参与式互动模式。

移动互联时代的到来改变了人们对于时间和空间的感知，新的空间认知模式重塑了新媒体用户的信息选择与接受方式。传播技术的发展既打破了传播空间的局限，又将过去由传统媒体塑造的线性实践切分为非线性和碎片化时段，用户可以在任何时间、任何流动空间收听、收看音视频产品。播音主持创作者应明晰全媒体时代的受众早已不是被动的接受者，而是兼具生产者、传播者角色的用户。"以往媒体的黄金时段是用户行为共性的体现，它反过来又变成了一种约束用户的媒体惯性。而碎片化时间的利用，打破了媒体的惯性，它更多地体现了用户的个性与意志。在移动互联网技术的支持下，人们的个性化意志已经有了和专业媒体意志相抗衡的资本。"①

新媒体时代，网络短视频因其短小、精简、易于分享的社交特点，逐渐成为受众较为喜爱的节目形态。以下重点介绍中央广播电视总台新闻新媒体中心于 2019 年 7 月推出的融媒体节目《主播说联播》。相比中央广播总台新闻节目《新闻联播》，"《主播说联播》在调整传播者姿态、传播语态、节目形态、利用不同平台生态等方面以用户为中心进行了多个维度的创新实践，为传统媒体借助短视频内容提升影响力的传播策略提供借鉴"②。

相较于传统电视节目，《主播说联播》播放平台是新媒体平台。以抖音平台为例，该平台视频最长 57 秒，最短的仅有 12 秒。要在这么短的时间内生

---

① 彭兰：《新媒体用户研究：节点化、媒介化、赛博格化的人》，中国人民大学出版社 2020 年版，第 223 页。

② 于然、李治宏：《主流媒体的短视频传播策略分析——以〈主播说联播〉栏目为例》，《新闻与写作》2020 年第 1 期。

动、清楚地表达完整的观点，主播们突破了在《新闻联播》中的话语空间和表达样态，具体体现在以下几个方面。

一、强调个人风格，淡化官媒形象

尽管《主播说联播》的议题一般来自当天的《新闻联播》，但当班主播在《主播说联播》中的话语样态和言说方式却与在《新闻联播》中有较大区别。竖屏的拍摄方式、更松弛的口语化表达、大众化的语言、大幅度的手势语等拉近了主播与受众的距离，也强化了主播的个性化特征。

二、灵动的表达与过硬的专业素养

在解说或评论时，主播们始终以专业的语言表达能力出现在节目中。主播刚强在 2019 年 9 月 29 日的《主播说联播》中用第一人称视角提到自己在人民大会堂金色大厅宣读名单时激动的心情，接连用了 18 个"牛"字评说"牛"人"牛"事。在另一期讲到新中国成立 70 周年庆典相关的"美人美事"时，则一连用 24 个四字词语来解读"美"的主题。流利的表达展示了主播的专业水准，提升了主播作为传播者的权威性和可信赖性；鲜活生动的形象反差又使观众产生了新鲜感。一"专"一"活"，使主播的形象魅力融会在节目之中，增强了节目的话题性和传播力。[①]

三、人格化传播，与新媒体共生

所谓人格化传播是指充分表现出作为"人"的各种属性的传播方式。传统媒体时代，由于传受渠道的稀缺，传播主体的传播大多为最大化满足不同受众群体的均质化大众传播内容。而新媒体视频/音频传播时代的到来，则为人格化的人际传播提供了极大的便利。有研究表明，语言符号的人格化能够提升传播效果，具有亲和力的语言表达方式能够获得受众的喜爱。媒体运用非正式语体（如网络流行语、俗语）能够引发受众的互动行为。[②]

[①]　于然、李治宏：《主流媒体的短视频传播策略分析——以〈主播说联播〉栏目为例》，《新闻与写作》2020 年第 1 期。

[②]　曾庆香、玄桂芬：《社交媒体召唤结构：新闻交往化与亲密性》，《现代传播（中国传媒大学学报）》2019 年第 1 期。

（一）语言符号的人格化

在主流媒体短视频的传播过程中，语言符号的人格化能够显著提升传播效果，产生更多的受众认同，带来良好的受众反馈。因而，以《主播说联播》为代表的新型主流媒体的主播们通过打破双重话语空间隔阂的转型实践，促进了主导性言论在大众之间的流动，最终有助于提升其受众认同。[①]

（二）语体的人格化

语体是指人们在社会活动中针对不同对象、不同环境，使用语言进行交际时所形成的词汇语法、句式结构、修辞手段等一系列语言使用的特点。融媒体的广泛使用，使有声语言创作者可以充分利用视觉、听觉等多模态进行信息传播和情感表达。如 2018 年 6 月 1 日，由中央广播电视总台央广网与中国交通广播联合策划的全新音频新闻栏目——《嗨，七点出发!》于"央广新闻"微信公众号、"央广新闻"客户端正式与网友见面。栏目融合音视频、图文等多种元素，力争在每日清晨为受众送上一份新鲜、活泼、正能量满满的资讯"早点"。《嗨，七点出发!》由多个版块组成，其中《七点·数据》《七点·聚焦》《七点·独家》《七点·资讯》以不同侧重点带来昨日、今晨的国际、国内热点要闻；而在《七点·新知》版块中，观众可以从中扩展知识量，了解博物、人文、历史等领域的知识点。据栏目主创人员介绍，与其他新闻早听类节目不同的是，该栏目主播播报的语言风格更明朗、诙谐，在严谨的新闻编排中与年轻受众轻松愉快地"聊新闻"。

除此之外，在短视频有声语言表达时，还可以借助较短的镜头距离所带来的受众心理上的接近性，提升传播效果。竖向的视频画面呈现符合媒介进化的人性化趋势，生动地展现更多细节信息，让受众产生一种"社交在场感"[②]。

---

① 吴晔、樊嘉、张伦：《主流媒体短视频人格化的传播效果考察——基于〈主播说联播〉栏目的视觉内容分析》，《西安交通大学学报（社会科学版）》2021 年第 2 期。

② 喻国明、杨颖兮：《横竖屏视频传播感知效果的检测模型：从理论原理到分析框架与指标体系》，《新闻界》2019 年第 5 期。

扩展阅读

哪些小红书博主受欢迎①

成为大博主的四个要素：积极；真实；有闪光点；有价值。

测一测你有多大潜力成为优质大博主（每一项最高 10 分，你给自己打几分？）

1. 有想要成为头部博主/网红的强烈愿望。

2. 想通过视频打造个人品牌变现。

3. 希望通过自己的内容帮助更多人。

4. 在某个领域能持续输出有价值的内容。

5. 能在镜头前自信地表达和表现。

6. 愿以空杯心态听取专业意见并付诸行动。

7. 愿意一遍又一遍地修改文案和拍摄作品。

8. 无论多忙，都愿意为此每天至少花 1 小时。

9. 有至少拍摄 100 条视频的决心。

10. 能承受内容火了之后的网络舆论压力。

自我提问清单：

目标	具体问题	回答
发现你的兴趣	1. 迄今为止，你为之倾注过热情的事情是什么？	
	2. 你从小到大为什么事情花过时间、花过钱，并且到现在还在关注和投入？	
	3. 如果现在有一场千人演讲，你特别想和他们分享的主题是什么？	
	4. 你从小到大坚持至今的事情是什么？	
	5. 你平时经常关注或特别感兴趣的是什么？	
	6. 什么东西或事情会让你特别激动、向往，有冲劲去完成并乐此不疲？	
	7. 你一有时间就会做的事情是什么？	

---

① 厦九九：《5 小时吃透小红书》，中国工信出版集团 2022 年版，第 17—20，23 页。

目标	具体问题	回答
发现你的优势能力	8. 你的优点和长处是什么？	
	9. 你做什么事特别出色？	
	10. 你做什么事情天然地比别人更容易做好，更容易成功？	
	11. 别人经常夸你什么？你做什么事容易被人表扬、夸赞？	
	12. 有什么事情是大家觉得很难但你轻而易举就能做到的？	
	13. 你曾经不擅长、为之自卑、被视为弱点的，但现在已经克服的事情是什么？	
	14. 你会嫉妒别人什么？你在什么事情上容易嫉妒别人？	

后 记

　　播音主持创作基础是播音员、主持人进行有声语言和副语言创作前应该掌握的技巧和方法等知识的总和。它有别于播音主持语音发声、文艺作品演播、即兴口语表达等播音主持专业的其他课程，涉及从准备稿件到话筒前、镜头前状态调整直至播出的整个环节。"播音主持创作基础"课程诞生于广播电视作为主流媒体的时代，经过张颂先生及一大批播音理论研究者的不断探索与经验总结，逐渐形成了沿用至今的体系化的课程脉络和框架。

　　近年来，随着互联网和智能技术的飞速发展，曾经在 20 世纪对大众产生了极大影响的广播、电视等电子视听媒介的影响力逐渐被智能手机、PAD 等个人移动数字终端超越。微博、微信、音视频应用、车载视听设备等新媒体的崛起和广泛运用"抢夺"了受众的注意力，打破了传统媒介时代由传者垄断的传播格局。与此同时，播音主持实践的传播媒介和渠道也随之发生了较大变化。

　　作为长期讲授该课程的专业教师，笔者在近些年的教学实践中不断对教学理念、教学内容、教学方式进行创新，试图通过多种方式带领学生尽可能与传媒业态接轨。但笔者仍困惑于媒介环境日新月异的变化与现有课程体系的不协调，深感依靠零散、琐碎的课堂教学补充材料难成体系。基于此，笔者组织影视与传媒学院戏剧与影视专业 2022 级的几名硕士研究生编写了此教材。本教材共八章，具体编写分工如下：第一章，耿慧翔、米斯茹；第二章，杨佳璇、米斯茹；第三章，潘越、米斯茹；第四章，马金、米斯茹；第五章，李佳馨、米斯茹；第六章，张梦、米斯茹；第七章，李嘉铭、米斯茹；第八章，张琳、米斯茹。

　　《全媒体时代播音主持创作基础教程》一书为四川师范大学播音与主持艺

术专业国家级一流本科专业建设点建设成果、四川师范大学 2021 年一流课程"播音创作基础"建设（线下型）成果、四川师范大学校级规划教材项目成果。本教材的出版得到了四川师范大学教务处、影视与传媒学院、播音与主持艺术系，以及四川大学出版社的大力支持，在此表示深深的感谢。

本教材立足全媒体时代，关注播音主持创作的新变化、新趋势，系统梳理新时期播音员、主持人有声语言及副语言创作的正确道路、创作准备、内外部技巧、播讲状态等。全书练习和扩展阅读材料主要来源于在央视网、新华网、人民网、云听客户端、学习强国客户端、播音主持相关微信公众号、微博等全媒体平台上刊发的文章，其中不乏在中央广播总台或省级卫视播出的节目稿、比赛选手表达文本以及新闻报道和文艺作品等。在编写过程中，我们尽可能查找节目文稿和作品的创作者和原始出处，在此向所有本书引用文本的作者及刊登平台表示感谢！但由于编者能力有限，如有错漏还望作者见谅，也恳请知情人士告知错误。

为了尽可能做到和业界对接并与时俱进，在教材编写前及编写中我们充分听取了播音主持学界、业界及学生的意见和建议。在此对所有提出过宝贵意见及建议的专家、学者、教师和学生表示感谢！我们也诚挚地希望能够持续收到大家的宝贵建议和批评意见。

道阻且长，行则将至！希望这本教材能为播音与主持艺术专业的本科生、硕士生及全媒体时代各类有声语言创作者们提供一点小小的理论学习方面的帮助。让我们一起为中国的播音主持事业努力吧！

米斯茹

2024 年 4 月